D1667628

SGGP

Schweiz. Gesellschaft für Gesundheitspolitik
Société suisse pour la politique de la santé
Società svizzera per la politica della salute

Halt! Es ist m e i n Leben

**Gesammelte Schriften von Dr. iur. Robert Kehl-Zeller
über Sterbehilfe**

Schriftenreihe der SGGP
Cahiers d'études de la SSPS
Pubblicazioni della SSPS

Verlag und Bezugsquelle:

Zentralsekretariat SGGP, Haldenweg 10 A, CH-3074 Muri/Schweiz.
Tel.   031 - 952 66 55
Fax: 031 - 952 68 00

Preis: 26 Fr. für SGGP-Mitglieder, 36 Fr. für Nichtmitglieder.

In der SGGP-Schriftenreihe werden interessante Texte publiziert, ohne dass die SGGP damit zu deren Inhalt Stellung nimmt.

Dans cette collection, des textes intéressants seront admis sans que la SSPS ne prenne position.

ISBN 3 85707 044 7

Inhaltsverzeichnis

4. Kapitel
Warum darf ich nicht sterben?
(Die passive Sterbehilfe)

5. Kapitel
Wenn man genug hat
(Probleme rund um den Freitod)

6. Kapitel
Eine «Regelung», die das Gesetz nicht ersetzen kann

7. Kapitel
Alles klar!

8. Kapitel
Wenn sich die Wissenschafter der verschiedenen Fakultäten nicht mehr verstehen

9. Kapitel
Warum die Volksvertreter hier das Volk nicht vertreten

10. Kapitel
Wo sich die Geister scheiden und warum

11. Kapitel
Die alte und die neue Exit

12. Kapitel
Auf den Lorbeeren ausruhen?

13. Kapitel
Verdrängen oder integrieren?

Einführung

Bei der vorliegenden Sammlung handelt es sich um eine Art Bestandes-
aufnahme, besonders über die rechtlichen und rechtsethischen Probleme, die
sich im Laufe der letzten 30-40 Jahre rund um das Sterbeereignis, bzw. mit
Bezug auf unsere Sterbekultur, oder um die heutige Sterbequalität, und
namentlich auch mit Bezug auf die Sterbehilfe, ergeben haben.

Dabei musste vor allem auch bewusst gemacht werden, wieviele einschlägige Themen noch ungeklärt oder kontrovers sind. Eine Übersicht über die
offenen Fragen ist für die angelaufenen Bemühungen, in Symposien und
Tagungen einem Konsens näher zu kommen, dringend nötig. Zu lange ist
man fast allenthalben einer gründlichen Behandlung der Thematik ausgewichen. Das hinwieder hat dazu geführt, dass in diesem vermeintlich rechtsfreien Raum ein Wildwuchs und verhängnisvolle Fehlentwicklungen stattgefunden haben, die es zu korrigieren gilt. Die Praxis hat mit wichtigen weltanschaulichen und juristischen Entwicklungen und Wandlungen (wie betreffend privatrechtliche und verfassungsmässige Persönlichkeitsrechte) nicht
Schritt gehalten. Im Vordergrund stehen bei der Behandlung der Sterbehilfe-
problematik folgende Schwerpunkte:

Bevor die vielen Sachfragen bereinigt werden können, ist ein verwickeltes
Kompetenz- und Organisationsproblem zu lösen. Bis Mitte unseres Jahr-
hunderts wurde das Sterben, um es so zu sagen, fast ausschliesslich vom
Arzt und Pfarrer verwaltet. Seither gab es starke Einbrüche in diese Ex-
klusivität, indem andere Fakultäten, namentlich die juristische, mit den
beiden erwähnten Wissenschaften immer stärker in Konkurrenz traten.
Die Mediziner und die Theologen opponierten allerdings heftig gegen die,
wie sie sagen, unpassende Verrechtlichung des Sterbens.
Dieser Prozess ist noch bei weitem nicht abgeschlossen. Das Missbehagen
gegen die «Einmischung» seitens der Juristen schwelt weiter. Die Juristen
werden dem Argument der Verrechtlichung des Sterbens entgegenhalten, es
sei unerträglich, dass das wichtigste Menschenrecht, die Selbstbestimmung
über das Leben und den Körper, genau dann ignoriert werden solle, wenn es
aktuell und der Mensch besonders hilflos sei.

Die interfakultäre Konsensbildung ist aber weit schwieriger als angenommen
worden ist, hat sich doch gezeigt, dass die verschiedenen Fakultäten sozusa-

gen eine verschiedene Sprache sprechen und Mühe haben, sich zu verständigen.

Was die Sachfragen betrifft, steht von der praktischen Bedeutung her die Patientenverfügung und überhaupt die passive Sterbehilfe an der Spitze. Die lebensverlängernden Massnahmen haben die Diskussion um die Sterbehilfe überhaupt ausgelöst. Für den Grossteil der Bevölkerung geht es bei den Fragen der Sterbehilfe vor allem um die Verhinderung sinnloser «lebensverlängernder Massnahmen», damit aber praktisch um die Verbindlichkeit von Patientenverfügungen. Diese Frage ist aber trotz jahre-, ja bald jahrzehntelangen Diskussionen immer noch nicht verbindlich gelöst.

Vom Grundsätzlichen her stehen ferner das Selbstbestimmungsrecht und das Recht, über sein eigenes Leben zu verfügen, im Vordergrund.

Und dann steht bekanntlich die Frage nach einem Gesetzgebungsbedarf noch immer im Raum, obschon Umfragen bei der Bevölkerung diesen Bedarf immer eindrücklicher bejahen, was die Behörden und den Parteien immer deutlicher den Vorwurf einträgt, hier am Volk vorbeizuregieren. Wenn man bedenkt, dass, wie Prof. Dr. H. Giger in einem in der EXIT gehaltenen Vortrag vom Frühling 1993 ausgeführt hat, in der Schweiz niemand klar sagen kann, was erlaubt, was unerlaubt und was sogar strafbar ist, dann wird die Frage immer drängender, wie es der Gesetzgeber über sich bringt, der seit vielen Jahren anstehenden erstrangigen Pflicht, dieses Rechtsgebiet endlich zu regeln, trotz immer neuen Vorstössen immer wieder auszuweichen. Aber hier stehen wir vor weltanschaulich-politischen Konflikten und Zusammenhängen. Und weil wohl nichts enger mit der Gesundheit zu tun hat als das Sterben, ist es kein Zufall, dass diese Sammlung in der Schriftenreihe der Schweizerischen Gesellschaft für Gesundheitspolitik erscheint.

Sterbehilfe ist Lebenshilfe
Das erfüllteste Leben wird verpfuscht und in den Augen der Umwelt abgewertet, wenn es mit einem langen erniedrigenden Sterben endet.

Die Hauptanliegen des Autors

1. Der Rechtsstaat verlangt Einlass in das Sterbezimmer. Die Ansicht, im Sterberaum habe das Recht nichts zu suchen, widerspricht dem Denken des modernen Menschen. Gerade in dieser Lebensphase sind existenzielle Rechte besonders aktuell, aber auch besonders gefährdet. Ihr Schutz ist daher eine der wichtigsten Aufgaben des Rechts.

2. Der Rechtsstaat, dem sich die Behörden und Politiker in der Schweiz immer noch verpflichtet fühlen, verlangt von der Legislative immer gebieterischer, dass sie endlich das Gebiet der Sterbehilfe generell regelt, da hier zahlreiche wichtigste Rechtsfragen noch offen und kontrovers sind (vgl. Beitrag Nr. 44) und da hier rechtsstaatlich unerträgliche Grauzonen bestehen. Es stimmt nicht, dass schon ausreichende Regelungen vorhanden seien.

3. Oberste Priorität hat dabei die gesetzliche Anerkennung der vorbehaltlosen Verbindlichkeit von Patientenverfügungen.

4. Gesetzliche Bestimmungen drängen sich aber auch in jenen Fällen unbedingt auf, in denen die Frage einer passiven Sterbehilfe aktuell ist, wo aber keine Patientenverfügung vorliegt und wegen Entscheidungsunfähigkeit des Patienten nicht mehr erhältlich ist. Die Rechtsordnung darf sich unter keinen Umständen damit abfinden, dass in diesen Fällen, die sehr zahlreich sind, der Patient in diesem existenziellen Bereich fast vollständig einer gesetzlich nicht geregelten Fremdbestimmung ausgeliefert ist. Dies umso mehr, als der Kranke die entscheidenden Personen oft kaum kennt und sie ihre Entscheidungen in einem «breiten Ermessensspielraum» treffen («Richtlinien für die Sterbehilfe» der Schweizerischen Akademie der Medizinischen Wissenschaften, Ziff. II/2).

5. Das Selbstbestimmungsrecht des Kranken wird heute zwar deklarativ überwiegend anerkannt, in der Praxis aber, wenn auch gutgläubig, noch vielfältig missachtet. Dabei stützt man sich immer noch auf die überholte Ansicht, dass auch selbstbestimmungsfähige Menschen vor sich selber, z.B. vor einem Freitod, zu schützen seien

8

(Paternalismus/Maternalismus, vgl. Beitrag Nr. 10). Dadurch werden viele Patienten gegen ihren Willen ohne rechtsstaatliches Verfahren faktisch entmündigt.

6. Das freie Verfügungsrecht des Menschen über sein Leben, das durch das ungeschriebene Verfassungsrecht garantiert ist (vgl. Beitrag Nr. 5), wird dem Menschen von gewissen Organisationen immer noch abgesprochen. Zudem wird es von den Gesundheitsbehörden in einem Masse erschwert, dass von einer faktischen Verhinderung zu sprechen ist.
Es wird daher erst wirklich gewährleistet sein, wenn jeder Mensch unter den noch zu erfassenden gesetzlichen Voraussetzungen und unter Beachtung von gesetzlichen Kautelen freien Zugang zu behördlich bestimmten, sicher, rasch und schmerzlos wirkenden Freitodmitteln haben wird (Beitrag Nr. 52, § 33).

7. Unter Vorbehalt von gesetzlich dafür zuständigen Justizinstanzen (vgl. Beitrag Nr. 52, § 9) ist niemand befugt, darüber zu bestimmen, ob das Leben eines anderen Menschen noch erhaltenswert und ob eine bezügliche Patientenverfügung vernünftig sei.

Gut ist das Leben, und der Tod ist gut.
Schön ist das Licht, und schön ist die Finsternis.
Gut ist das Leiden, und die Freude gut.

Paul Ernst

Der Tod hat seine eigene besondere Schönheit

Aus: Der ewige Schlaf / Rudolf Schäfer. Kellner Verlag Hamburg, 1989

Erschienen im «Kirchenbote für den Kanton Zürich» vom 22.11.1991

1. Kapitel

Auch das Sterben hat sich verändert

Man sieht die Blumen welken und die Blätter fallen, aber man sieht auch Früchte reifen und neue Knospen keimen. Das Leben gehört den Lebendigen an, und wer lebt, muss auf Wechsel gefasst sein.

Goethe

Setzt sich die Philosophie der Grenzen medizinisch-technischer Lebensverlängerung durch?

Zeitschrift der Schweizerischen Gesellschaft für Allgemeinmedizin
Medicina Generalis Helvetica
Bulletin de la Société Suisse de Médecine générale
Jahrgang 10, Heft 3/1990, S. 16ff

Das Umdenken auf dem Gebiete der ausserordentlichen lebensverlängernden Massnahmen, der Palliativmedizin und der Sterbehilfe ist in vollem Gange. Zum Teil verlief es in letzter Zeit schon fast erdrutschartig, wenn man sich vergegenwärtigt,
- dass heute – im Gegensatz zur früheren Euphorie über die nie geahnten Möglichkeiten künstlicher Lebensverlängerung – fast überall für ein vernünftiges Masshalten mit solchen Therapien plädiert wird,
- dass zur Zeit immer neue Patientenverfügungsmodelle angeboten und empfohlen werden, während solche vor nicht allzuferner Zeit weitherum geradezu kriminalisiert worden sind,
- dass im besonderen heute auch die Verbindlichkeit von Patientenverfügungen sozusagen offiziell wenigstens dem Grundsatz nach anerkannt ist, während solches noch vor kurzem mit aller Entschiedenheit von der Hand gewiesen wurde. Auch in der BRD war diese Anerkennung durch das Oberlandesgericht München vom 31.7.1987 schon fast eine juristische Sensation. Wurde in medizinischen Fachkreisen ein Suizident - bes. im Hinblick auf das sogenannte Rettungsverbot - bis 1988 fast durchwegs a priori als urteilsunfähig taxiert, so kamen die Professoren Dres. Klaus Ernst und Hansjürg Kistler in einem Artikel in der SAeZ vom 15.2.1989 zum revolutionären Schlusse, die Urteilsfähigkeit brauche keinem Suizidwilligen abgesprochen zu werden (übrigens ebenfalls in Übereinstimmung mit dem erwähnten deutschen Gerichtsurteil – in diesem ist auch das Rettungsverbot (richtig Interventionsverbot) in Fällen von Schwerstkranken als verbindlich bezeichnet worden).
Die grosse Wende auf dem Gebiete der Sterbehilfe liegt aber in der Tatsache, dass sich in der schweizerischen Rechtswissenschaft mehr und mehr der Grundsatz durchsetzt, wonach der Mensch das Recht hat, über sein Leben zu verfügen. [2] Es ist klar, dass dies das A und O jeder Sterbehilferegelung ist. Wurde das Leben in der Schweiz lange als absolut unverfügbar betrachtet

(vgl. dazu z.b. noch Jost Gross, Die persönliche Freiheit des Patienten, Stämpfli & Co, Bern, 1977, passim), so hat man nun begonnen, das Selbstbestimmungsrecht über sein Leben sogar als unverzichtbares Grundrecht anzuerkennen (Monika Burkart, Das Recht, in Würde zu sterben, Ein Menschenrecht, Schulthess-Polygraphischer Verlag, Zürich, 1983). Diesbezüglich haben aber nicht nur die Juristen den Rubikon überschritten, sondern auch die Moraltheologen. So ist z.b. der Freiburger Professor A. Holderegger zum Schlusse gekommen, das traditionelle «Souveränitätsargument» sei als nicht mehr haltbar aufzugeben:

«Von dieser grundlegenden Einsicht her wächst die Überzeugung unter den Theologen immer mehr heran, dass es keinen anderen Weg gibt, denn die Möglichkeit der Tötung bzw. Selbsttötung als eine mit der tatsächlichen Selbstverfügungsmacht vom Schöpfer gegebene zu konstatieren, um dann gleich festzustellen, dass der Mensch die sittliche Entscheidung darüber zu fällen hat, unter welchen Umständen sie als berechtigt zu gelten hat, und unter welchen nicht.» [3]

Auch in dieser Grundfrage der Sterbehilfe ist also ein Dammbruch zu registrieren.

Trotzdem offene Fragen noch und noch

Nun wird allerdings kein Eingeweihter aus diesen Feststellungen, die noch durch viele andere analoge ergänzt werden könnten, den Schluss ziehen, die Sterbehilfeprobleme seien vom Tisch. Abgesehen davon, dass in den erwähnten Fragen z.T. noch nicht von einem Konsens gesprochen werden kann - so wird namentlich das Selbstbestimmungsrecht die Gemüter wohl noch länger erregen -, gibt es rund um die Sterbehilfe noch eine ganze Menge schwierigster und heikler Fragen, die noch der Klärung bedürfen.

Vom recht weitläufigen Pendenzenkatalog seien hier nur einige der anstehenden Fragen erwähnt:

Wie kann der **Missbrauch** der Sterbehilfe verhindert werden?

Oder: Es wird geltend gemacht, Sterbehilfe sei in keiner Form **nötig**, denn
– zum einen gebe es in den Krankenhäusern kaum mehr Fälle sinnloser Lebensverlängerungen,
- und wenn man mit der Sterbebegleitung und mit der Palliativmedizin ernst mache, seien Patientenverfügungen und Sterbehilfeaktionen überflüssig. Stimmt das?

Eine Analyse der verschiedenen Typen von **Patientenverfügungen** ergibt, dass die **Formulierungen** namentlich mit Bezug auf die Voraussetzungen der passiven Sterbehilfe noch sehr unbefriedigend sind und - würden sie wörtlich genommen - zum Teil zu geradezu absurden Ergebnissen führen würden. Wir befinden uns hier noch recht eigentlich in der Phase des Tastens. Was die **Verbindlichkeit der Patientenverfügungen** anbetrifft, richten sich die Bedenken heute fast nur noch gegen die Anwendung von solchen, die ein bewusstloser oder sonst äusserungsunfähiger Patient **früher einmal** verfasst hat. Diesbezüglich ist allgemein anerkannt, dass eine solche Verfügung jederzeit widerrufen werden kann und dass der aktuelle Wille massgebend ist, wenn ein solcher der früheren Verfügung widerspricht. Aber schon aus blossen Andeutungen von Hunger generell auf einen Widerruf der früheren Verfügung zu schliessen,[4] ist juristisch kaum haltbar, ist das doch bei einem halbbewussten Patienten eher ein animalischer Reflex. Ich denke, dass der Arzt die Berücksichtigung einer Patientenverfügung auch nicht davon abhängig machen kann, ob er sie vernünftig findet bzw. ob er sie für unbeachtlich erklären kann, wenn er sie nach seinem subjektiven Empfinden als «grob unvernünftig» taxiert.[5] Ich würde es mit Gunther Arzt halten, der erklärte, «Unvernunft wird juristisch akzeptiert, wenn sie vom vernünftigen Menschen kommt».

Auf den ersten Blick bestechend ist die These Brückners, der Arzt könne nur zu einer Unterlassung verpflichtet werden, nicht aber zu einem Tun[6] (z.B. zur Verabreichung jeder Menge von Schmerzmitteln, wenn dies zur Beseitigung von Schmerzen nötig sei, auch wenn damit eine Lebensverkürzung riskiert werde). Dem wäre entgegen zu halten, dass Mandate – und hier geht es um ein Mandat – fast durchwegs just auf ein Tun gerichtet sind. Patientenverfügungen laufen ihrem Wesen nach auf eine besondere Gestaltung der ärztlichen Garantenstellung hinaus.

Zu den wichtigsten pendenten Problemen der Sterbehilfe gehört der sogenannte **Umschlag des Rechtes des einen zu einer Pflicht des anderen.** Mit Bezug auf die passive Sterbehilfe ist dieser Umschlag anerkannt, soweit Patientenverfügungen vorliegen.

Wie aber, wenn keine solche Verfügung vorliegt? Die Richtlinien sprechen nur von einem Recht des Arztes, wenn ihre Indikationen für eine passive Sterbehilfe vorliegen, von einem «darf». Mehr und mehr setzt sich aber die Ansicht durch, dass in diesem Falle auch eine Pflicht des Arztes besteht.

Führt das Recht des Patienten, nämlich das Selbstbestimmungsrecht, auch zur Pflicht des Arztes, ihm die für einen Freitod nötigen Medikamente zu verschreiben, zu einer Pflicht zur Freitodhilfe, da der Patient zu einer humanen Ausübung seines Rechtes auf diese Hilfe angewiesen ist?

Umstritten ist auch, ob beim Fehlen einer Patientenverfügung die Indikationen der Richtlinien um weitere Indikationen, weitere **Fallgruppen,** zu erweitern wären, z.B. auf Fälle von geistigen Erkrankungen? Und wo ist die genaue Zäsur zwischen den, wie es die Amerikaner nennen, «vegetable existences» und den Schwerkranken mit infauster Prognose? Was ist überhaupt **ein humanes oder inhumanes Sterben?** Umstritten ist auch - meines Erachtens völlig zu Unrecht -, ob die Sterbehilfe **gesetzlich geregelt** werden könne und müsse. Ich würde meinen, wenn je etwas geregelt werden muss, dann, vom rechtsstaatlichen Denken aus, ganz besonders der aktuell gewordene und viel Unsicherheit und Ängste verursachende Fragenkomplex rund um die Sterbehilfe.

Wenn man bedenkt, wie minutiös das **Verfahren** geregelt ist, in welchem der Richter Entscheide zu treffen hat, die sich im Verhältnis zu dem, worüber der Arzt hier zu entscheiden hat (nämlich ob er weiter lebensverlängernde Massnahmen treffen solle, ob eine Patientenverfügung anzuerkennen sei bzw. welches allenfalls der mutmassliche Wille des Patienten sei) als Nebensachen erweisen, dann wird man sich des Stellenwertes der Frage bewusst, wie die Verfahrensregeln lauten sollen, nach denen er sich bei seinen Entscheidungen zu richten hat, und ob überhaupt justiziable Regeln darüber möglich seien[7]. Dabei wird auch dem wissenschaftlichen Forschungsinteresse Rechnung zu tragen sein. Wird der Arzt durch Patientenverfügungen in seiner Arbeit ungebührlich eingeschränkt, wie nicht selten behauptet wird?

Und wie steht es mit der **Vertretung des Patienten durch Angehörige,** auf die man kaum verzichten kann, die aber dem Grundsatz widerspricht, dass es sich hier um Angelegenheiten handelt, die zu den klassischen vertretungsfeindlichen Bereichen gehören.

Da sind auch die Probleme um die **Mandatsniederlegung** eines Arztes, die gerade im Zusammenhang mit der Sterbehilfe besonders akut werden können. Weichen die bezüglichen Grundsätze beim Arztrecht von den allgemeinen Regeln des Mandatsrechtes ohnehin bereits erheblich ab, so erfahren sie noch eine zusätzliche Komplikation bei Spitalärzten.

Gelegentlich wird von Ärzten, die auf Patientenverfügungen schlecht zu sprechen sind, erklärt, wenn der Patient bzw. seine Angehörigen auf einer solchen beharre(n), stehe es ihm frei das Krankenhaus zu wechseln. Solche Probleme lösen sich in der Regel durch den Zuzug eines anderen Arztes. Gegen eine eigentliche **Wegweisung** aus solchem Grunde erhöben sich aber einige Einwendungen im Hinblick auf die Nothilfepflicht aller Ärzte und noch mehr in Ansehung der öffentlich-rechtlichen Regelungen betreffend die Aufnahmepflicht der Krankenhäuser.

Geradezu an der Grenze ethischer und juristischer Fassbarkeit stehen die Geburtenabteilungen der Krankenhäuser angesichts von stark **missbildeten Neugeborenen.** Auch hier kann von einer wirklichen Aufarbeitung der Probleme keine Rede sein.

Auf der langen Liste der anstehenden Probleme um die Sterbehilfe steht immer auch – wenn auch etwas schüchtern – die Legalisierung der **aktiven Sterbehilfe,** da die Zulassung derselben unter strengen Kautelen in bald unzähligen Umfragen immer wieder Mehrheiten findet und die Tötung Schwerstkranker auf deren Verlangen in Holland (selbstverständlich nach genauen Sicherheitsregeln) seit längerer Zeit die praktizierte Sterbehilfe darstellt.

Und last but not least ist ja auch die revolutionäre neue **Todesfeststellung** keineswegs unangefochten, eine Entscheidung, deren Tragweite nicht hoch genug veranschlagt werden kann.

Zwischen-Bilanz

Die Sterbehilfe-Bewegung, in der wir stecken, hat zunächst zu einer starken Polarisierung geführt. Sie hat Emotionen geweckt und Ängste erzeugt. Aber immer mehr erweist es sich, dass es sich um einen zwar schmerzhaften, aber notwendigen Prozess handelt, um das Problem zu bewältigen, das durch die ungeahnten technischen Möglichkeiten der Medizin entstanden ist.

Besser ein Jahr zu früh
als ein Jahr zu spät sterben
(Chinesisches Sprichwort)

---

[1] *Autor des bislang einzigen ziemlich umfassenden Werkes «Sterbehilfe, ethische und juristische Grundlagen». Zytglogge-Verlag, Gümligen, 1989, 160 Seiten, Fr. 25.–.*

[2] *Vgl R. Kehl, Schweiz. Juristenzeitung SJZ 23, 1989.*

[3] *In der Publikation «Selbstmord» von Häsler und Schuh, S. 135 ff.*

[4] *Ch. Brückner, PD Dr. iur., Rechtsberater der Verbindung der Schweizer Ärzte in SAeZ 1989 S. 1151 und 1990 S. 54.*

[5] *A.a.O. 1989 S. 1155.*

[6] *Jur. Rundschau 1986 S. 314.*

[7] *Brückner a.a.O. 1989 S. 1154 und 1990 S. 54.*

Vorspann zum vorstehenden Artikel

Die Redaktionskommission der Medicina Generalis Helvetica beabsichtigt später eine Nummer «Probleme des Lebensendes» herauszugeben. Durch die moderne Technologie ist die Verfügbarkeit über das Leben überhaupt – das menschliche Leben im Besonderen – zu einem der wichtigsten gesellschaftlichen Probleme der Gegenwart geworden. Der Artikel von Dr. Kehl beleuchtet vor allem den juristischen Gesichtspunkt.

Aus ethischer Sicht stellen sich insbesondere die Fragen, wer über das Leben verfügen soll. Für mich, als gläubigem Menschen, ist das Leben nicht nur für und durch mich allein verfügbar. Ich habe es als Leben des Schöpfer-Gottes erhalten, mit verschiedenen Entwicklungsmöglichkeiten in Rücksicht auf meine Mitmenschen und die Umwelt. Natürlich habe ich als vernunftbegabtes Wesen - als **Einziges** in der Natur auch die Freiheit und Entscheidungsmöglichkeit dazu bekommen, meinem Leben selbstgewollt ein Ende zu setzen. Diese Freiheit ist auch Gottes Wille, deshalb im Prinzip unbestritten. Nur ist es – gerade bei Suicidalen – sehr schwer auszumachen, wo einfach eine krankheitsbedingte Verzweiflung (welche therapierbar ist!) und wo ein zu respektierender freier Entschluss (Bilanzsuicid) vorliegt. Im Zweifelsfall wird der Arzt also immer zu lebensrettenden Massnahmen greifen (müssen).

Für die Redaktionskommission Dr. R. Böni.

Ausgang
Immer enger, leise, leise
Ziehen sich die Lebenskreise,
Schwindet hin, was prahlt und prunkt,
Schwindet Hoffen, Hassen, Lieben,
Und ist nichts in Sicht geblieben
Als der letzte dunkle Punkt

Theodor Fontane

Zum Vorspann von Herrn Dr. med. Böni, Mitglied der Redaktionskommission der MGH

Dieser Vorspann erweckt den Eindruck, Kehls Ausführungen ständen im Widerspruch zur christlichen Lehre. Dem steht aber folgendes entgegen:
a) Die Tatsache, dass mein Buch «Sterbehilfe», in welchem der gleiche Standpunkt vertreten ist, in kirchlichen Zeitschriften sehr positiv besprochen wurde.
b) Der Umstand, dass immer mehr christliche Theologen dazu übergehen, das Selbstbestimmungsrecht des Menschen (auch der Christen) über sein Leben als mit der christlichen Lehre durchaus vereinbar zu bezeichnen.
Sodann könnte das Bekenntnis Dr. Bönis zur Annahme verleiten, die M.G.H. sei eine konfessionelle Ärztezeitschrift, während sie m.w. in Wirklichkeit ein weltanschaulich neutrales Fach-Periodicum ist. Natürlich schliesst das nicht aus, dass ein Mitglied der Redaktionskommission ein persönliches Bekenntnis ausspricht. Und jedermann wird ein solches auch respektieren. Mit einer Legal-Erklärung einer Selbstbestimmung über sein eigenes Leben wird ja auch von niemandem, zuletzt von einem Gläubigen, erwartet, dass auch er diese Freiheit für sich in Anspruch nimmt. Er soll in seiner religiösen Überzeugung in keiner Weise eingeengt werden. Anderseits kann auch einem Ungläubigen, aber auch einem Gläubigen, der von einem anderen Gottesbegriff als dem theistischen ausgeht, nicht ein Verhalten aufgezwungen werden, das nur theistisch motiviert werden kann. Seit dem Buche von Bischof Robinson «Gott ist anders» hat sich auch der Gottesbegriff der Christen bei sehr vielen radikal gewandelt, und überdies sind nach Prof. Küng die wirklich gläubigen Christen heute auch bei uns eine Minderheit. Auch die Kirche kann kein Interesse an Normen haben, die ausschliesslich auf einer bestimmten religiösen Überzeugung beruhen, da solche Normen nie eine echte soziologische Geltung erlangen können und darum nie funktionieren werden.
Mir ist übrigens in letzter Zeit bewusst geworden, dass bei der Behandlung der von Dr. Böni aufgegriffenen Frage bisher ein wichtiger Aspekt übersehen wurde, nämlich die Tatsache, dass das Selbstbestimmungsrecht des Patienten über eine *Behandlung*, z.B. über eine Operation, eine Bluttransfusion oder eine bestimmte Medikamentation, oft auch auf eine Verfügung über das Leben hinausläuft, aber trotzdem allgemein anerkannt ist.

Der geistige Wandel begünstigt und beeinflusst die Sterbehilfe

Bisher nicht publizierter Artikel des Buchautors

Die Sterbehilfe im Sinne der passiven Sterbehilfe hätte sich wohl auch ohne das neue Denken durchgesetzt. Denn die künstlichen Lebensverlängerungen haben in vielen Fällen derart inhumane und absurde Quälereien zur Folge, dass wohl jede Denkart sie früher oder später korrigiert hätte.

Zur Anerkennung des Freitodes und der Freitodhilfe als legaler Handlung (und erst recht wird das bei der zunehmenden Befürwortung auch der aktiven Sterbehilfe gelten) wäre es ohne den Wandel im Denken kaum gekommen. Diese ist letztlich nicht auf die ungebremste Anwendung lebensverlängernder technischer Einrichtungen zurückzuführen, sondern auf fundamentale weltanschauliche, rechtliche und soziale Wandlungen. Nämlich: Zum einen auf die zunehmende Lösung von der Lehrautorität der christlichen Kirchen und ihren Grundlagen, was in diesem Zusammenhang namentlich in folgenden zwei Punkten von ausschlaggebender Bedeutung war: So findet der wichtige Lehrsatz der Kirchen, wonach der Mensch kein Recht habe, über sein Leben selber zu verfügen, immer weniger Anerkennung. Damit war das Tor zum Freitod und entsprechend zur Beihilfe zum Freitod weit geöffnet. Selbst prominente christliche Theologen anerkennen heute das grundsätzliche Verfügungsrecht des Menschen über sein Leben, was bis vor kurzem noch als Auflehnung gegen Gott und als Ursünde im Sinne von 1. Mose 3/5 (sein wie Gott) galt.

Sodann ist bei den meisten Menschen die Angst vor der Hölle, die vorher das christliche Sterben durch und durch geprägt, belastet und überschattet hatte, weitgehend verschwunden. Heute hat der Mensch im allgemeinen nicht mehr Angst vor dem Tode wegen der Hölle, sondern wegen der mit dem Tod meist verbundenen Schmerzen und wegen des damit immer zusammenfallenden Totalverlustes der materiellen und ideellen Güter, all des Schönen und Wertvollen, das das Leben halt doch bietet und das man sich mühsam geschaffen hat.

Von nicht geringerer Bedeutung für die völlig veränderte Einstellung des modernen Menschen zum und im Sterben ist die radikal veränderte Bewertung des Schmerzes*. Die römische Kirche hat noch vor kurzem die traditionelle christliche Lehre bestätigt, dass jeder Schmerz und jedes Leiden auf dem unerforschlichen Ratschluss der liebenden und gütigen Vorsehung Gottes beruhe, entscheidende Heilsbedeutung habe und eine Teilnahme am Leiden Christi sei und daher als Gnade zu betrachten und willig im eigenen Interesse zu tragen sei(declaratio de euthanasia). Die meisten modernen Menschen können diese Lehre nicht mehr nachvollziehen, und die meisten lehnen jeden Schmerz als blosses Übel so weit wie möglich ab. Auch insofern hat sich das Sterben des modernen Menschen radikal verändert. Dazu kommt, dass der säkularisierte moderne Mensch eine hedonistische Lebensphilosophie vertritt und auch von daher nicht mehr leidens- und opferwillig ist. Deshalb hat der heutige Mensch wohl auch stärker und rascher auf die spektakulären und grausamen Sterbensverlängerungen reagiert, bzw. rascher nach Sterbehilfe gerufen, als es in früheren Zeiten wohl der Fall gewesen wäre. Er ist nicht mehr bereit, solche Quälereien durchzustehen.

Nicht weniger wichtig für die Sterbehilfebewegung war die **Rechtsentwicklung:** Privatrechtlich der unerwartete Ausbau des Persönlichkeitsrechtes und öffentlichrechtlich die weltweite Anerkennung der Menschenrechte, im besonderen auch des Rechtes auf ein würdiges Sterben.

Damit war auf der neuen Basis eines radikalen weltanschaulichen und rechtlichen Wandels das Fundament für das für die Sterbehilfe so zentrale **Selbstbestimmungsrecht** mit Bezug auf die körperliche Integrität und das Sterben geschaffen. Und dieses hinwieder war die Grundlage der Patienten- und der Freitodverfügung.

Warum aber zögern die Ärzte und die Politiker?

Die Ärzte - Richtlinien sind immer noch zu sehr paternalistisch auf Bevormundung der Patienten ausgerichtet, und die Politiker erfüllen ihre Pflicht nicht, die Verbindlichkeit der Patientenverfügung gesetzlich anzuerkennen und das Recht auf freie Verfügung über das Leben echt zu verwirklichen.

Was die Ärzte anbelangt, hat dies natürlich auch mit Eigeninteressen zu tun (vgl. Nr. 40 dieser Sammlung Seite 159). Ein anderer Grund für das «entêtement» der Ärzte (vgl. Nr. 40 dieser Sammlung Seite 158) liegt sicher auch im Beharrungsvermögen von Dogmen. Gemeint ist hier das medizinethische Axiom «Der Arzt hat das Leben um jeden Preis so lange wie möglich zu verlängern». Der Wert dieses verlängerten «Lebens» gehe ihn nichts an (so ungefähr die Lehre Huflands). Nach diesem Dogma wurden – und werden? – die Ärzte ausgebildet und im gleichen Sinne wurde – und wird? – das übrige Personal der Krankenhäuser ausgebildet.**

Mit Bezug auf das rechtsstaatlich unverständliche Zögern der Politiker kann auf die Nr. 50 dieser Sammlung verwiesen werden.

Die neue natürliche, auf der Antike, der Aufklärung und dem Humanismus beruhende Einstellung zum Sterben und zum Tod findet einen sympathischen Ausdruck im folgenden Brief von Wolfgang Amadeus **Mozart** an seinen Vater:

Mon très cher Père!

Da der Tod (genau zu nehmen) der wahre Endzweck unseres Lebens ist, so habe ich mich seit ein paar Jahren mit diesem wahren, besten Freund des Menschen so bekannt gemacht, dass sein Bild nicht allein nichts Schreckendes mehr für mich hat, sondern recht viel Beruhigendes und Tröstendes! Und ich danke meinem Gott, dass er mir das Glück gegönnt hat, mir die Gelegenheit (Sie verstehen mich) zu verschaffen, ihn als den Schlüssel zu unserer wahren Glückseligkeit kennenzulernen. Ich lege mich nie zu Bette, ohne zu bedenken, dass ich vielleicht (so jung als ich bin) den andern Tag nicht mehr sein werde – und es wird doch kein Mensch von allen, die mich kennen, sagen können, dass ich im Umgang mürrisch oder traurig wäre. Und für diese Glückseligkeit danke ich alle Tage meinem Schöpfer und wünsche sie von Herzen jedem meiner Mitmenschen...

Aus: Mozart in seinen Briefen. Eine Auswahl hrsg. u. eingel. von A. Würz, Stuttgart 1956 (Reclam 7872/73)

Besonders sympathisch an Mozarts Lebensanschauung ist seine unverwüstliche Lebensbejahung. Für Mozart ist das Leben kein Jammertal, sondern auch so, wie es ist, immer schön, und zu diesem Schönen gehört nach ihm auch das natur-notwendige Übel (Hösli 80). Mozart war bekanntlich kein Asket. Er war sinnlichen Genüssen nicht abgeneigt, mied aber alle Exzesse (Nettle 121f).

22

Sterbehilfe
Ethische und juristische Grundlagen

Zytglogge Verlag Gümligen 1989, 159 Seiten

Inhaltsverzeichnis

Eine Leseprobe aus dem Buch Sterbehilfe:

Was aber bedeutet humanes Sterben? (7. Kapitel S. 30 ff.)

Wann ist das Sterben menschenunwürdig?

Ein schönes Sterben ehrt das ganze Leben
Petrarca

Sich für ein «schönes Sterben» einzusetzen, wäre wohl ein unbescheidenes Ziel. Und doch wünschen alle Menschen ein «schönes» Sterben, soweit dies möglich ist: Ein ruhiges, friedliches und sanftes Einschlafen; vor allem ein Sterben mit möglichst wenig Schmerzen; einen «gnädigen sanften Tod»; aber auch ein würdiges Sterben. Und nach dem Gesagten ist es sehr realistisch und nötig, dass es eine Vereinigung gibt, die sich dafür einsetzt, dass das Sterben wenigstens human verläuft.

Was aber ist ein humanes Sterben?

Das ist an sich etwas recht Subjektives und Relatives. Wo es indessen um allgemeine Empfehlungen, um generelle abstrakte Normierungen, allgemeine Grundsätze geht, wie bei Vorschlägen zur Formulierung von Patientenverfügungen, die für jedermann, namentlich auch für den Arzt, verbindlich sein sollen, kann es ohne **objektive** Kriterien nicht abgehen. Hier können wir uns nur mit solchen objektiven Kriterien befassen, von denen wir wissen, dass sie sich auf einen breiten Konsens stützen können. Ich denke, dass man besonders in folgenden Fällen von einem inhumanen Sterben durch künstliche Lebensverlängerung oder durch Verweigerung der Freitodhilfe (oder der aktiven Sterbehilfe soweit rechtlich erlaubt) oder durch Verhinderung des Freitodes sprechen kann:

1. Inhuman ist die künstliche Hinauszögerung des Sterbens bzw. die Hinderung am freiwilligen Sterben sicher dann, wenn der Sterbende ohne wesentliche Aussicht auf Besserung bei infauster (auf baldigen tödlichen Ausgang lautender) Prognose bereits seit längerer Zeit so sehr körperlich oder seelisch leidet, dass das Hinauszögern dieses Leidens als grausam, eben inhuman und eher als Quälerei erscheint (inhuman = grausam)[1].

2. Inhuman ist meines Erachtens die Verhinderung des natürlichen Todes eines Todgeweihten bei infauster Prognose ferner, wenn die künstliche Er-

haltung des Lebens sinnlos geworden ist, wenn im besonderen die künstlichen Anstrengungen nur noch seelische Leiden und Opfer der Angehörigen verursachen, ohne dass für den Sterbenden noch irgend ein Sinn und Zweck ersichtlich wäre; wo man es gewissermassen nur noch mit einem sinnlosen Weiterlaufen der Maschinerie zu tun hat, mit einer Technik, die sich verselbständigt hat, eine Art «Eigenleben» führt, ohne Hilfe und Dienst am menschlichen Leben zu sein (inhuman = sinnlos).

3. Inhuman ist die Verhinderung des natürlichen oder freiwilligen Todes des Todgeweihten bei infauster Prognose (evtl. auch ohne diesen qualifizierten Zustand) dann, wenn die allgemeine oder die besondere Menschenwürde[2] des Betreffenden - die allerdings bei jedem Sterben und bei anhaltendem schweren Leiden beeinträchtigt wird - dauernd in unerträglichem Masse gefährdet würde[3]. Jeder Mensch hat sein legitimes Interesse daran, dass die Erinnerung an ihn, das Bild, das in der Umwelt zurückbleibt, nicht durch ein allzu langes und allzu peinliches Sterben zu stark leidet (inhuman = menschenunwürdig).

Zwar ist auch jedem Sterbenden gegenwärtig, dass die Umstehenden früher oder später das gleiche Schicksal des Sterbens treffen wird und dass jedes Sterben eine Beeinträchtigung der Würde bedeuten kann (eine capitis diminutio ist). Aber es können doch Tatbestände vorliegen, die ihn so erniedrigen, dass sie keinem Menschen zugemutet werden können, wenn er diese Umstände nicht freiwillig hinnehmen will, einfach um des Lebens willen oder aus religiösen Gründen[4].

Von solchen Tatbeständen, die die Menschenwürde zu sehr tangieren, kann im einzelnen gesprochen werden:
- wenn der Patient Ekel[5] erregt, namentlich wenn sich derartige Zustände häufen und andauern (ekelerregende Auswürfe oder Ausflüsse, sehr entstelltes Aussehen, riesige Geschwulste oder Aufblähung des Körpers, eklige Gerüche, ekelerregende Art der Ernährung, Geifern etc.);
- oder geisteskrankes Gebaren, psychotische Zustände;
- oder entsetzliche Schmerzen, bei denen sich der Sterbende krümmt und windet;
- auch dauernde völlige Hilflosigkeit;
- auch Inkontinenz wird von einzelnen Patienten schon als unwürdig genug empfunden;
- lange dauernde schwerste Agonie;
- Lallen oder tierische Laute und dergleichen;
- oder auch schon das dauernde Hängen an Maschinen und Schläuchen;

- oder wenn der sterbende Mensch bloss noch Objekt[6], «Reparaturgegenstand» ist, oder bloss noch Forschungszwecken dienen soll;
- oder wenn er bloss noch «maschinell funktioniert».

4. Man kann sich auch fragen, ob es nicht schon inhuman sei, wenn das Sterben auf künstlichem Wege, ohne den Patienten zu fragen, oder gar gegen seinen Willen, bei fast erlöschtem Leben auch ohne sonstige Komplikationen unnatürlich lang[7] hinausgezögert wird. Weil das Sterben schon an sich eine äusserste seelische Belastung ist, pflegt es die Natur selber in der Regel gnädig abzukürzen. Das lange Warten auf den Tod kann allein schon eine arge Todesquälerei sein. «Lasst mich doch endlich sterben», eine häufige Bitte von Sterbenden (inhuman = zu lange Dauer des Sterbens, artifiziell verursacht).

5. «In-human» im Sinne von «nicht mehr dem geistigen Wesen des Menschen entsprechend» ist eine Verhinderung des natürlichen Todes wohl auch dann, wenn
- das spezifisch Menschliche an ihm bereits unwiederbringlich ganz oder fast ganz erloschen ist, wie das Bewusstsein, das Überlegen, die Kommunikationsmöglichkeit, das, was ihn zum Menschen macht. Dass ein Mensch in diesem Zustande stirbt, ist «menschlich», also nicht inhuman, wohl aber ist es inhuman, ihn künstlich in diesem Zustand zu erhalten (humanes Sterben = «menschliches Sterben[8]»).
- das Personenhafte des Menschen, wie die freie Selbstbestimmung, der Wille, die minimste menschliche Freiheit nicht mehr oder nur noch so schwach wie ein erlöschendes Flämmchen in Erscheinung tritt, wenn er also sozusagen kein «Mensch» mehr ist, sondern eine «masse carnis», ein lebender Leichnam[9].

6. Inhuman kann eine künstliche Leidens- und Sterbensverlängerung bei einem schwer leidenden todgeweihten Patienten m.E. auch dann sein, wenn dadurch ein erfülltes Leben am Schlusse noch vergällt und abgewertet wird.

---

[1] Wunderli findet zu recht, wenn bei einem unheilbar Krebskranken die Schmerzen auch mit üblichen Dosen von Morphium nicht mehr zu beeinflussen seien und der Patient ausdrücklich Sterbehilfe wünsche, schlüge der Heilauftrag des Arztes in «kalte Inhumanität» um, wenn er die lebensverlängernden Massnahmen fortsetzen würde (Neue Zürcher Zeitung 2./3.4.1977)

2) Die Menschenwürde ist in der Schweiz kraft ungeschriebenen Rechtes ein verfassungsmässig geschütztes Menschen- und Grundrecht (BGE 90 I 29; 97 I 49f; 98 Ia 523; 100 Ia 194f; 102 Ia 287f, bes. 321-325). Es gilt sogar als das zentralste, wichtigste, unantastbarste Menschenrecht (Burkart S. 56, ferner Seiten 68-72).

3) Das Recht des Kranken und Sterbenden auf persönliche Würde anerkennen auch die Empfehlungen des Europarates vom 29.1.1975.

4) Es ist zu überlegen, ob durch solche Zustände nicht auch das Bild des Göttlichen im Menschen verunehrt wird.

5) Ästhetik als Kriterium

6) Vgl. z.B. Burkard SS. 53 und 75. Burkart sieht die Menschenwürde oft auch schon durch die Tatsache gefährdet, dass das Krankenhaus zu einer «totalen Institution» mit umfassender Regelungsbefugnis und totaler Abhängigkeit der Patienten von Ärzten und Pflegepersonal geworden sei mit einem Klima des totalen Ausgeliefertseins (S. 1171)

7) «Schnell und schmerzfrei» war die eine Maxime in der Antike.

8) Vgl. dazu Gerd Hirschauer, Sterbehilfe, 1973, S. 7. Man spricht dann vom bloss noch biologischen Leben (vgl. Burkart S. 17ff).

9) Zutreffend Chefarzt Dr. Heinz Herzer laut Appenzeller-Zeitung vom 11.6.1988: Die Massnahmen der Lebenserhaltung sind nur dann sinnvoll, wenn sie der Person als Ganzheit dienen. Das sei die zentrale Kategorie der ärztlichen Ethik.

Nichts ist so gewaltig,
dass es dich in deinem Innersten
beunruhigen könnte –
alles geht vorüber,
und hinter jeder Not
steht gross und erhaben
das einzig Gewisse:
dein Freund, der Tod.
Erst, wenn du ihn liebst,
gehört die Erde dir.

Felix Heinemann

2. Kapitel

Halt, es ist m e i n Leben

Die Selbstbestimmung

Der Tod als Aushauchen der Seele vorgestellt

Aus Senioren-Express, Februar 1994, S. 64

Das freie Verfügungsrecht des Menschen über sein Leben

Schweizerische Juristen-Zeitung, Heft 23/1989, S. 399

Das Selbstbestimmungsrecht des Menschen über sein eigenes Leben ist die wichtigste Grundlage jeder Sterbehilfe. Deshalb lautet auch der erste Satz des Zweckartikels der EXIT, Vereinigung für humanes Sterben, wie folgt:

«Die EXIT setzt sich ein für
– das freie Verfügungsrecht des Menschen über sein Leben ...»[1]

Als die Sterbehilfe zu einem aktuellen Thema wurde, zeigte sich bald, dass sich an diesem Grundsatz die Geister scheiden. Dies naturgemäss vor allem im weltanschaulichen Raum. Hier wird dieser Grundsatz der EXIT z. T. offen – oft auch lautstark –, z.t. mehr verhalten zum Vorwurf gemacht. Wenn von einer gefährlichen Institution die Rede ist, so beziehen sich derartige Urteile letztlich immer auf den Einsatz der EXIT für das freie Selbstbestimmungsrecht des Menschen über sein Leben. Die religiöse Überzeugung, wonach die Verfügung über unser Leben ausschliesslich Gott zustehe (Souveränitätsargument), war in unserer religiösen Tradition so grundlegend und uns so intensiv eingepflanzt worden, so dass der Gedanke eines bezüglichen Selbstbestimmungsrechtes bei zahlreichen Menschen wie ein Schock wirkt.

Den Rubikon überschritten

Immerhin ist diese Abwehrfront nicht nur in der Bevölkerung[2], sondern auch in der Theologie am Abbröckeln. Immer zahlreicher werden die Stimmen auch von Theologen, die jenes Souveränitätsargument als nicht mehr haltbar aufgeben. Statt vieler[3] sei auf den Aufsatz von Prof. Adrian *Holderegger* in der Publikation «Selbstmord» von Häsler und Schuh, S.135 ff. verwiesen, wo u.a. ausgeführt wird:

«Von dieser grundlegenden Einsicht her wächst die Überzeugung unter den Theologen immer mehr heran, dass es keinen anderen Weg gibt, denn die Möglichkeit der Tötung bzw. Selbsttötung als eine mit der tatsächlichen

Selbstverfügungsmacht vom Schöpfer gegebene zu konstatieren, um dann gleich festzustellen, dass der Mensch die sittliche Entscheidung darüber zu fällen hat, unter welchen Umständen sie als berechtigt zu gelten hat und unter welchen nicht.»

Die Moraltheologen sind jedenfalls im Begriffe, den Rubikon zu überschreiten. Mit der neuen Position der katholischen Moraltheologie können auch liberale Philosophen zufrieden sein, wenn sie, wie *Holderegger* im genannten Artikel, die Beurteilung des Freitodes und des Selbstbestimmungsrechtes anstelle der absoluten Ablehnung des Freitodes von einer Güterabwägung abhängig machen, also von einer Ermessensentscheidung.

Und die Juristen ziehen nach[4]

Das Gesagte ist auch für die Jurisprudenz nicht ohne Bedeutung, ist doch das Recht – besonders in solchen Fragen – weitgehend der Niederschlag der philosophisch-religiösen Ethik. Im Bereiche der Sterbehilfe und im besonderen des Selbstbestimmungsrechtes haben wir es mit einem klassischen Falle der Interdependenz zwischen Recht und weltanschaulicher (religiöser oder kirchlicher) Ethik zu tun. Auch unter den Juristen bemerkt man denn auch auf Schritt und Tritt eine nur so zu erklärende Unsicherheit und Hemmung bis hin zu entschiedener Ablehnung des Selbstbestimmungsrechtes, für die dann juristische Argumentationen gesucht werden.

Für *Jost Gross* [5] stand ein Recht, über sein eigenes Leben zu verfügen, noch ganz ausser Diskussion. Es wurde also noch 1977 apodiktisch und fast mit Abscheu verworfen (vgl. z.B. 138f., 142f., 157,165,169,171). Er und auch noch Frau *Burkart*[6] (1983) waren nicht verlegen, Autoren zu zitieren, die bei der Behandlung des Selbstbestimmungsrechtes dort strikte Halt machten, wo es um die Verfügung über das eigene Leben ging. Und der neue Rechtskonsulent der Schweiz. Ärztegesellschaft erklärte noch in einem Artikel in der Schweiz. Ärztezeitung vom 5. Juli 1989 mit offensichtlicher Zustimmung, die christliche Lehre[7] verneine das Recht des Menschen, über sein Leben zu verfügen, und betrachte den Freitod als Sünde [8]. Und all die Proteste wegen der Einstellung der EXIT zum Freitod und gegen deren Freitodhilfe basieren ausschliesslich auf der Ablehnung des Selbstbestimmungsrechts. Übrigens ist im Strafrecht immer noch die Auffassung weit verbreitet, der Freitod sei an sich ein Unrecht; es werde nur wegen der Tragik des Ereignisses auf dessen Bestrafung verzichtet.

Das Selbstbestimmungsrecht setzt sich durch

Meines Erachtens ergibt sich das freie Verfügungsrecht des Menschen über sein Leben für das schweizerische Recht schon aus der Straflosigkeit des Freitodes und der Freitodhilfe. *Monika Burkart* ist allerdings anderer Ansicht (S. 79). Diese Frage kann aber offengelassen werden, weil sich dieses Recht, wie auch Frau *Burkart* – fast nolens volens – anerkannte, eindeutig aus der Verfassung ergibt. So kam sie zum Schlusse:

«Die Entscheidung zum Tod als solche und die von Aussenkontakten vollständig losgelöste aktive Beendigung des Lebens müssen nach dem Gesagten dem letzten unantastbaren Bereich menschlicher Freiheit zugerechnet werden, der die Schutzwirkung der persönlichen Freiheit und der Menschenwürde geniesst.»

oder: Der Freitod möge im Einzelfall wegen besonderer Verpflichtungen gegen das Sittengesetz verstossen (ich würde das «Sittengesetz» hier nicht bemühen), generell tue er das nicht, erst recht nicht in Fällen, in denen (und nur diese hat EXIT vor Augen) ein Sterbenskranker seinem Leben ein Ende setze (83);

oder: Die Freiheit des Suizidenten, sich zu töten, müsse grundsätzlich als anerkannt gelten (S. 86);

oder: Die Entscheidung zum Tode stehe dem Menschen offen (S. 81);

oder: Auch das aktive «Übersichselbstverfügen zum Tode» gehöre in den unantastbaren Bereich, in den der Staat nicht eingreifen dürfe (81).

Frau Burkart weist auch darauf hin, dass die Freiheit, sich selber zu töten, nicht selten als die eigentliche Freiheit der Menschen angesehen worden sei, die den Menschen über das Tier erhebe (S. 81).

Das Bundesgericht hatte m.W. bisher zur Frage nicht Stellung zu nehmen. Allerdings gibt es Entscheide, die zwar mit dem Selbstbestimmungsrecht über Körper, Leben und Gesundheit zu tun haben. So, wenn es etwa heisst, ein ärztlicher Eingriff sei trotz Verweigerung seitens des Patienten rechtmässig, wenn in einer Notlage (gemeint Lebensgefahr des Patienten) oder gestützt auf sanitätspolizeiliche Vorschriften[9] erfolgt(z.B. BGE 99 IV 208 ff.). Eine bewusste oder gar grundsätzliche Stellungnahme des Bundesgerichts ist aber bei solchen Entscheiden nicht auszumachen. Übrigens wäre die bezügliche Begründung für eine Ablehnung des Selbstbestimmungsrechtes über das Leben auch nicht haltbar. Es würde schon gegen das rechtsstaatliche Prinzip verstossen, wonach Einschränkungen der persönlichen Freiheit nur durch Gesetz zulässig sind. Bei den sanitätspolizeilichen Vorschriften handelt es sich aber meist um blosse Verordnungen. Und selbst wenn es

Gesetze wären – es könnte sich nur um kantonale handeln –, käme das Bundesgericht mit der derogatorischen Kraft des Bundesrechts in Konflikt. Im übrigen hat sich das Bundesgericht bisher geweigert, den Kerngehalt des Grundrechts der persönlichen Freiheit in feste Formeln zu fassen, wobei es auf den Wandel der ethisch-philosophischen Anschauungen hinwies. Zu diesem Wandel gehört auch der rasante Fortschritt der medizinischen Technik und der Biologie mit der neuen Todesdefinition, und vor allem der zügige Ausbau der Menschenrechte. Diese Entwicklungen hätten längst zum vollen Sieg des Selbstbestimmungsrechts geführt, wenn nicht die nationalsozialistische Euthanasiepraxis wie ein Gespenst weiterwirken würde.

Die Berufung auf das Recht «auf Leben» ist in mehrfacher Hinsicht abwegig. Zum einen kann sich ein solches Recht doch nur gegen Dritte richten. Sodann läuft es auf eine Pflicht zum Leben hinaus. Widersinnig ist z.b. auch die Ableitung der Zwangsernährung aus diesem Recht, z.b. für Terroristen; nicht nur weil Zwangsernährung von handlungsfähigen Menschen das Grundrecht der persönlichen Freiheit in sein Gegenteil pervertiert. Übrigens geraten diejenigen, die sich so gerne auf dieses Recht berufen, zunehmend in Konflikt mit anderen Positionen der Moraltheologie und der Staatsräson, z.b. mit der Zulassung des Krieges, der Ausbildung der Soldaten oder der Herstellung von Massenvernichtungswaffen, mit denen Millionen von Menschen wie Ungeziefer vernichtet werden.

---

[1] Inzwischen leider aus den EXIT-Statuten ersatzlos gestrichen worden (vgl. Nr. 57 und 58 der vorliegenden Sammlung)

[2] Diejenige des Kantons Zürich z.b. hat sich in einer Abstimmung vom 2. Februar 1975 sogar für eine Legalisierung der aktiven Sterbehilfe ausgesprochen.

[3] Zum Beispiel Pfr. Otto Streckeisen in «Die Ostschweiz», Ausgabe St. Gallen, vom 11. Mai 1989, oder Prof. Walter Neidhart in «Von des Christen Freude und Freiheit» April 1989 S. 20, oder Pfr. Dr. Rolf Sigg in «Sechs Jahre EXIT» S. 49ff.
Bekannt sind dabei die Argumente, die Bibel enthalte keine einzige Stelle, die den Freitod verurteile; oder im Frühchristentum sei der Freitod keine Seltenheit gewesen; oder man könne sich Gott nicht als Quälgott vorstellen; oder wer das Selbstbestimmungsrecht verneine, dürfe auch eine Lungenentzündung nicht behandeln lassen, denn Gott könnte ja den Patienten auch über diese Krankheit abberufen haben wollen.

[4] Proff. Arzt und Weber sehen in der Ablehnung des freien Verfügungsrechtes über das eigene Leben eine «altmodische Terminologie» (Strafrecht Bes. Teil, 3.A. 1988 S. 74).

[5] Die persönliche Freiheit des Patienten (Bern 1977).

[6] Das Recht, in Würde zu sterben – ein Menschenrecht (Zürich 1983).

[7] Gemeint ist die constitutio Gaudium et Spes des II. Vaticanum vom 7. Dezember 1965 und die Encyclica Johannes Pauls II. Dominum et Vivificanten vom 18. Mai 1986.

[8] Ähnlich vom gleichen Verfasser in der «Neuen Zürcher Zeitung» vom 22. Februar 1989.

[9] Man denke an die ominöse Rettungspflicht trotz Rettungsverbot des Suizidenten.

Wer sicher sein will, dass nicht eines Tages, wenn er sich nicht mehr äussern kann (oder die Kraft dazu einfach nicht mehr hat) andere, wenn auch in guter Absicht, darüber entscheiden, ob er weiter leben solle, wird gut daran tun, sich, solange er dazu fähig, energisch für das Selbstbestimmungsrecht einzusetzen und rechtzeitig eine Patientenverfügung zu erlassen, in der er allein bestimmt, wann er sein Leben nicht mehr für lebenswert erachtet.

Punkt zwölf erscheint der Knochenmann
Und hält das Perpendikel an.

Wilhelm Busch

Sammlung Rolf Hochhuth, Bertelsmann-Verlag

Das Selbstbestimmungsrecht des Schwerstkranken über sein Leben nach schweizerischem Recht; Reformvorschläge zur Sterbehilfe

Band Nr. 36 der SGGP-Schriftenreihe 1994 mit dem Titel «Das Selbstbestimmungsrecht des Schwerkranken», Vortrag R. Kehl, Nr. 6.1, Seiten 35 ff und Seite 69

Das Selbstbestimmungsrecht des Schwerstkranken über sein Leben nach schweizerischem Recht; Reformvorschläge zur Sterbehilfe (Robert Kehl)

Das Selbstbestimmungsrecht des Menschen über sein Leben (nicht gleichzusetzen dem Selbstbestimmungsrecht des Patienten) ist die wichtigste Grundlage jeder Sterbehilfe. Deshalb lautet der erste Satz des Zweckartikels der EXIT (Vereinigung für humanes Sterben) wie folgt: "Die EXIT setzt sich ein für das freie Verfügungsrecht des Menschen über sein Leben". [1]

Leider ist dieses Recht in der Schweiz immer noch nicht allgemein anerkannt.

Als die Sterbehilfe zu einem aktuellen Thema wurde, zeigte sich bald, dass sich an jenem Grundsatz die Geister scheiden. Dies naturgemäss vor allem im weltanschaulichen Raum. Hier wird dieser Grundsatz der EXIT z.T. offen - oft auch lautstark -, z.T. mehr verhalten zum Vorwurf gemacht. Wenn etwa von einer ambivalenten oder gar gefährlichen Institution die Rede ist, so beziehen sich derartige Urteile letztlich immer auf den Einsatz der EXIT für das freie Selbstbestimmungsrecht des Menschen über sein Leben. Die religiöse Ueberzeugung, wonach die Verfügung über unser Leben ausschliesslich Gott zustehe (Souveränitätsargument), war in unserer religiösen Tradition so grundlegend und uns so intensiv eingepflanzt worden, dass der Gedanke eines bezüglichen Selbstbestimmungsrechtes bei zahlreichen Menschen wie ein Schock wirkt. All die Proteste gegen die Einstellung der EXIT zum Freitod und gegen deren Freitodhilfe basieren ausschliesslich auf der Ablehnung des Selbstbestimmungsrechtes.

Die strikte Verwerfung des Selbstbestimmungsrechtes des Menschen über sein Leben ist aber nicht etwa nur im religiösen Raume präsent. Sie dominierte bis vor kurzem auch im Rechtsraume.

---

[1] In den neuen Statuten der EXIT (1993) wird das Selbstbestimmungsrecht relativiert; der entsprechende Artikel lautet: *2. EXIT anerkennt im Leben und im Sterben das Selbstbestimmungsrecht des Menschen, das soweit wie möglich zu beachten ist. (M. Schär)*

Für Jost Gross z.B. stand ein Recht, über sein eigenes Leben zu verfügen, noch ganz ausser Diskussion. Es wurde also noch 1977 apodiktisch und fast mit Abscheu verworfen. Er (Gross) und auch Frau Burkhart (1983) waren nicht verlegen, Autoren zu zitieren, die bei der Behandlung des Selbstbestimmungsrechtes dort strikte Halt machten, wo es über die Verfügung über das eigene Leben ging.

Diese Abhängigkeit des Rechts von den weltanschaulichen Positionen ist auch weiter nicht verwunderlich, handelt es sich beim staatlichen Recht doch von Haus aus irgendwie bloss um eine Verdichtung philosophischer und kirchlicher Ethik in die starreren Formen rechtlicher Normen. Und bei der Frage des Selbstbestimmungsrechtes des Menschen über sein Leben haben wir es wegen des hier involvierten besonderen transzendenten Aspektes um einen besonders klassischen Fall der Interdependenz zwischen kirchlicher Ethik und Jurisprudenz zu tun.

Die Position der strikten Ablehnung des freien Verfügungsrechtes des Menschen über sein Leben wird immer noch von vielen Aerzten und auch von anderen Wissenschaftlern vertreten. So erklärte PD Dr. Christian Brückner in einem 1989 in der Schweiz. Aerztezeitung erschienenen Aufsatz: *"Die christliche Lehre verneint das Recht des Menschen über sein Leben zu verfügen und sie betrachtet den Selbstmord als Sünde"*, wobei Herr Brückner - im Ergebnis zustimmend - prophezeite, dieses Selbstmordtabu werde von der überwiegenden Mehrheit unserer Bevölkerung mit Sicherheit noch lange Zeit als bindend empfunden.

Zum Glück erweist sich diese Prognose heute zusehends als überholt. Umfragen in der Bevölkerung im In- und Ausland, inbegriffen der USA, dem Paradies der Fundamentalisten, weisen unmissverständlich auf die gegenteilige Entwicklung hin. Und was die Theologen anbelangt, ist die Front der traditionellen Einstellung ebenfalls im Abbröckeln. Immer zahlreicher werden die Stimmen auch von Theologen, die jenes Souveränitätsargument als nicht mehr haltbar aufgeben. Statt vieler sei auf den Aufsatz von Prof. Adrian Holderegger in der Publikation "Selbstmord" von Häsler und Schuh verwiesen, wo u.a. ausgeführt wird: *"Von dieser grundlegenden Einsicht her wächst die Ueberzeugung unter den Theologen immer mehr heran, dass es keinen anderen Weg gibt, denn die Möglichkeit der Tötung bzw. Selbsttötung als eine mit der tatsächlichen Selbstverfügungsmacht vom Schöpfer gegebenen zu konstatieren, um dann gleich festzustellen, dass der Mensch die sittliche Entscheidung darüber zu fällen hat, unter welchen Umständen sie als berechtigt zu gelten hat und unter welchen nicht".*

Mit dieser neuen Position der katholischen Moraltheologie können auch liberale Philosophen zufrieden sein, wenn sie wie Holderegger im genannten Artikel die Beurteilung des Freitodes und des Selbstbestimmungsrechtes anstelle der absoluten Ablehnung des Freitodes von einer Güterabwägung abhängig machen, also von einer Ermessensentscheidung.

Ohne Uebertreibung lässt sich damit feststellen, die Theologen seien in der uns hier beschäftigenden Frage daran, den Rubikon zu überschreiten. Mit grossem Interesse haben wir heute festgestellt, dass auch Herr Prof. Dr. theol. W. Neidhart eine ähnliche Auffassung vertritt wie Prof. Holdegger und sich vom Dogma von der absoluten Unverfügbarkeit über das Leben ebenfalls distanziert.

Und die Juristen beginnen nachzuziehen; auch hier zeichnet sich eine radikale Wandlung ab. Die Jurisprudenz war auf diese Wende im Grunde schon lange recht gut vorbereitet, sind doch seit der Aufklärung und der Französischen Revolution zwei virulente Gedanken herangereift, die direkt auf eine Anerkennung des Selbstbestimmungsrechtes des Menschen hindrängten und die sich in den letzten paar Jahrzehnten geradezu rasant weiter entwickelt haben: im Privatrecht das Persönlichkeitsrecht und im Verfassungsrecht die persönliche Freiheit. In dieser Sicht ist es sogar erstaunlich, dass sich die Rechtswissenschaft so lange und so sehr in das Schlepptau der Theologie nehmen liess.

Immerhin hat sich der Gedanke der persönlichen Freiheit des Menschen wenigstens im Strafrecht schon seit relativ langer Zeit durchgesetzt, indem der Gesetzgeber den Freitod und die Freitodhilfe für straflos erklärt hat. Schon das war eine Wende, ein Markstein.

Leider blieb man auf halbem Wege stecken. Von einer Anerkennung des freien Verfügungsrechtes des Menschen über sein Leben wollte man noch lange Zeit nichts wissen. Man verfiel auf den gloriosen Gedanken, der Freitod sei trotz der Straflosigkeit an und für sich ein Unrecht; der Gesetzgeber habe nur wegen der Tragik des Ereignisses auf dessen Bestrafung verzichtet.

Der heutige Stand der Rechtswissenschaft mit Bezug auf das freie Verfügungsrecht über das eigene Leben kann etwa wie folgt definiert werden: Gestützt auf die erwähnte Entkriminalisierung der Selbsttötung im Strafgesetzbuch (Art. 115 StGB) ist der Freitod heute eine **legale** Handlung. Dasselbe gilt (im Prinzip) für die Freitodhilfe und für die Anstiftung zum Freitod. Es ist völlig unverständlich, trotz jener Bestimmung von einer Unrechtshandlung zu sprechen.

Die radikalere neue Wende, von der ich gesprochen habe, besteht nun darin, dass man in der Rechtswissenschaft dazu übergegangen ist, die freie Verfügung über sein eigenes Leben als verfassungsmässiges Recht anzuerkennen. Ich verweise auf die Dissertation von Monika Burkhart: "Das Recht in Würde zu sterben - ein Menschenrecht" (Diss. Zürich 1983). Darin kam die Autorin - ich zitiere - zum Schluss:

"Die Entscheidung zum Tod als solche und die von Aussenkontakten vollständig losgelöste Beendigung des Lebens müssen nach dem Gesagten dem letzten unantastbaren Bereich menschlicher Freiheit zugerechnet werden, der die Schutzwirkung der persönlichen Freiheit und der Menschenwürde geniesst". Ferner: *"Der Freitod möge im Einzelfall wegen besonderer Verpflichtungen gegen das Sittengesetz verstossen, generell tue er das nicht, erst recht nicht in Fällen, in denen (und nur diese hat EXIT vor Augen) ein Sterbenskranker seinem Leben ein Ende setze";* oder: *"Die Freiheit des Suizidenten, sich zu töten, müsse grundsätzlich als anerkannt gelten".* Oder: *"Die Entscheidung zum Tode stehe dem Menschen offen".* Oder: *"Auch das aktive "Uebersichselbstverfügen zum Tode" gehöre in den unantastbaren Bereich, in den der Staat nicht eingreifen dürfe".* Frau Burkhart weist auch darauf hin, dass die Freiheit, sich selber zu töten, nicht selten als **die** Freiheit der Menschen angesehen worden sei, die eigentlich den Menschen über das Tier erhebe.

Diese Dissertation war ein Meilenstein in der Geschichte der Entwicklung des Selbstbestimmungsrechtes; sie markiert jedenfalls ein grundsätzliches Umdenken. Nun ist allerdings sofort festzuhalten, dass von einer offiziellen Abkehr von der apodiktischen Ablehnung des freien Selbstbestimmungsrechtes noch nicht gesprochen werden kann. Von einer einhelligen Lehrmeinung und Judikatur i.S. der vollen Anerkennung des freien Verfügungsrechtes über unser Leben sind wir noch recht weit entfernt.

Das Bundesgericht hatte zur Frage eines verfassungsmässigen Rechts auf Selbstbestimmung über sein eigenes Leben bisher nicht direkt Stellung zu nehmen. Wohl aber irgendwie indirekt, nämlich mit dem längst anerkannten Recht auf Selbstbestimmung des Patienten über ärztliche Eingriffe in die körperliche Integrität (BGE 99 IV 208 ff). Mehr noch: mit seiner nachhaltigen Anerkennung eines verfassungsmässigen Schutzes der Menschenwürde und der persönlichen Freiheit hat es die Grundsteine für das verfassungsmässige Recht auf freie Verfügung über sein Leben geschaffen (wie gerade auch Frau Burkhart in der genannten Dissertation überzeugend und ausführlich begründet hat).

(Leider muss ich es mir aus zeitlichen Gründen versagen, nähere Ausführungen zu dieser juristischen Ableitung des verfassungsmässigen Rechtes auf Freitod vorzunehmen, zumal sie relativ komplex, aber anderseits zwingend ist. Ebenso muss ich darauf verzichten, auf die vielen weltanschaulichen und philosophischen Argumente einzugehen, die für und wider ein solches verfassungsmässiges Recht angeführt zu werden pflegen und die - auch nach bundesrechtlicher Rechtsprechung - bei der juristischen Erörterung eines solchen Rechtes nicht nur relevant, sondern mitentscheidend sind. Sie erwarten von mir noch einige Reformvorschläge).

Zwei Argumente möchte ich aber doch in die Diskussion werfen, von denen sonderbarerweise sozusagen nie die Rede ist, deren Logik sich aber m.E. niemand entziehen kann.

a. Heute ist ziemlich allgemein anerkannt, dass ein Patient jeden Heileingriff willkürlich ablehnen kann, bzw. dass ein solcher ohne Zustimmung rechtswidrig wäre. Das gilt auch dann, wenn die Unterlassung den sicheren Tod des Patienten bedeutet. Mit seinem Patienten-Selbstbestimmungsrecht verfügt der Mensch also oft ebenfalls über sein Leben. Es ist deshalb unlogisch, das Leben als absolut unverfügbar zu bezeichnen und gleichzeitig das Patienten-verfügungsrecht anzuerkennen. Auch am Deutschen Juristentag 1986 wurde darauf hingewiesen, dass sich aus der Anerkennung dieses Selbstbestimmungsrechtes des Patienten das weitere und grundsätzliche Selbstbestimmungsrecht über das Leben ergebe.

    b. In der Strafrechtsliteratur wird gern mit dem Rechtsgedanken operiert, die Freiheit über das betreffende Gut zu verfügen (also die freie Verfügbarkeit darüber) mache das Gut erst erstrebenswert, mache es erst wirklich zu einem Rechtsgut. Wer nun diesen Grundsatz vertritt, gleichzeitig aber das Leben als absolut unverfügbar bezeichnet, spricht dem Leben den Charakter eines Rechtsgutes ab.

Und nun will ich versuchen, einige Thesen zu formulieren:

1. Es ist tragisch, dass auch in der Schweiz, die sich so sehr ihrer Rechtsstaatlichkeit rühmt, der Rechtsstaat genau dort nicht verwirklicht ist, wo seine Herrschaft besonders nötig wäre, nämlich:
   - *wo die Schutzlosigkeit des Menschen am grössten ist,*
   - *wo die denkbar wichtigsten Belange auf dem Spiele stehen und äusserst gefährdet sind,*
   - *wo existentielle Aengste so vieler, besonders der Sterbenden selber, gerade durch ein klares Gesetz abgebaut werden könnten.*

2. Allem voran muss endlich entsprechend den Hauptanliegen des Rechtsstaates dessen elementarster Grundsatz, wonach jeder Mensch das unabdingbare Recht hat, frei über sein Leben zu verfügen, gesetzlich festgeschrieben werden.

3. Es stimmt nicht, dass dieses Rechtsgebiet einer gesetzlichen Regelung nicht zugänglich wäre. Es ist ohne weiteres möglich, diese Rechtsverhältnisse klar zu regeln. An Vorbildern und Entwürfen fehlt es übrigens nicht, die gewiss noch verbesserungs-bedürftig, aber auch verbesserungsfähig sind.

4. Es stimmt auch nicht, dass bereits eine (rechtsstaatlich einwandfreie) genügende Regelung vorliegt.

5. Der Gesetzgeber darf diese Regelung nicht den rechtsanwendenden Behörden oder Privaten überlassen.

6. Aus rechtsstaatlichen Ueberlegungen wäre es an sich dringend indiziert, ein umfassendes Gesetz über Sterbehilfe zu erlassen.

7. Pragmatische Erwägungen lassen es aber als opportun erscheinen, dass sich der Gesetzgeber, evtl. mit einer verfassungsmässigen Vorgabe, auf einige vordringliche Fragen beschränkt, wie z.B.:
   - *Anerkennung des Selbstbestimmungsrechtes nicht nur betreffend ärztliche Eingriffe, sondern auch mit Bezug auf die Verfügung über das Leben*
   - *passive Sterbehilfe mit den verschiedene Unterfragen, wie die Verbindlichkeit von Patientenverfügungen, Regelung für den Fall, dass keine gültige Patientenverfügung vorliegt;*
   - *Form der Patientenverfügungen, Stellvertretung bei vorübergehend oder dauernd äusserungsunfähigen Patienten;*
   - *Zulässigkeit von Interventionen bei Freitod;*
   - *Schmerzbekämpfung (sog. indirekte Euthanasie) und*
   - *Patientenanwalt.*

6.2 Antworten des Referenten (Dr. iur. Robert Kehl) auf grundsätzliche Fragen und Bemerkungen von Diskussionsteilnehmern.

Mehrere Votanten wünschten lediglich eine Präzisierung juristischer Ausdrücke; auf 5 wichtige Fragen hingegen gab der Referent ausführliche Antworten.
1. Frage von Fürsprech U.F. Zwahlen zur rechtlichen Situation:

Kann man nicht argumentieren, die Patientenverfügung umschreibe den Auftrag an den Mediziner relativ genau? Entspre-

chend müsste der Beauftragte, der Arzt, der die Weisungen des Auftraggebers nicht befolgt, eigentlich das Mandatsverhältnis beendigen. Allenfalls müsste der Widerruf durch den Auftraggeber angenommen werden oder der Arzt müsste das Mandat an einen anderen Kollegen, der die Patientenverfügung respektiert, weitergeben. Das zum Zivilrecht.

Zum Strafrecht möchte ich fragen, wie es sich eigentlich in der Praxis verhält? Sollte nicht argumentiert werden, der Arzt, der sich vor strafrechtlichen Folgen fürchte, solle besser das Mandat weitergeben, als eigenmächtig zu handeln? Immerhin stehen doch Bundeszivilrecht und Bundesstrafrecht auf gleicher Stufe.

Das Mandat ist nicht automatisch beendigt, wenn der Arzt die Patientenverfügung als ethisch unrichtig findet und nicht bereit ist, diese zu respektieren; aber der Arzt kann jederzeit das Mandat niederlegen, so wie es der Patient auch jederzeit widerrufen kann.

2. Wie soll sich der Arzt verhalten, wenn sich öffentliches Recht (Strafrecht und Verwaltungsrecht) und das Mandatsrecht nicht decken?

Wegen der Normenkonflikte (öffentliches versus Privatrecht) hat Jost Gross in seiner Dissertation *"Die persönliche Freiheit des Patienten"* für eine bessere Abstimmung des Privatrechtes in diesem Bereiche plädiert.

3. Wie verhält es sich mit der "Euthanasie" in der Schweiz im Vergleich zu Holland, wo die "freiwillige aktive Euthanasie" einen erheblichen Umfang angenommen hat?

Die geschilderte holländische Praxis muss uns zu denken geben. Jene Aerzte, Staatsanwälte und Richter, die in Holland Euthanasie praktizieren oder gewähren lassen, sind ja auch keine amoralischen Rechtsbrecher. Wenn sie es als Notlage empfinden, dass man einen Menschen in gewissen Situationen erlöst, so spricht das dafür, dass ein eminentes Bedürfnis besteht, solche Möglichkeiten zu haben, und diese Rechtsgefühle sind natürlich auch in der Schweiz, ebenso wie in Holland vorhanden. Darum wird sich der Arzt, der im Rahmen der Schmerzbekämpfung bezügliche Ermessensspielräume hat, hin und wieder vor die Frage gestellt sehen, ob er nicht aus einer ähnlichen Gewissensnotlage heraus ähnlich handeln sollte. Ob bzw. wie oft solches dann auch wirklich geschieht, weiss ich nicht.

4. *Besteht nicht eine gewisse Gefahr, dass die "These vom lebensunwerten Leben" via "Pathos und Ideologie" in der Schweiz Zustimmung finden könnte? und ist vielleicht die Angst vor einer solchen Entwicklung der Grund für das Zögern der Gesetzgeber?*

Sie werfen zum einen die Frage auf, warum in ganz Europa, Holland inbegriffen, die Gesetzgeber so Mühe haben, bezüglich der aktiven Euthanasie progressivere Gesetze zu erlassen. Und dazu habe ich auch meinerseits eigentlich nur ein Fragezeichen und ein Kopfschütteln übrig, weil die Gesetzgeber ja damit am Volk vorbeilegiferieren. Die Umfragen, die in der ganzen westlichen Welt durchgeführt wurden, sprechen alle eine völlig andere Sprache als die unserer Gesetzgeber. Müssen wir nicht bezugnehmend auf das Referat von J. Jitta feststellen, dass in Holland die ganze Aerzteschaft gegen eine derartige Gesetzgebung rebelliert?

Was das "lebensunwerte Leben" betrifft, begreife ich, dass z.B. die Schwerinvaliden heftig reagieren: aber wie ich in der Zeitschrift "Soziale Medizin" (Nr. 11/1989, S. 24 ff) ausgeführt habe, ist es gerade EXIT, die die Invaliden vor einem Rückfall in Vorkommnisse, wie wir sie in Nazideutschland gesehen haben, schützt. Denn wo das Selbstbestimmungsrecht des Menschen respektiert wird, sind solche Verirrungen nicht möglich!

Wenn die Kreise, die gegen EXIT eingestellt sind, immer wieder die Nazigefahr beschwören, so ist das, wie z.B. Prof. Küng und viele andere prominente Theologen schon erklärt haben, nicht nur völlig daneben, sondern schon fast bösartig.

5. *Was verstehen Sie, Herr Kehl, unter "indirekter Euthanasie" ...*
und was verstehen Sie unter "unzulässigen Interventionen"?

Ich empfehle, den Ausdruck "Euthanasie" überhaupt nicht zu verwenden, bevor man sich in interdisziplinären Gesprächen auf einen präzisen bezüglichen Begriff geeinigt hat; er ist heute noch zu unbestimmt, was zu dauernden Missverständnissen führt, und er ist auch historisch belastet.

Vom Wort her bedeutet "Euthanasie" einfach "gutes Sterben", weshalb es an sich ein guter Terminus wäre.

Der Begriff "Indirekte Euthanasie" findet sich in der "Erklärung des Vatikans zur Euthanasie", und dort ist die ungewollte, aber in Kauf genommene Beschleunigung des Todeseintritts bei der Schmerzbekämpfung gemeint. In diesem Sinne hat sich der Begriff "Indirekte Euthanasie" mehr oder weniger eingebürgert.

Bei den "zulässigen Interventionen" für den Freitod geht es um die Frage, ob die Polizei oder auch sonst jemand einzugreifen hat, wenn ein Mensch angetroffen wird, der im Begriffe ist, einen Freitod auszuführen. In der EXIT-Freitodverfügung ist der Passus enthalten, dass man nicht intervenieren solle. Der Freitodwillige will damit erklären: *"Ich will dann aber nicht, dass man einen sog. Rettungsversuch unternimmt. Ich möchte dann wirklich sterben; ich möchte nicht, dass man mich wieder zurückholt, um weiter leiden zu müssen".* Mit anderen Worten: *"Ich verbiete eine Intervention".* Diese Frage war lange umstritten. Heute ist man aber eher bereit, eine Intervention zu unterlassen, wenn der Freitodwillige eine klare bezügliche Freitoderklärung neben sich liegen hat. Immerhin: Ein voller Konsens fehlt auch heute noch, zumal die Polizei überfordert sein kann, wenn sie sich vor die konkrete Situation gestellt sieht.

Eine wichtige Klarstellung
zum Selbstbestimmungsrecht

Wenn wir uns für das freie Verfügungsrecht des Menschen über sein Leben und das freie Selbstbestimmungsrecht des Kranken einsetzen, so soll man uns nicht missverstehen: Wir sind uns sehr bewusst, dass recht viele Menschen das Selbstbestimmungsrecht aufgrund ihrer Weltanschauung oder ihres Zustandes gar nicht bejahen und wollen, sondern vielleicht sogar auf Fremdbestimmung angewiesen sind und dafür gar dankbar sind, sie jedenfalls nicht ablehnen.
Wir respektieren diese Haltung, erwarten aber auch, dass sie unseren Standpunkt nicht diskriminieren und bekämpfen.

Zeigt sich der Tod einst mit Verlaub
Und zupft mich, Bruder kumm!
Dann stell ich mich ein wenig taub
Und schau mich gar nicht um
Doch sagt er: «Lieber Valentin,
Mach keine Umständ, geh!»
Dann stell ich meinen Hobel hin
und sag der Welt ade.
Konradin Kreutzer

Aus der Diskussion zwischen

– Frau Dr. med. Cécile Ernst
– dem Autor der hier gesammelten Publikationen
– und Frau Susanne Ott

geleitet und redigiert vom Chefredaktor der Zeitschrift Marius Leutenegger und Heiko Strech, Mitredaktor.
In Jugendzeitschrift «Hangar 21«, Ausgabe vom 10. Dez. 1992 Seite 14 ff.

Welche persönlichen Erfahrungen haben Sie mit dem Tod gemacht?
Susanne Ott: Eine Tante von mir ist kürzlich gestorben. Dabei habe ich alle Stadien des Sterbens miterlebt, die ganzen Depressionen, die Veränderung der Persönlichkeit. Ich bin dafür, dass Leute selber über ihr Leben entscheiden. Zudem sollen Ärzte und verantwortungsbewusste Personen auch aktive Sterbehilfe betreiben können.
Robert Kehl: Ich habe eine philosophische Grundeinstellung. Für mich ist Leben Eigentum jedes einzelnen, keiner hat sich da einzumischen. Jeder soll selber bestimmen können, wie er sterben will.
Cécile Ernst: In der psychiatrischen Klinik haben wir ältere Alzheimer-Patienten, und aus nächster Nähe habe ich drei Alzheimer-Fälle erlebt. Deshalb befürworte ich auf keinen Fall die aktive, aber unter gewissen Voraussetzungen die passive Sterbehilfe.
...

Wer entscheidet denn, wann mit der künstlichen Ernährung aufgehört werden sollte?
Cécile Ernst: Das entscheidet der Hausarzt, der Oberarzt oder der Chefarzt im Einverständnis mit den Angehörigen.
Robert Kehl: Ich wehre mich mit Händen und Füssen gegen diese oder jede andere Art von Fremdbestimmung. Deshalb ist für mich die Patientenverfügung die einzige Lösung. Die Vorstellung, dass der Arzt und die Angehörigen entscheiden, schockiert mich. Wenn ich in einem Zustand bin, in dem ich mich nicht mehr äussern kann, ist es mir lieber, man macht aufgrund einer früheren Verfügung von mir etwas falsch, als dass man aufgrund einer Fremdbestimmung etwas richtig macht.

Frau Ernst, würden Sie im Falle eines Freitodversuches über die Entscheidung eines Patienten, sein Leben zu beenden, hinweggehen?
Cecile Ernst: Selbstverständlich. Es gibt über Selbstmordversuche viele hun-

dert Untersuchungen. Nach diesen sind 90 Prozent der Geretteten nach 10 bis 20 Jahren immer noch am Leben, und die meisten von ihnen empfinden ihren Suizidversuch als etwas ganz Fremdes. Das ist für mich der Grund, warum man bewusstlose Suizidale retten und nicht sterben lassen soll.
Robert Kehl: Die Wiederbelebung ist eine offene Frage. Sie, Frau Ernst, kennen die Menschen, die Ihnen für die Rettung danken. Ich kenne andere, die nach einem ernsthaften Versuch wieder in ihr altes Elend gestossen wurden und darüber höchst unglücklich sind.
...
Die Beihilfe zum Selbstmord wird in der Schweiz nicht gesetzlich verfolgt. Finden Sie das falsch?
Cécile Ernst: Nein. Man soll in diesem Bereich so wenig gesetzlich regeln wie möglich. Aber die Beihilfe zum Selbstmord ist für mich vollständig unethisch.
Robert Kehl: Viele machen immer wieder den Fehler, dass sie alle Freitode in den gleichen Topf werfen; die Rede ist immer nur vom Freitod in der psychischen Ausnahmesituation. Dabei muss man diese klar abgrenzen von Freitodfällen von etwa Krebskranken im letzten Stadium.
...
Wenn jemand nicht mehr leben will, kann man ihn doch nicht zum Leben zwingen .
Cécile Ernst: Ich glaube, dass die ganze Exit-Bewegung und die damit verbundene Form von Selbstbestimmung auf unsere Kultur einen äusserst schlechten Einfluss haben. Wenn wir zu jedem, der sich schlecht fühlt, sagen, er könne gehen, wenn er wolle, dann vergrössern wir die Maschen unseres gesellschaftlichen Auffangnetzes, und noch mehr Menschen werden hindurchfallen – vor allem junge. Viele relativ harmlose Suizidversuche von Jugendlichen bekommen ein ungewolltes Gewicht, weil Exit auch 20jährigen die Mittel nach Hause schickt, wie ich das selber gesehen habe.
Robert Kehl: Da sind wir wieder beim Kernproblem der Sterbehilfe, dem Selbstbestimmungsrecht. **Für mich ist dies das höchste Recht**, das es überhaupt gibt, und es wird ja auch durch unsere Verfassung garantiert.
...

Das Leben ist der Güter höchstes nicht. Der Güter höchstes, d.h. das oberste Rechtsgut, ist für sehr viele das Selbstbestimmungsrecht.

Eduard Mörike
1804-1875, deutscher Dichter.

DENK ES, O SEELE!
Ein Tännlein grünet wo,
Wer weiss, im Walde,
Ein Rosenstrauss, wer sagt,
In welchem Garten?

Sie sind erlesen schon,
Denk es, o Seele!
Auf deinem Grab zu wurzeln
Und zu wachsen.

Zwei schwarze Rösslein weiden
Auf der Wiese,
Sie kehren heim zur Stadt
in muntern Sprüngen.
Sie werden schrittweis gehn
Mit deiner Leiche;
Vielleicht, vielleicht noch eh
An ihren Hufen
Das Eisen los wird,
Das ich blitzen sehe!

3. Kapitel

Das Selbstbestimmungsrecht auf dem Papier

Verachte den Tod nicht, vielmehr sieh ihm mit Ergebung entgegen als einem Glied in der Kette der Veränderungen, welche dem Willen der Natur gemäss sind. Alles, was du siehst, wird in allwaltende Natur bald verwandeln und aus diesem Stoff wieder andere Dinge schaffen, damit die Welt immer verjüngt werde.

Marc Aurel

Paternalismus im neuen Betreuungsgesetz der Bundesrepublik Deutschland

Eine kritische Analyse des Autors dieser Sammlung unter dem Gesichtspunkt des Selbstbestimmungsrechts in «Humanes Leben Humanes Sterben» 1994 S. 11

Das neue Betreuungsgesetz, das am 1. Januar 1992 in Kraft trat, ist ohne Zweifel ein enormer Fortschritt; das neue Rechtsdenken, in welchem das Persönlichkeitsrecht gewaltig ausgebaut worden ist, vor allem auch das Selbstbestimmungsrecht in den letzten Lebensbelangen, hat sich darin weitgehend durchgesetzt.

Leider enthält das neue Gesetz aber starke Residuen des früheren Paternalismus, die seinen Wert stark mindern. Immer noch geistert in diesem neuen Gesetz die unselige Art, den abgebauten Betreuten, ihre Schwäche ausnutzend, weltanschaulich begründete Entscheidungen über die Gestaltung ihres Lebens aufzuzwingen, die ihnen um ihrer Persönlichkeit willen allein zustehen sollten.

Unter Paternalismus verstehe ich hier die Manier, für den Betreuten mehr oder weniger wie für ein unmündiges Kind zu sorgen und ihn u. a. vor sich selber schützen zu wollen, ihn vor allem vor gewissen Verhaltensweisen zu bewahren, deren Wirkungen der Betreute selber als seinem Wohle dienend empfindet.

Zwar hat der Gesetzgeber dem neuen Vormundschaftsrecht unter anderem den wichtigen Grundsatz zugrunde gelegt, zum Wohl des Betreuten gehöre auch die Möglichkeit, sein Leben nach seinen Wünschen und Vorstellungen zu gestalten (§ 1901 Abs. 1 Satz 2), auf welche Bestimmung die Regierung in der Begründung ihrer Vorlage (im folgenden mit dem Kürzel «Motive» zitiert), mit Recht immer wieder hinwies (Drucksache 11/4528 S. 38-236). Er konnte es aber nicht lassen, dieses liberale Prinzip schon mit dem ominösen Einschub «im Rahmen seiner Fähigkeiten» zu verwässern, welche Klausel nachher auch weidlich im Sinne paternalistischer Entscheidungen ausgewertet wurde. Jedenfalls war der Gesetzgeber auch in der weiteren Ausgestaltung der Regelung dem genannten Grundsatz oft nicht treu, sondern er verletzte ihn direkt und indirekt.

A) Direkt, indem der Gesetzgeber selber Entscheidungen über bestimmte Maßnahmen traf, die er auch bei Widerspruch des Betreuten für zulässig erklärte: So ist es ein den heutigen Vorstellungen nicht mehr entsprechender Paternalismus und ein klarer Widerspruch zum erwähnten Grundsatz, wenn es

den Suizid prinzipiell als eine Selbstgefährdung qualifiziert, die es unter allen Umständen zu verhindern gelte.
– Das tut der Gesetzgeber, wenn er in § 1906 Abs. 1 Ziffer 1 eine Zwangsunterbringung des Betreuten, die mit einem Freiheitsentzug verbunden sei, als zulässig erklärt, falls «Gefahr bestehe, dass sich der Betreute selber töten könnte»,
– oder wenn bestimmt wurde, wegen einer solchen «Gefahr» seien auch Maßnahmen im Sinne des Absatzes 4 zulässig, nämlich regelmäßiger oder länger dauernder Freiheitsentzug durch Medikamente oder mechanische Maßnahmen wie Bauchgurt, Bettgitter etc.,
– spezifisch paternalistisch ist es auch, wenn der Gesetzgeber dem Betreuten auch gegen seinen Willen medizinischen Untersuchungen, Behandlungen und ärztlichen Eingriffen ausliefert mit der Begründung, auch einem Menschen, der deren Notwendigkeit nicht mehr einsehe und ihnen widerspreche, dürften diese Segnungen nicht vorenthalten werden (Motive S. 72, 120, 140, 141, 142).

B) Indirekt begünstigt das neue Gesetz den Paternalismus auch insofern, als es dem Betreuer mit unbestimmten gesetzlichen Formeln ein zu grosses Ermessen einräumt, die es ihm erlauben, sich über jenen Grundsatz, wonach zum Wohle des Betreuten auch die Möglichkeit gehöre, sein Leben nach seinen Wünschen und Vorstellungen zu gestalten, hinwegzusetzen. Gewiß wird der Betreuer angewiesen, den Wünschen des Betreuten zu entsprechen, sofern sie nicht «erkennbar» fallengelassen seien (§ 1901 und Motive Seite 133 f), jedoch nur:
– soweit sie seinem Wohle nicht zuwiderlaufen,
– und soweit deren Erfüllung dem Betreuer zuzumuten sei (§ 1901 Abs. 2),
– und soweit sie verantwortet werden könnten (Motive S. 52),
– oder es seien auch Maßnahmen zulässig, die der Betreute ablehne, wenn sie erforderlich seien (§ 1906 Abs. 1 und Motive S. 120)
Die Regierung gab sinngemäss zu, daß es ihr bei so vagen Bestimmungen nicht recht wohl sei und dass es wünschbar wäre, klarere Kriterien zu finden; sie stellt aber fest, daß zur Zeit keine gesetzesreifen bezüglichen Vorschläge vorlägen (Motive S. 71 f)! Sie hat das Problem gesehen (z. B. S. 140), sich aber nicht zu besseren Lösungen durchringen können. Damit bleiben aber die Türen zum alten Paternalismus wieder weit offen. Die Formeln, «im Rahmen seiner Fähigkeiten» (§ 1901 Abs. 1 Satz 2) oder: die Wünsche seien zu berücksichtigen, soweit sie dem Wohl des Betreuten nicht zuwiderlaufen, oder soweit sie für sein Wohl erforderlich seien (§ 1906 Abs.

1) sind Blankette, die dem Gelöbnis, für Rechtssicherheit besorgt zu sein (Motive S. 71), nicht entsprechen, und unbedingt durch präzisere Bestimmungen ersetzt werden sollten, z. B. durch den Satz, dass eine Beurteilung der Vernünftigkeit der Wünsche des Betreuten nicht stattfinde, soweit es sich um die Verfügung über Leib und Leben handle.

Was die Klausel anbelangt, der Betreuer habe nur Wünsche zu erfüllen, deren Ausführung ihm zumutbar sei, hat die Regierung sie allzusehr verharmlost, wenn sie suggeriert, das bedeute nur, daß er solche Wünsche ignorieren könne, die ihn zeitlich oder kräftemässig zu sehr in Anspruch nähmen. Das Gesetz lässt mit seiner Formulierung durchaus auch die Möglichkeit offen, daß der Betreuer einen Wunsch deshalb nicht erfüllen wolle und müsse, weil er seinen Wertungen und Anschauungen widerspreche, was wiederum vor dem genannten Grundsatz nicht standhält.

Eine besondere Klippe für die wirkliche Verbindlichkeit (Motive S. 52) von Wünschen des Betreuten liegt darin, dass sie nicht gelten, wenn der Betreute

– aufgrund einer psychischen Krankheit oder wegen geistiger oder seelischer Behinderung die Notwendigkeit der in Frage stehenden Massnahme nicht erkennen und/oder nicht gemäss dieser Erkenntnis handeln könne (§ 1901/II).

– oder wenn, wie es die Motive sagen, dem Betreuten «die natürliche Einsichts- und Steuerungsfähigkeit fehle, Art, Bedeutung und Tragweite der Massnahmen zu erfassen und seinen Willen hiernach zu bestimmen» (Motive Seite 71).

Gewiss hat der Gesetzgeber bei der Beurteilung der Wünsche des Betreuten nicht auf die Geschäftsfähigkeit abgestellt und damit bessere Differenzierungen ermöglicht (Motive S. 71); und die Motive geben auch gnädig zu, daß die Wünsche des Betreuten auch in den genannten Fällen (ausnahmsweise einmal) sinnvoll sein können (Motive S. 133). Aber im allgemeinen muss sie der Betreuer nach dem Tenor des Gesetzes kaum ernst nehmen.

Mit diesen an sich verständlichen, aber nicht mit den nötigen Kautelen versehenen Klauseln sind wiederum nicht die Wertungen und Vorstellungen des Betreuten massgebend, sondern die des Arztes und des Betreuers.

Angesichts der heute starken Betonung des Persönlichkeitsrechtes erstaunt es z. B., dass gegen den Willen des nach Ansicht des Betreuers und des Arztes «zustimmungsunfähigen» Betreuten selbst spezifisch persönlichkeitsverändernde Massnahmen zulässig sein sollen (Motive S. 142).

Mit solchen Blanketten wird dem Betreuer ein Ermessensspielraum eingeräumt, der es ihm zu sehr erlaubt, gewisse Wünsche des Betreuten zu igno-

57

rieren oder zu umgehen. Die Regierung erklärte selber, diese Art der Regelung sei nicht unproblematisch, da mit solchen Maßnahmen stark in die Freiheit und Rechte der Betroffenen eingegriffen werde.

Gerade auch der Zentralbegriff dieses neuen Gesetzes «das Wohl des Betreuten» erweist sich, so sehr er an sich zu bejahen ist, als ein besonders problematisches Blankett. Von diesem Begriff mußte der Gesetzgeber selber zugeben, er sei «vag» (Motive S. 81) bzw. «ein sehr allgemeiner» (Motive S. 133), doch sei es zur Zeit nicht möglich, ihn näher zu umschreiben.

Es wirkt schon recht ironisch wenn man dem Betreuer erlaubt, einen Betreuten «um seines Wohles willen» – Gefährdungen Dritter werden hier ja ausdrücklich als Rechtfertigung ausgeschlossen (Motive S. 79) – z.B. mit einem Bauchgurt an einen Stuhl oder an das Bett festzubinden oder mit einem Bettgitter oder auf diverse andere Arten einzusperren (Motive S. 82 und 148) und ihn so wie einen Schwerverbrecher zu traktieren, was schon fast Folterungen sind. Ein solcher Fall ist im Schweizerischen Beobachter vom 16. Oktober 1990 geschildert:

Ein 92jähriger Mann wurde im Spital von seiner Schwiegertochter in einem pitoyablen Zustand angetroffen: Nicht mehr kommunikationsfähig, apathisch; linker Handrücken geschwollen und schwarz. Eine Erklärung für den Befund am Handrücken konnte die Schwiegertochter im Krankenhaus nicht erhalten. Beim nächsten Besuch fand die Besucherin den Kranken im Bett, die Hände ans Gitter gebunden, einen Schlauch in der Nase. Jetzt erhielt sie auch eine Erklärung für die Verfärbung des Handrückens: Der Mann müsse halt künstlich ernährt werden, da er nicht mehr selber essen und trinken wolle und den Schlauch herausziehen würde, wenn er nicht angebunden wäre. Ein anderes Mal wurde ihr erklärt, man müsse ihn anbinden, damit er nicht in seiner Verwirrtheit aus dem Bett steige. Aber nicht genug damit: in einem lichten Moment, so erklärt die Schwiegertochter, habe ihr der Schwiegervater geklagt, wegen der angebundenen Hände könne er sich trotz starkem Juckreiz nicht kratzen und sich auch nicht abdecken oder bedecken, wenn es zu warm oder zu kalt sei.

Natürlich möchte man hoffen, dass solches nach dem Betreuungsgesetz nicht möglich wäre. Das wäre aber wohl eine Täuschung. Auch die Krankenschwester, die den Patienten im geschilderten Falle «betreut» hat, war bestimmt der Ansicht, der Wille des alten Mannes sei nicht mehr massgebend und die getroffenen Massnahmen lägen in seinem Wohle.

Zu beanstanden ist auch die Regelung betreffend die Anhörung des Betreuten, dessen Teilnahme an den gerichtlichen Verfahren, seine Information über das Verfahren und die geplanten bzw. getroffenen Entscheidungen.

Die Angelobung des Gesetzgebers, das Verfahren so zu regeln, dass es den rechtsstaatlichen Anforderungen entspreche (Motive S. 49) ist ungenügend erfüllt (vgl. die §§ 68 und 69a, d, g, l und 70g des Gesetzes über die freiwillige Gerichtsbarkeit sowie Motive S. 172). Auch in diesen Beziehungen werden in typisch paternalistischer Manier – unter dem Titel des Wohles des Betreuten – Eingriffe in Menschenrechte und des Persönlichkeitsrechts in Kauf genommen.

Bekanntlich war es früher ein geflügeltes Wort, mit den Patienten bzw. den Insassen von Krankenhäusern, Alters- und Pflegeheimen «mache man, was man wolle». Das kann heute sicher nicht mehr gesagt werden. Wie sich aber aus den vorstehenden Ausführungen ergibt, ist die Gefahr solcher Bevormundungen auch in allerhöchstpersönlichen Bereichen nach dem neuen Gesetz keineswegs ausgeschlossen.

Nachtrag:
Dass der Staat nicht die Pflicht hat, die Menschen vor sich selber zu schützen, ist in der deutschen Rechtsliteratur unbestritten. Dabei wird auch betont, dass sich eine solche Pflicht des Staates auch nicht aus der Europäischen Menschenrechtskonvention ergebe (vgl. dazu Humanes Leben / Humanes Sterben Nr. 2 1994 S. 9), welcher Artikel sich auf den Kommentar des Carl-Heymann-Verlags zu jener Konvention bezieht. In den Erläuterungen der Regierung oder im Kommentar Bienwald zum Betreuungsgesetz wimmelt es aber von Beispielen, die dann doch wieder eine solche Pflicht des Staates voraussetzen.

Der Tod ist das einzig Wirkliche, das einzig
Unvergängliche. Ich fürchte ihn nicht.
Friedrich Dürrenmatt

Drama in Aarau: Mann erschoss Frau im Spitalbett

Aargauer Tagblatt 16. November 1993 S. 1 und 3 (Red. Max Dohner)

Offenbar aus Verzweiflung über die Qualen seiner Gattin

mad./-hf- Am Freitagabend hat ein Mann aus Gränichen im Kantonsspital Aarau seine 77jährige Frau erschossen. Sie lag mit einem schweren Krebsleiden darnieder und litt offenbar an grossen Qualen. Aller Wahrscheinlichkeit nach hat das der Mann nicht mehr mitansehen können und – auf diese Art – seiner Frau Sterbehilfe geleistet. Wenige Augenblicke nach der Tat richtete sich der 79jährige Schütze – noch im Krankenzimmer seiner Frau – selber.

Er sei schon am Freitagvormittag am Bett seiner Frau gesessen, dann nach Hause gefahren und am späten Nachmittag wieder gekommen, wo er zunächst lange am Krankenbett seiner Gattin sass, wie sich Spitalangestellte erinnern. Dann entschloss er sich zu seiner Aktion.

Der Vorfall reisst einmal mehr das Thema – und die ganze Problematik – um den Begriff «Sterbehilfe» auf. Soll sie geleistet werden? Von wem? Wann? Unter welchen Voraussetzungen – oder unter gar keinen Umständen? Die Kontroverse um solche äusserst strittige Fragen ist weltweit ungemein heftig.

Gestern sagte Robert Kehl, ein ehemaliges Vorstands-Mitglied der Sterbehilfe-Vereinigung «Exit» gegenüber dem Tagblatt, dass es sich beim vorliegenden Fall in Aarau – so weit er das beurteilen könne – wohl um «aktive Sterbehilfe» unter klassischen Voraussetzungen handle. In gewissen Ländern würde der Mann unter derartig verzweifelten Umständen freigesprochen, nicht aber in der Schweiz, wo dafür die Grundlagen fehlten. Hier gilt die Tat des Mannes aus Gränichen, wofür er nun allerdings nicht mehr verurteilt werden kann, immer noch als «Mord».

Kehl, einer der offensten Bekenner des freien Verfügungsrechts des Menschen über sein Leben, bekam innerhalb von «Exit» Schwierigkeiten, eben weil er den Passus des «freien Verfügungsrechts» nicht gestrichen haben wollte, wie es dann die Generalversammlung dennoch beschloss.

Ehemaliges «Exit»-Vorstandmitglied äussert sich zum «Spitaldrama»

«Ein Patient ist nie verpflichtet, im Spital zu bleiben»

Rechtsanwalt Robert Kehl (79) ist einer der wenigen, der offen und vehement für das Selbstbestimmungsrecht des Patienten eintritt. Kehl war viele Jahre Vorstandsmitglied der Sterbehilfe-Organisation «Exit» und arbeitet zurzeit mit Gleichgesinnten daran, das Selbstbestimmungsrecht von Patienten gesetzlich an die Hand zu nehmen. Zum Drama im Kantonsspital Aarau befragt, sagte er gegenüber dem Tagblatt: «So weit ich die Ereignisse beurteilen kann, handelt es sich hier um aktive Sterbehilfe unter klassischen Voraussetzungen.»

Der verzweifelte Mann, der am Freitag seine todkranke Frau und danach sich selber erschoss, hätte zwar mit einer milden Bestrafung rechnen können, vermutet Robert Kehl, aber um ihn in der Schweiz völlig von Schuld freizusprechen, fehlten – im Gegensatz zu anderen Ländern – die Grundlagen. «Angesichts absoluter Werte», fuhr Kehl weiter fort, «ist die Gesellschaft, die sich an sich um Humanität bemüht, immer noch entsetzlich brutal.»

Nach Meinung des ehemaligen «Exit»-Vorstandsmitglieds hätte der Mann seine Frau auch aus dem Spital holen können. «Interessant», sagte Kehl, «wäre es zu wissen, ob die Frau im Fall von Aarau irgendwann den Wunsch geäussert hat, das Spital zu verlassen oder ob der Mann wünschte, sie käme nach Hause.»

Warum wäre das so ausschlaggebend? «Weil kein Patient verpflichtet ist, im Spital zu bleiben», antwortet Kehl, obwohl es in Ärzte-Richtlinien heisse, «letztlich entscheidet der Arzt».

Nötig sei aber dazu eine klare **Willensäusserung,** nicht etwa bloss eine Bitte. Könne sich der Patient wegen seines Zustandes nicht mehr äussern, verlangten Ärzte und Spitalleitungen eine schriftliche Erklärung, um von ihrer Verantwortung entbunden zu sein.

Wegen des Arztgeheimnisses konnte der betreffende Chefarzt im Kantonsspital bis gestern abend keine Auskunft zu dieser Frage geben; dafür müsste er von offizieller Seite erst vom Arztgeheimnis entbunden werden.

Und wenn jemand nicht mehr gepflegt werden kann?

Ist es denn überhaupt verantwortbar, dass Kranke auf ihrem Wunsch beharren, nach Hause zu gehen, wo sie eventuell ja gar nicht mehr richtig gepflegt werden können?

« Mir ist ein Fall bekannt», antwortet Rechtsanwalt Kehl, «wo sich nicht allein die Angehörigen, sondern auch die Spitex gegen den ausdrücklichen Willen einer älteren Frau wandten, die wieder nach Hause wollte. Und sie musste deshalb auch im Spital bleiben; aber sie wollte lediglich nach Hause, um dort zu sterben.» Auch in diesem Fall stehe für ihn – Kehl – «das freie Verfügungsrecht des Menschen über sein Leben» absolut im Vordergrund. Die Frau – in seinem Beispiel – im Spital zu lassen, gegen ihren Willen, sei rechtlich nicht zulässig, hält Kehl fest.

Kontroverse innerhalb von «Exit»

Gerade des Satzes vom «freien Verfügungsrecht» wegen hat Kehl im Vorstand von «Exit» Schwierigkeiten bekommen, die zu Beginn dieses Jahres in seinem forcierten Abschied aus der Organisation, den er mit anderen Kollegen im Vorstand antrat, gipfelten.

Nach Aussage von Kehl habe die «neue Exit» den Satz «Die Vereinigung setzt sich ein für das freie Verfügungsrecht des Menschen über sein Leben» ersatzlos in den revidierten Statuten gestrichen.

Daneben sei auch ein zweiter Satz faktisch gestrichen worden («Die Vereinigung setzt sich ein für das freie Selbstbestimmungsrecht des Kranken»), weil es jetzt heisse, «soweit wie möglich».

Die Streichungen und der genannte Zusatz würden auf «Wiedereinführung der Fremdbestimmung» in dieser Sache hinauslaufen, interpretiert Kehl, wodurch man in ganz ganz heikle Bereiche geraten könne – denn darüber, «ob es möglich sei», entscheide sicher nicht der betreffende Mensch selber, sondern «eben andere». Das konnte **Kehl auf keine Weise hinnehmen, denn da sei der entscheidende Teil** der bisherigen «Exit» verloren gegangen – das freie und unbeschränkte Selbstbestimmungsrecht des Kranken, wofür der rüstige Anwalt weiterhin kämpfen will.

Ein instruktiver Fall

Bisher nicht publizierter Artikel des Buchautors

Kürzlich wurde ich aufgefordert, eine 83-jährige Frau im Spital zu besuchen, die nach einem Hirnschlag rechtsseitig gelähmt ist und nur mit Mühe einige wenige Worte sprechen kann. Sie habe ein grosses Anliegen. Die Frau wirkte beim Empfang vif; ihr psychisches Verhalten war unauffällig. Mit Therapien waren bis dahin bereits einige Fortschritte erzielt worden. So kann sie das Essen – wenn auch mühsam – wieder selber einnehmen.

Sie begann sofort, mir zu bedeuten, dass ich ihr helfen müsse: «....muss ... mir ... help...!» Mit Fragen, die sie offenbar immer ohne weiteres verstand, habe ich herausgefunden: Ich müsse erreichen, **dass sie heimkehren könne.** Die Frau wohnte in ihrem eigenen Mehrfamilienhaus, das sie bis zum Schlaganfall selber verwaltete. Sie führte auch ihren Haushalt selber und besorgte – mit Hilfskräften – sogar ihren Garten selber. Das war für sie das Leben. Anders konnte sie es sich nach Aussagen ihrer Kinder nicht vorstellen.

Auf meine Bemerkung, sie habe es hier doch gut, wehrte sie heftig ab: «Nein, Nein!»

Ich sprach mit dem Arzt, der Krankenschwester und mit ihren Kindern. Alle waren darin einig: Diese Frau kann man unmöglich heimkehren lassen, sie ist ja fast 100%ig hilflos, d.h. vollständig auf Pflegepersonal angewiesen. Und solches stehe nicht zur Verfügung.

Ich fragte sie, ob sie jemanden habe, der sie ganztags pflege und nachts da sei. Sie sagte betont: «Ja», konnte aber keine Namen mitteilen. Ich gab ihr Papier und Kuli, um Namen zu schreiben. Das wehrte sie konsequent ab. Sie war auch ablehnend, als ich ihr sagte, sie sollte unbedingt mit der linken Hand das Nötigste schreiben lernen.

Die Kinder können die Pflegeaufgabe unmöglich übernehmen. Sie sind beruflich und im Haushalt und im eigenen Geschäft voll ausgelastet. Sie können die Mutter nur besuchen. Die Spitex erklärte, sie kenne die Verhältnisse gut; sie möchten gerne helfen, könnten aber die Verantwortung nicht übernehmen, ganz abgesehen davon, dass das ihre Kapazität weit übersteigen würde.

Die Wohnung der kranken Frau ist für eine Heimkehr ungünstig: Erster Stock, steile Rundtreppe. Das WC befindet sich ausserhalb der Wohnungstüre im Korridor. Der Weg dazu führt an der Treppe vorbei. Prima vista würde jedermann sagen: Dem Wunsch der Frau, heimzukehren, könne man bei diesen Verhältnissen unmöglich entsprechen.

Aber ist das richtig? Schliesslich darf nach feststehender Lehre und Rechtsprechung niemand gezwungen werden, im Spital zu bleiben. Dieses Recht gehört zum **Grundrecht der persönlichen Freiheit** und zum Selbstbestimmungsrecht.

Dieses Recht stösst hier aber auf Grenzen. Ein Krankenhaus kann die Entlassung eines Patienten ablehnen, wenn dieser nicht die verbindliche Erklärung abgibt, dass er die Verantwortung selber voll und ganz übernehme, d.h. dass er das Krankenhaus von jeder Verantwortung entbinde.

Wie aber, wenn der Patient eine solche Erklärung nicht abgeben kann, weil er, wie hier, weder reden noch schreiben kann? Dem wäre entgegen zu halten, dass eine solche Erklärung hier nicht unmöglich ist: Genügt es nicht, sich zu vergewissern, dass die Frau die Frage sicher verstanden hat und dass ihre Antwort – durch das blosse klare Wort »ja«, verbunden mit Ja-Nicken – ebenfalls klar ist. Ganz wohl ist es einem allerdings bei einer auch so noch etwas problematischen Erklärung doch nicht.

Können aber nicht die Kinder sagen, sie seien nicht einverstanden, s i e könnten die Verantwortung nicht übernehmen? Auch das ist rechtlich nicht so einfach, wie es aussieht. Es ist ja kein Selbstbestimmungsrecht mehr, wenn statt der Mutter die Kinder entscheiden.

Dass genügend Hilfskräfte gefunden werden können, ist ja schliesslich auch nicht völlig ausgeschlossen, wenn man die nötigen finanziellen Mittel einzusetzen bereit ist, die hier zur Verfügung ständen. Hieran muss es also auch nicht unbedingt scheitern.

Man wird nach bisherigen Gepflogenheiten rasch bereit sein, zu erklären, rechtlich sei der Wille der Frau unbeachtlich, denn es sei unvernünftig und deshalb beständen Zweifel an der Urteils- bzw. Handlungsfähigkeit.

Ich hatte, wie erwähnt, nicht den Eindruck, die Dame sei psychisch geschädigt. Eher wird man von Eigenwilligkeit und vielleicht auch von Altersstarrsinn sprechen müssen. Doch sind solche Eigenschaften nicht mit Urteilsunfähigkeit gleichzusetzen. Ich habe erfahren, dass die Dame daheim, wenn schwierige Probleme zu lösen waren, oft erklärt hat: «Lasst mich nur machen, ich schaffe es schon!» Warum soll die Frau nicht auch dieses Problem mit ungewöhnlich guten Einfällen meistern können? Vor allem aber wird man endlich folgendes lernen müssen: Zum berühmten Selbstbestimmungsrecht gehört es, dass **ein Urteil über Vernünftigkeit eines Entschlusses** dann, wenn es um letzte Lebensfragen geht, **niemandem zusteht.** Darum wird auch in der Ärzteschaft immer häufiger der Standpunkt vertreten, der Arzt müsse sich in solchen Fällen auf das Fachurteil beschränken, aber auf die bisher üblich gewesene «Vernunftshoheit» verzichten. Für die Kinder mag es schwer sein, der Mutter den Willen zu lassen; aber der Respekt vor der Persönlichkeit verlangt auch von ihnen, dass sie mit ihrem Urteil über die Vernünftigkeit von Entschlüssen der Mutter zurückhaltend sind.

Müssen sie aber – und müssen es Spital und Spitex– den Willen der Mutter eventuell auch dann respektieren, wenn sie damit zu rechnen haben, dass diese Rückkehr letztlich einem Freitod gleichkommt? Ich würde diese Frage des bcstimmtesten bejahen, da man sonst das Recht auf freie Verfügung über sein Leben mit paternalistischen Überlegungen, wie sie bis anhin so üblich waren, aufhebt. Wenn schon der direkte Vorsatz, sich das Leben zu nehmen, ohne Rücksicht auf dessen Vernünftigkeit akzeptiert werden muss, dann noch mehr das bewusste Inkaufnehmen des Todes, verbunden mit dem Gedanken, man schaffe es evtl. doch …und «sonst sei es auch recht.»

Ich würde also die Frau aus dem Spital entlassen und heimgehen lassen, wenn feststünde, dass sie sich der Risiken wirklich bewusst ist und klar zum Ausdruck bringen kann und wird, dass sie die allfällige letale Folge bewusst in Kauf nehmen wolle. Dabei setze ich voraus, dass sie die Kosten bzw. die Mehrkosten der Betreuung selber bezahlen kann und bezahlen will.

Nun ist mir allerdings klar, dass viele hilfsbedürftige Menschen, vielleicht gar die grosse Mehrheit unter Verzicht auf ihr Selbstbestimmungsrecht sogar froh sind, wenn andere nach ihrem Ermessen für sie die nötigen Entscheidungen treffen. Dieser Verzicht auf das Selbstbestimmungsrecht ist natürlich legitim. Auch diese Haltung ist durchaus einfühlbar. Sie entspricht einer jahrtausendalten Tradition, die aber dem neuen Denken mit der revolutionären Entwicklung des Persönlichkeitsrechtes zunehmend weichen wird.

Die Mehrheit duldet die Fremdbestimmung gern. Das kann aber kein Grund sein, den anderen, die sich auf das Grundrecht der Selbstbestimmung berufen, dessen Ausübung zu verweigern.

Dieses Selbstbestimmungsrecht bleibt aber solange fast illusorisch, als der Staat und die von ihm eingesetzten oder selbsternannten Betreuer und die Angehörigen das uneingeschränkte Recht in Anspruch nehmen, die Entscheidungen des Berechtigten über letzte Fragen des Lebens **auf ihre Vernünftigkeit zu überprüfen,** und sie nur gelten lassen, wenn sie ihren Wertungen einigermassen entsprechen. Das läuft auf eine Bevormundung hinaus. Dasselbe ist der Fall, solange der Staat es nicht lassen kann, auch solche erwachsene Menschen vor **sich selber zu schützen,** die das gar nicht wünschen. Das Selbstbestimmungsrecht hat seine Schranken nur dort, wo

Dritte durch dessen Ausübung geschädigt oder gefährdet werden.

Bei den Kindern – oder allgemein nahen Verwandten – hat die Sache allerdings noch einen anderen Aspekt. Hier geht es nicht nur um eine neutrale, rationale Beurteilung der Vernünftigkeit des Entschlusses der Selbstbestimmungsberechtigten, sondern auch um eigene Interessen. Bei ihnen besteht nämlich die Gefahr, dass ihnen bei einer Rückkehr der Mutter nach Hause u.U. schwere Vorwürfe unter Verweis auf ihre sogenannte Garantiepflicht gemacht werden könnten, und dass sie unter Selbstvorwürfen leiden könnten, falls der Aufenthalt der Mutter zuhause einen schlimmen Verlauf nähme, welche Gefahr naturgemäss gross ist. Insofern handelt es sich hier auch um eine **Interessenabwägung** (nicht nur um die Beurteilung der Vernünftigkeit). Aber – und das ist hier wohl entscheidend: Dem Selbstbestimmungsrecht muss, als höchstem Menschenrecht, gegenüber anderen Interessen **Vorrang** zukommen.

Des Menschen Wille
ist sein Himmelreich
(Warum versperren wir ihnen diesen
Himmel mehr als unbedingt nötig?)

Das Nazi-Argument gegen «Sterbehilfe» ist unfair

Bisher nicht publizierter Artikel des Buchautors

Die Gegner jeder Sterbehilfe und des freien Verfügungsrechtes des Menschen über sein Leben haben seit Beginn der Bewegung für ein humanes Sterben im Sinne der Hilfe zum Sterben in menschenunwürdigen Situationen den Teufel an die Wand gemalt mit dem Argument, es gelte, den Anfängen zu wehren, da sonst die Gefahr des Abgleitens auf die schiefe Bahn bestehe, wobei dann regelmässig auf die Nazi-Euthanasie verwiesen wird. Inzwischen haben allerdings auch jene Kreise, die ursprünglich auch jede Art von passiver Sterbehilfe bekämpft hatten, die ethische Berechtigung der Patientenverfügung nicht nur anerkannt, sondern sie propagieren selber solche, die allerdings meist nur Wünsche, aber keine Verfügungen (Willenserklärungen) beinhalten. Die Situation hat sich damit radikal verändert.

Trotzdem wird seitens der Bewegung «Ja zum Leben» wegen ihrer grundsätzlichen Ablehnung des Selbstbestimmungsrechtes immer noch undifferenziert mit dem Nazi-Argument gefochten, indem bei der Verwendung des Argumentes einfach generell von Sterbehilfe die Rede ist.

Der Ausdruck Sterbehilfe ist mehrdeutig, ja sogar vieldeutig. Es gibt die Sterbehilfe im Sinne von Hilfe beim Sterben und die Sterbehilfe im Sinne von Hilfe zum Sterben. Und bei letzterer ist genau zu differenzieren zwischen der passiven Sterbehilfe, der aktiven Sterbehilfe und der Freitodhilfe und der indirekten Sterbehilfe bei der Schmerzbekämpfung, die oft nur schwer von der aktiven Sterbehilfe zu unterscheiden ist **(Grauzone I).** Und bei der passiven besteht wiederum ein gewaltiger Unterschied zwischen einer solchen auf Grund einer Patientenverfügung und einer solchen ohne bezügliche Willenserklärung des (der) Patienten(in).

Wenn nun mit dem Nazi-Argument undifferenziert einfach gegen die «Sterbehilfe» zu Felde gezogen wird, so ist damit auch die passive Sterbehilfe gestützt auf Patientenverfügungen betroffen. Dann liegt darin nicht nur eine grobe Unwahrheit, sondern die Argumentation ist insofern auch recht unfair. Unwahr deshalb, *weil die Patientenverfügung gerade das verhindert, was dieser passiven Sterbehilfe mit dem Nazi-Argument vorgeworfen wird.* Unfair deshalb, weil damit eine gute Sache bösgläubig in Misskredit gebracht werden soll. Die passive Sterbehilfe auf Grund von Patientenverfügungen entspricht einem sehr hohen Humanitätsideal. Die Patientenverfügung war und ist eine dringend nötig gewesene Hilfe gegen die entsetzlichen Auswirkungen einer sich verselbständigten medizinischen Technik, so segensreich sie im allgemeinen ist. Unfair ist die Anwendung jenes Argumentes auch deshalb, weil hier eine verbreitete begriffliche Unklarheit ausgenützt wird. Dazu kommt, dass das Argument wegen seiner emotionalen Belastung erst noch sehr publikumswirksam ist, weil niemand mit der Nazi-Euthanasie etwas zu tun haben will.

Natürlich haben die Gegner der Sterbehilfe mit dem Naziargument auch und in erster Linie die aktive Sterbehilfe im Auge. Aber auch dort ist es unfein, damit zu argumentieren, weil nämlich die Sterbehilfeorganisationen, die auch diese Sterbehilfemöglichkeit postulieren, meist grössten Wert darauf legen, dass aktive Sterbehilfe unter keinen Umständen ohne gesicherte Zustimmung des Patienten erfolgen darf. Leider ist das, entgegen einer verbreiteten Ansicht, in Holland anders, wo ohne rechtstaatliches Verfahren aktive Sterbehilfe in grossem Umfang auch ohne Zustimmung des Patienten praktiziert wird (vgl. Nr. 56 der vorliegenden Sammlung).

Solange die Hilfe zum Sterben nur mit Zustimmung des Patienten geleistet wird, ist das Fechten mit dem Nazi-Argument bösgläubig und ein grosses Unrecht.

In einem Falle kann, abgesehen von Holland, dem Nazi-Argument allerdings eine gewisse Berechtigung auch bei uns nicht abgesprochen werden. Der Sterbehilferaum weist nämlich noch eine gefährliche **Grauzone II** grossen Umfangs auf, in der die Gefahr des Missbrauchs noch recht virulent ist. Diese Grauzone umfasst alle jene sehr zahlreichen Fälle, in denen das Bedürfnis nach passiver Sterbehilfe ebenfalls sehr gross ist, aber keine Patientenverfügung vorliegt und wegen Aeusserungs- bzw. Entscheidungsunfähigkeit des Patienten auch nicht mehr erhältlich ist.

Die passive Sterbehilfe wird aber auch in diesen Fällen praktiziert. Deren ethische Zulässigkeit wird denn auch in den «Richtlinien» der Schweizerischen Akademie der medizinischen Wissenschaften ausdrücklich anerkannt. Dabei entscheidet nach diesen Richtlinien letztlich – nach Anhörung der Angehörigen (die damit ebenfalls mitentscheiden) – der Arzt. Nun liegt es auf der Hand, dass bei einem solchen Ermessen einer Person mangels der Möglichkeit der Zustimmung seitens des Patienten Missbräuche nicht ausgeschlossen werden können. Das Schlimme an der Sache ist, dass für solche Sterbehilfen keine gesetzliche Grundlage, kein gesetzliches Verfahren und keine gesetzliche Kautelenregelung besteht. Unser Gesetzgeber weigert sich pflichtwidrig und beharrlich, das äusserst aktuelle Problem gesetzlich anzugehen und zu regeln. Und merkwürdigerweise befassen sich auch die Sterbehilfeorganisationen mit diesem heissen Thema kaum, jedenfalls ganz ungenügend und zu wenig explizit.

Meines Erachtens ist es allerdings nicht richtig, wenn die Vertreter der Bewegung «Ja zum Leben» mit der Anwendung des Nazi-Argumentes auch diese Art der Sterbehilfe überhaupt und grundsätzlich verhindern wollen. So schwierig das Problem ist, so glaube ich doch, dass eine passive Sterbehilfe auch ohne Patientenverfügung an sich möglich sein sollte. Nur soll sie bloss auf gesetzlicher Grundlage und auf Grund eines gesetzlichen (richterlichen) Verfahrens zulässig sein, wobei, wie bei der aktiven Sterbehilfe, alle denkbaren Kautelen zur Verhinderung von Missbrauch getroffen werden müssten.

Justus Liebig
1803-1873, deutscher Chemiker.

HERBST 1870
Ich finde alles so unendlich weise geordnet, dass gerade die Frage, was nach dem Abschluss des Lebens aus mr wird, mich am allerwenigsten beschäftigt. Was aus mir wird, ist sicherlich das Beste, ich bin vollständig beruhigt.
Aus: Mittasch, Unvergänglichkeit, Heidelberg 1947

Die negative Haltung der Behinderten zu Exit ist fehl am Platz

(Diskussionsbeitrag; Stellungnahme zum Thema Sterbehilfe)

Soziale Medizin Nr. 11/1989, S. 24

Klar zum Ausdruck kam in unserer Sonderausgabe 9/89 zum Thema «Leben- und Sterbenlassen» die Skepsis, die gewisse Behinderte der Forderung nach einem Recht zu sterben entgegenbringen. Dr. Robert Kehl, Vorstandsmitglied von Exit und Autor eines Buches über Sterbehilfe, findet diese allerdings unbegründet. Warum, erklärt er in der folgenden Zuschrift.

In der «Soziale Medizin» vom Sept. 1989 wurde auf S. 14ff ein Interview mit Herrn Dr. Rolf Sigg, Vizepräsident und Geschäftsführer der Exit, Deutsche Schweiz, Vereinigung für humanes Sterben, veröffentlicht. Dabei wurde (S. 16) ein Passus aus meinem Buch «Sterbehilfe» (Zytglogge-Verlag, Gümligen) wiedergegeben und dazu ausgeführt, gewisse Behinderte fühlten sich durch solche Äusserungen und durch die Auffassung der Exit beunruhigt. Herr Dr. Sigg hat in seiner Antwort zutreffend darauf hingewiesen, damit seien bloss Zustände aufgezeigt, die den Einzelnen den Tod suchen lassen. Aus dem Kontext ergibt sich klar, dass nur dies meine Ansicht sein konnte. Es ging mir ausschliesslich um das Recht jedes Menschen, in Würde zu sterben, und darüber, was er für sich selber noch als menschenwürdiges Sterben erachte, selber zu entscheiden. Ein Recht, das verfassungsmässig garantiert ist (vgl. Monika Burkart: «Das Recht, in Würde zu sterben – ein Menschenrecht», Zürcher Dissertation 1983).
Ich habe in meinen Studien über die passive Sterbehilfe und die verschiedenen Patientenverfügungen festgestellt, dass ein genügender Konsens noch in weiter Sicht ist, auch wenn eine Strecke weit ein solcher erreicht worden ist.
Umso wichtiger ist der Grundsatz der Selbstbestimmung auch in dieser Beziehung, d.h. wenn es darum geht, welches Sterben jeder Mensch für sich selber noch als menschenwürdig betrachten will.
Wo eine solche Selbstbestimmung nicht mehr möglich ist und nicht vorliegt, wird man von der Vermutung ausgehen müssen, der Betreffende empfinde sein Leben trotz allen vorliegenden Beschwerden, Leiden und Erniedrigungen für sich selber noch als lebenswert.

Dass Invalide besonders sensibel reagieren, wenn von Euthanasie oder Sterbehilfe die Rede ist, versteht jedermann, seit im Dritten Reich ein schlimmer Missbrauch mit dem Wort «Euthanasie» getrieben worden ist.

Aber wenn Sie die Grundsätze der Exit und meines Buches näher ins Auge fassen, werden sie sofort zum Schlusse kommen müssen, dass es keine Institution gibt, die der Sicherheit der Behinderten mehr dient als gerade sie. Sie setzt sich ganz prinzipiell für das Selbstbestimmungsrecht des Menschen über sein Leben ein*; für die Begründung dieses Rechtes kann ich auf meinen Artikel in der Schweiz. Juristenzeitung hinweisen. **Dieses Selbstbestimmungsrecht ist der weitaus sicherste Schutz Behinderter.** Ihre negative Haltung gegenüber Exit ist also fehl am Platze.

Und was mein Buch betrifft, ist es vielleicht die erste Publikation, die in Weiterentwicklung des Grundgedankens der Exit die Frage behandelt, ob überhaupt ein Mensch das Recht haben könne, darüber zu befinden, ob das Leben eines **anderen** noch lebenswert sei.

Kürzlich bin ich in den Entscheidungen des Schweiz. Bundesgerichtes auf einen Grundsatz gestossen, der in die gleiche Richtung weist**, nämlich: «Es gibt mit anderen Worten kein lebensunwertes menschliches Leben.» (BGE 98 Ia 1972, S. 515)

Ich denke, dass Sie diesen Grundsatz gerne aufgreifen und alles tun werden, um ihn gebührend zu promulgieren.

---

* *Zu meinem grossen Bedauern hat die EXIT das freie Verfügungsrecht des Menschen über sein Leben in den neuen Statuten ersatzlos gestrichen, und das Selbstbestimmungsrecht des Kranken anerkennt sie nur noch «soweit wie möglich». Da aber darüber, wie weit dies möglich sei, nicht der Patient selber, sondern andere entscheiden, ist damit auch das Selbstbestimmungsrecht des Patienten im Effekt durch Fremdbestimmung ersetzt worden.*

**Diese Formulierung kann allerdings auch anders interpretiert werden.*

Gutgläubig Unrecht tun?

Bisher nicht publizierter Artikel des Buchautors

Wie J.C. Wolf[1] bemerkt, ist Paternalismus in Krankenhäusern und psychiatrischen Anstalten (und Pflegeheimen) geradezu Routine. Man verfügt in vielen Spitälern recht frei über Patienten und Pfleglinge. Es ist ein geflügeltes Wort, dass man dort mit ihnen «macht, was man will». Bevormundung ohne Entmündigungsverfahren ist jedenfalls an der Tagesordnung. Es wird berichtet:

Man weise sie oft genug, ohne sie zu fragen oder auf Anordnung eines Amtsarztes in Spitäler, Irrenhäuser und Pflegeheime ein. Man halte sie in den Anstalten gegen ihren Willen fest oder jedenfalls ohne sich auch nur zu fragen, ob der Betreute dort bleiben möchte (vgl. Nr. 12 dieser Sammlung); man binde sie an, damit sie das Bett nicht verlassen und damit sie sich «kein Leid antun», man binde ihre Hände an das Bettgestell, damit sie den Stecker nicht ausziehen, die Apparaturen nicht abstellen, damit sie nicht verhungern[2]; man stopfe ihnen gar die Medikamente oder das Essen zwangsweise in den Mund; man übe psychischen Druck auf sie aus, um sie gefügig zu machen; man schliesse sie in ihr Zimmer ein; man versetze sie, ohne sie zu fragen oder gar gegen ihren Willen in die Intensivstation (wenn immer möglich, sollte der Patient auch in diesen Fällen nach summarischer Aufklärung gefragt werden), man ernähre sie, ohne sie zu fragen, künstlich; man verpasse ihnen einen Schrittmacher, damit sie das Leben, das für sie nur noch ein Unwert ist, gezwungenermassen weiterführen müssen, weil sie ja sonst sterben könnten.

Solches und Ähnliches ist uns wiederholt berichtet worden[3]. Natürlich soll man solche Berichte nicht immer für bare Münze nehmen. Aber die Hartnäckigkeit derselben und deren Häufigkeit (auch in Publikationen) machen doch mehr als nur nachdenklich.

Es ist zu hoffen, dass es sich um Ausnahmen handelt. Nach der Häufigkeit solcher Mitteilungen können sie kaum Seltenheiten sein.

Anderseits zweifle ich nicht daran, dass das Spital- und Pflegeheimpersonal, das sich so verhält, überwiegend gutgläubig handelt.

«Man hat es doch immer so gemacht, und was man immer machte, muss doch richtig sein.»

«Wir wurden doch gelehrt, dass der Mensch nicht über sein Leben verfügen darf und dass wir das Leben des Patienten oder des Pfleglings um jeden

Preis erhalten müssen.»
«Jeder Mensch will doch so lange als möglich leben – auch unter widrigen Umständen; also dürfen wir doch annehmen, unsere Hilfe, auch wenn sie gegen seinen Willen erfolgt, entspreche letztenendes doch seinem Willen oder wenigstens seinem Wohle.»
«Suizid ist eine Sünde, jedenfalls aber immer ein krankhaftes Geschehen, das wir unbedingt verhindern müssen. Ein Suizidentschluss ist immer krankhaft und daher nicht zu beachten.»
«Es besteht doch eine allgemeine Hilfepflicht, wenn jemand in Gefahr ist, auch wenn er sich willentlich selber gefährdet.»
«Der Staat hat den Bürger auch vor sich selber zu schützen.»

Alle diese Theorien sind jedoch überholt und greifen nicht mehr. Ich kann auf die übrigen Beiträge dieses Sammelwerkes verweisen.
Aber auch die These, dass der Staat selbst die mündigen Bürger auch vor sich selber schützen müsse, gehört der Vergangenheit an (vgl. dazu z.b. Prof. van den Enden HLHS Nr. 2/1991 S. 5). Selbst im Vormundschaftsrecht ist diese Funktion des Staates stark eingeschränkt.
Manche Angehörige des Spitalpersonals wird es aber vielleicht überraschen, dass ihr Paternalismus nicht nur keine Pflicht ist, sondern sehr oft rechtswidrig [4], ja nicht selten sogar strafbar. Darum ist es offenbar nötig, sie auf folgende Gesetzesbestimmungen hinzuweisen, die durch paternalistisches Verhalten im Sinne der vorstehenden Ausführungen verletzt werden können und oft genug auch unbewusst verletzt werden:

Art. 49 OR
1. Wer durch eine widerrechtliche Verletzung in seiner Persönlichkeit seelische Unbill erleidet, kann, sofern die Schwere der Unbill dies rechtfertigt und diese nicht anders wieder gutgemacht wurde, eine Geldsumme als Genugtuung verlangen.
2. Anstatt oder neben dieser Leistung kann der Richter auch auf eine andere Art der Genugtuung erkennen.

Art. 181 Strafgesetzbuch
Wer jemanden durch Gewalt oder Androhung ernstlicher Nachteile oder durch andere Beschränkung seiner Handlungsfreiheit nötigt, etwas zu tun, zu unterlassen oder zu dulden, wird mit Gefängnis oder mit Busse bestraft.

Art. 183 StGB

1. Wer jemanden unrechtmässig festnimmt oder gefangen hält oder jeman-
dem in anderer Weise unrechtmässig die Freiheit entzieht, wird mit Zucht-
haus bis zu fünf Jahren oder mit Gefängnis bestraft.

Gewiss kann es Rechtfertigungsgründe geben. Aber überwiegende private
oder öffentliche Interessen werden hier kaum zu finden sein; und sich auf
Art. 32 oder 34/II StGB zu berufen, könnte sich ebenfalls als eine Täuschung
erweisen, zumal auch die rechtliche Grundlage und der Inhalt der sogenannten Garantiepflicht sehr umstritten und wenig gefestigt sind.
Fälle, wie einer im Beobachter vom 16.10.1990 geschildert wurde, fallen
wohl sogar unter den Begriff einer schweren Körperverletzung.

---

[1] *Aus einem Manuskript «Sterben, Tod und Tötung»*

[2] *In GPI 1/94 S. 30 Nr. 8161 lesen wir dazu folgendes:*

Anbinden der Pflegeheimpatienten und Kosten (USA)

1987 wurde in den USA ein Gesetz erlassen, welches das Anbinden und Fesseln von Patienten
in Pflegeheimen reduzieren soll. Verschiedene Vertreter von Pflegeheimen wehrten sich gegen
diese Vorschriften mit dem Argument, dass sie zu erheblich höheren Kosten führen würden (sie
sprachen von einer zusätzlichen Milliarde $ pro Jahr). Ob dies zutrifft, wurde in einer Untersu-
chung überprüft, in welche die Daten von 11'392 Pflegepatienten in 276 Heimen in sieben Staa-
ten einbezogen wurden. Dabei stellte sich heraus, dass immobilisierte Patienten im Gegenteil
mehr Aufwand und Kosten verursachen, als andere, nicht angebundene Kranke (im gleichen
Gesundheitszustand). Das Gesetz verursacht also nicht mehr, sondern weniger Kosten. (C.D.
Phillips u.a., «Reducing the use of physical restraints in nursing homes: will it increase costs?»,
in «American Journal of Public Health», 1993, 342-348

[3] *Solche Behauptungen sind ärztlicherseits schon mit Entrüstung zurückgewiesen worden. Wie*
weit die eine oder andere Darstellung richtig ist, liesse sich erst einigermassen feststellen, wenn
endlich bezügliche (zuverlässige) Statistiken vorlägen (vgl. Exit-Bulletin Nr. 51, S. 7, links oben)

[4] *Nicht selten ist solches Verhalten noch heute gesetzlich toleriert, wenn nicht gar vorgesehen (vgl.*
den Artikel «Gesetzlich erlaubte Torturen» in «Humanes Leben Humanes Sterben» Nr. 4/1994
S. 10).

Die Europäische Menschenrechtskonvention

In Art. 3 der Europäischen Menschenrechtskonvention von 1950/1953 heisst es:

*Niemand darf der Folter oder unmenschlicher oder **erniedrigender** Strafe oder **Behandlung** unterworfen werden.*

Merkwürdigerweise wird kaum irgendwo realisiert, dass viele Behandlungen von Schwerstkranken und Sterbenden eindeutige und krasse Verletzungen dieser Konventionsbestimmungen darstellen.

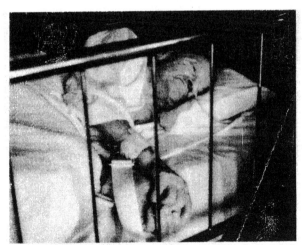

«Die Hände fest ans Gitter gebunden...»: Todkranker

Aus «Schweiz. Beobachter» (Vgl. die dazu gehörige Schilderung in Nr. 10, S. 4)

Epiktet

50-138 n.Chr., griechischer Philosoph.

Nicht die Dinge selbst beunruhigen die Menschen, sondern die Vorstellungen von den Dingen. So ist z.B. der Tod nichts Furchtbares – nein, die Vorstellung vom Tode, er sei etwas Furchtbares, das ist das Furchtbare.

4. Kapitel

Warum darf ich nicht sterben?
(Die passive Sterbehilfe)

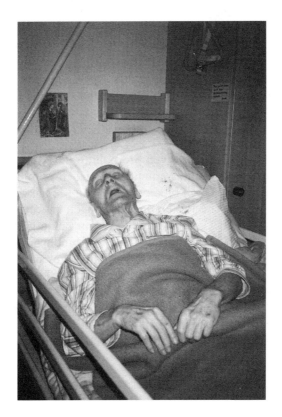

Alzheimer-Patient, 74 Jahre, in einer geschlossenen Abteilung (Archiv DGHS)

Editorial Dr. Kehl:
Passive Sterbehilfe setzt sich durch

Der Allgemeinarzt, Nr. 11/1992

Bekanntlich hat die an sich so segensreiche, aber noch ungebremste moderne Lebensverlängerungstechnik auch zu qualvollen Leidensverlängerungen und zu sinnwidrigen monate-, ja jahrelangen Anwendungen auch bei Hirntoten und irreversibel Bewußtlosen geführt. Als sich diese Fälle so summierten, daß sie bald in allen größeren Bekanntenkreisen ruchbar wurden, ging ein mißbilligendes Raunen und Kopfschütteln durch die Bevölkerung: «Das kann doch nicht der Sinn des medizintechnischen Fortschrittes sein!» Die Reaktion der Ärzteschaft war: «Wir dürfen auch in diesen Fällen nicht abstellen; das wäre ja Mord!» Ein Züricher Chefarzt wurde wegen passiver Sterbehilfe einige Tage vom Dienst suspendiert. Doch der gesunde Menschenverstand war bald wieder einmal stärker als das Dogma. Durch allen Wertpluralismus hindurch siegte der immer noch gültige Satz der Alten: «Sit modus in rebus, sunt certi denique fines ...» Es sei ein Mass in allen Dingen; es gibt Grenzen, die nicht ungestraft überschritten werden können.

Heute hat sich die Idee der passiven Sterbehilfe im Prinzip durchgesetzt. Und die Kreise, die Patiententestamente anfänglich kriminalisierten, propagieren sie heute eifrig. Doch bleiben noch eine Menge von Unterfragen kontrovers: Wie sind solche Patientenverfügungen zu formulieren? Wann ist ein Sterben inhuman? Was soll gelten, wenn keine gültige Patientenverfügung vorliegt? Ist sie für den Arzt auch verbindlich, wenn er sie vom ärztlichen Standpunkt aus für unvernünftig hält? Dies sind nur einige Beispiele. Ein noch umfassenderer Konsens über dieses Thema ist angesichts der allgemein beklagten Verunsicherung dringend nötig. Hierbei könnte der heute seines Nimbus weitgehend beraubte hippokratische Eid eine Hilfe sein mit einem seiner Grundgedanken: Die ärztliche Kunst sei nur zum Wohle (Wohlbefinden) des Patienten anzuwenden, nicht um eines Glaubenssatzes willen.

Wer lange stirbt, stirbt 10000 Male![1]

Wann ist das Sterben inhuman?

Senioren-Express, Juli 1993

> Der Tod ist noch das Schlimmste
> nicht, vielmehr den Tod ersehnen und
> nicht sterben können.
>
> Sophokles (496-406 ante)

Als ob es früher keine Fälle von qualvollem, langem Sterben gegeben hätte. Einfach deshalb, weil der heutige Mensch nicht mehr leidensfähig oder leidenswillig wäre? Sicher ist die Lebensphilosophie der meisten heutigen Menschen dem Leiden besonders abhold. Und der Glaube daran, dass man mit dem Leiden das Fegfeuer abkürzen oder gar den ewigen Feuerbällen entgehen könne, ist nur noch selten anzutreffen.

Trotzdem wäre das Thema «humanes Sterben» nicht derart aktuell, wenn es nicht immer mehr Menschen gäbe, die erlebt haben, wie ihre Angehörigen (Eltern, Ehegatten) nicht nur über Wochen, sondern über Monate, wenn nicht gar Jahre an Schläuchen und Maschinen hingen, bei denen das so verlängerte «Leben» nur noch in einem apathischen Zustand oder Stöhnen bestand, wenn sie nicht gar «hirntot» waren. Und so begannen immer mehr Menschen, sich Gedanken darüber zu machen, wie sie sich ihr Sterben vorstellen.

Wann ist Sterben inhuman?

Das ist an sich etwas recht Subjektives und Relatives. Hier können wir uns nur mit solchen objektiven Kriterien befassen, von denen wir wissen, dass sie sich auf einen breiten Konsens stützen können. Ich denke, dass man besonders in folgenden Fällen von einem inhumanen Sterben durch künstliche Lebensverlängerung oder durch Verweigerung der Freitodhilfe oder durch Verhinderung des Freitodes sprechen kann:

• Inhuman ist die künstliche Hinauszögerung des Sterbens bzw. die Hinderung am freiwilligen Sterben sicher dann, wenn der Sterbende ohne wesentliche Aussicht auf Besserung bei infauster (auf baldigen tödlichen Ausgang lautender) Prognose bereits seit längerer Zeit so sehr körperlich oder seelisch leidet, dass das **Hinauszögern dieses Leidens** als grausam, eben inhuman und eher als Quälerei erscheint (inhuman = grausam).

- Inhuman ist meines Erachtens die Verhinderung des natürlichen Todes eines Todgeweihten bei infauster Prognose ferner, wenn die künstliche Erhaltung des Lebens **sinnlos geworden** ist, wenn im besonderen die künstlichen Anstrengungen nur noch seelische Leiden und Opfer der Angehörigen verursachen, ohne dass für den Sterbenden noch irgend ein Sinn und Zweck ersichtlich wäre. Wo man es gewissermassen nur noch mit einem sinnlosen Weiterlaufen der Maschinerie zu tun hat, mit einer Technik, die sich verselbständigt hat, eine Art «Eigenleben» führt, ohne Hilfe und Dienst am menschlichen Leben zu sein (inhuman = sinnlos).

- Inhuman ist die Verhinderung des natürlichen oder freiwilligen Todes des Todgeweihten bei infauster Prognose (evtl. auch ohne diesen qualifizierten Zustand) dann, wenn die allgemeine oder die besondere **Menschenwürde** des Betreffenden – die allerdings bei jedem Sterben und bei anhaltendem schweren Leiden beeinträchtigt wird – dauernd in unerträglichem Masse gefährdet würde. Jeder Mensch hat sein legitimes Interesse daran, dass die Erinnerung an ihn, das Bild, das in der Umwelt zurückbleibt, nicht durch ein allzu langes und allzu peinliches Sterben zu stark leidet (inhuman = menschenunwürdig).

- Man kann sich auch fragen, ob es nicht schon inhuman sei, wenn das Sterben auf künstlichem Wege, ohne den Patienten zu fragen, sogar gegen seinen Willen, bei fast erlöschtem Leben auch ohne sonstige Komplikationen **unnatürlich lang** hinausgezögert wird. Weil das Sterben schon an sich eine äusserste seelische Belastung ist, pflegt es die Natur selber in der Regel gnädig abzukürzen. Das lange Warten auf den Tod kann allein schon eine arge Todesquälerei sein. «Lasst mich doch endlich sterben», eine häufige Bitte von Sterbenden (inhuman = zu lange Dauer des Sterbens, artifiziell verursacht).
Wer lange stirbt, stirbt 10000 Mal. Und wer möchte schon 10000 Mal die körperlichen und seelischen Qualen des Todes erleben?

> Wie aber sterbe ich schön?
> Euripides («Helena», Vers 298)

- «Inhuman» im Sinne von «nicht mehr dem geistigen Wesen des Menschen entsprechend» ist eine Verhinderung des natürlichen Todes wohl auch dann, wenn das spezifische Menschliche an ihm bereits unwiederbringlich ganz oder fast ganz erloschen ist, wie das Bewusstsein, das Überlegen, die Kommunikationsmöglichkeit, das, was ihn zum Menschen macht. «Fehlt die Kommunikationsfähigkeit, so ist auch das Leben für viele nicht mehr lebenswert»[2]

- Inhuman kann eine künstliche Leidens- und Sterbensverlängerung bei einem schwer leidenden, todgeweihten Patienten mit Einschränkungen auch dann sein, wenn dadurch ein erfülltes Leben am Schlusse noch vergällt und abgewertet wird.

Die «unglücklichen» Sonderfälle

Um spektakuläre Sonderfälle inhumanen Sterbens handelt es sich bei den sogenannten «Selbstmorden», bei denen der Selbstmörder keinen anderen Ausweg fand, als sich zu erhängen, eine Kugel durch den Kopf zu jagen, sich unter den Zug zu werfen, die Schlagader aufzuschneiden, sich im Auto zu vergasen, sich aus dem 5. Stockwerk auf die Strasse zu stürzen, um nur einige der vielen Möglichkeiten aufzuzählen. Solches ist in besonderem Masse menschenunwürdig (inhuman). Aber der Vorwurf der Inhumanität und Grausamkeit trifft dann nicht diese Menschen des Elends, sondern die Gesellschaft und den Staat, die mit der einen Hand das Recht zur Selbsterlösung anerkennen, die Ausübung dieses Rechtes aber mit der anderen Hand nach Möglichkeit verhindern, indem sie den Zugang zu rasch, sicher und schmerzlos wirkenden Freitodmitteln beharrlich versperren und damit Menschen, die sich von ihrem Elend erlösen wollen, zu grauenvollen Selbsthilfemethoden zwingen. Alle Versuche, diese Haltung der Gesellschaft aufzuweichen, stossen bei uns auf hartnäckigen Widerstand. Anders sieht es in Holland aus. Dort hat ein Gericht einen Psychiater, der einer Frau (rasch und sicher wirkende) Freitodmittel verschafft hat, freigesprochen, und zwar exakt mit der Begründung, dass diese Frau sonst, wenn der Arzt ihr diese Mittel nicht verschrieben hätte, «zu einer grauenvollen Art des Selbstmordes Zuflucht genommen hätte».[3]
Am 14. 12. 1990 erlaubte ein USA-Richter einer 33-jährigen Patientin, die 8 Jahre lang im Koma lag (!), zu sterben, nachdem Zeugen ausgesagt hatten, die Patientin hätte einmal erklärt, sie möchte lieber sterben, denn als Krüppel zu leben.[4]

---

[1] vgl. dazu auch den Artikel «Gesetzlich erlaubte Torturen» in HLHS 4/1994 S. 10

[2] Ludwig Hohl.

[3] Neue Zürcher Zeitung 29./30.Mai 1993.

[4] Echo der Zeit, Radio DRS 27.12.1990.

Todesanzeige

Tagblatt der Stadt Zürich, 12. August 1994

8038 Zürich, 9. August 1994

Entreisse dich, Seele, nun der Zeit
Entreiss dich deinen Sorgen
Und mach dich zum Flug bereit
In den ersehnten Morgen.
Hermann Hesse

Unsere liebe

Frau N.N.

12. Juni 1905

ist heute Nacht nach unsäglichem, künstlich verursachtem Leiden im Triemlispital von ihrer Krankheit erlöst worden. Wir sind traurig, aber auch dankbar, dass sie nun ihre ersehnte Ruhe gefunden hat.

Du wirst uns fehlen.

Anverwandte

Die Erdbestattung findet am Montag, 15. August 1994, um 10.30 Uhr auf dem Friedhof Manegg statt.
Anschliessend Abdankung in der Friedhofkapelle.

Leidzirkulare werden keine versandt.

Es müssen keine Trauerkleider getragen werden.

Allfällige Blumenspenden bitte im Friedhof abgeben oder man gedenke Greenpeace Schweiz, PC 80-6222-8.

Dieses Inserat wirkt schon fast wie ein «Mene Tekel» und lässt ahnen, dass es kaum stimmen kann, wenn der Bundesrat immer wieder erklärt, die Zustände in den Krankenhäusern seien kaum mehr zu beanstanden.[1] Man liest und hört immer von neuen traurigen Sterbensverlängerungen. Neuestes von einem Medizinprofessor selber mitgeteiltes und sinngemäss gerügtes Beispiel in «Der Brückenbauer» vom 15. März 1995 S. 56. Die vorrangige Aufgabe der Behörden wäre es, endlich neutrale und zuverlässige **Erhebungen** über lebensverlängernde Massnahmen und passive Sterbehilfen zu veranlassen. Mit seinem obigen Statement konnte sich der Bundesrat auf keine solchen Erhebungen stützen.

Lebensqualität geht vor Lebensverlängerung
(Dr. med. Kundert, Tagblatt der Stadt Zürich,
27.4.1988)

---

[1] vgl. Nr. 50 dieser Sammlung

Patientenverfügungen

Ihre enormen Unterschiede (mit Hinweisen auf ihre Verbindlichkeit)

Der informierte Arzt, 16. 6. 1990 S.1151ff.

Nachdem die Idee der Entwicklung von Patientenverfügungen anfänglich auf den heftigen Widerstand von Kirchen und Ärzten gestossen war, werden heute gerade von diesen Institutionen und Berufsvertretern, aber auch von anderen Organisationen, immer wieder neue Vorschläge für eine Patientenverfügung in Umlauf gebracht. Bei genauerem Hinsehen lässt sich unschwer erkennen, dass die Formulierungen stark voneinander abweichen. Das hat zu einer gewissen Verunsicherung in der Öffentlichkeit und damit zu einem Bedürfnis nach analytischer Betrachtung der verfügbaren Patientenverfügungen geführt. Im folgenden sollen 13 solcher Verfügungen einer kritischen Analyse unterzogen werden (nachfolgende Tabelle 1).

Tabelle 1

Im Umlauf befindliche
Patientenverfügungen
(Stand Frühjahr 1990)

1. PV der Verbindung der Schweizer Ärzte
2. PV der Ärztegesellschaft des Kantons St. Gallen (Finis)
3. PV der Ärzte und Pfarrer des Kantons Glarus
4. PV der Ärztegesellschaft des Kantons Zürich
5. PV der Caritas
6. PV des Euthanasia Educational Council, New York
7. PV von EXIT, deutsche Schweiz (inzwischen abgeändert)
8. PV von EXIT, welsche Schweiz
9. PV der schweizerischen Patientenorganisation
10. PV von Radio DRS (Klaus Heer)
11. PV der Sterbe- und Grabkasse (Zürich)
12. PV von Professor Gerhard Uhlenbruck (Verlag Klaus Vahle in Berlin)
13. PV der Zürcher Vereinigung zur Begleitung Schwerkranker

Dabei sollen zunächst die Inhalte der verschiedenen Modelle in zwei Schemata dargestellt werden. Das eine betrifft die <u>passive</u> <u>Sterbehilfe</u>, die Ablehnung lebensverlängernder Massnahmen (siehe Tabelle 2 am Schlusse des Artikels), das andere die Modellvorschläge im Zusammenhang mit der Frage der **Schmerzbekämpfung** (siehe Tabelle 3 am Schluss des Artikels). Diese Analyse soll im wesentlichen eine Beschreibung darstellen und nur ganz am Rande eine Beurteilung beinhalten. Im heutigen, juristisch nicht ganz einwandfreien Sprachgebrauch versteht man unter einer Patientenverfügung (PV) ein Schriftstück, in dem eine Person im voraus für den künftigen hypothetischen Fall der Bewusstlosigkeit oder einer andauernden sonstigen Entscheidungs- und Äusserungsunfähigkeit bestimmt, unter welchen Voraussetzungen lebensverlängernde Massnahmen zu unterlassen seien. Meistens enthalten die PV noch andere Bestimmungen, namentlich solche über den Einsatz von Schmerzmitteln.

Zu betonen ist vorab, dass die von den diversen Organisationen angebotenen Patientenverfügungsformulare selbstverständlich <u>keine Vorschriften</u> dafür sind, was der einzelne Patient in den PV bestimmen darf oder soll. Das muss jeder Patient selber bestimmen, und er ist diesbezüglich auch völlig frei. Es geht in den Modellen nur um Vorschläge und Ratschläge und um Hilfen bei der Erstellung einer PV, und zwar formuliert jede Organisation ihren Vorschlag entsprechend den ihr eigenen Vorstellungen vom ethisch Vertretbaren und Richtigen.

In jedem Formular sollte in gut sichtbarer Weise - beispielsweise in einem Kästchen - darauf hingewiesen werden, dass jeder Verfügende die Anordnungen und Wünsche in allen drei Beziehungen (ob Wunsch oder Wille, <u>was</u> er/sie wünscht bzw. will oder nicht wünscht bzw. nicht will, und unter welchen Voraussetzungen) ändern kann, wenn sie ihm nicht konvenieren. Das Formular ist immer nur ein Vorschlag, aufgesetzt allerdings in der Meinung der Verfasser, dieser könnte der Vorstellung einer grossen Mehrheit entsprechen.

Ein kleines Wörtchen entscheidet

Über die juristische Bedeutung der PV entscheidet ein kleines Wörtchen. Der eine markante Unterschied zwischen den verschiedenen PV-Entwürfen liegt nämlich darin, dass bei den einen eine klare <u>Willenserklärung</u> formuliert ist, während die «Anordnung» bei anderen nur als <u>Wunsch</u> oder gar Bitte[1] erscheint[2]. Wer in einer PV lediglich einen Wunsch oder eine Bitte äussert, überlässt die Entscheidung letztlich anderen, besonders dem Arzt.

Wer einigermassen sicher sein will, dass seine Anordnungen befolgt werden, muss diese in die Form einer Willenserklärung kleiden[3], am besten noch mit dem Zusatz, dass er sie unbedingt für jedermann als verbindlich betrachtet. Damit soll nicht die Auffassung vertreten werden, blosse Wunschäusserungen oder Bitten seien nutzlos. Auch solche sind in der Regel für Ärzte oder Angehörige von grösster Bedeutung.

Für einen Patienten kann es durchaus sinnvoll sein, nur einen Wunsch oder eine Bitte zu äussern, weil nicht jedermann den Mut hat, eigentliche Entscheidungen solcher Art zu treffen.

Patientenverfügungen, die nicht nur einen Wunsch oder Willen, sondern eine klare Willenserklärung des Patienten enthalten, sind sowohl nach einem Gutachten von *Professor Max Keller* vom 10.8.86, als auch nach dem von der Verbindung der Schweizer Ärzte eingeholten Gutachten von Professor Guinand und Dr. Guillod vom 14.5.87 rechtlich unbedingt verbindlich. Der Einwand, eine solche früher abgegebene Willenserklärung könne bei späterer Bewusstlosigkeit nicht mehr gelten, wurde einhellig als nicht stichhaltig bezeichnet[4]. Die gleiche Auffassung vertrat das Oberlandesgericht München in seinem Urteil vom 31.7.87: Wer gegen den Willen des Patienten lebensverlängernde Massnahmen durchführt, riskiert, zivil- und strafrechtlich zur Verantwortung gezogen zu werden.

In einem Falle haben Wünsche und Bitten des Patienten eine ähnlich bindende Wirkung wie eindeutige, als verbindlich gedachte Willenserklärungen, nämlich dann, wenn der Arzt die Richtlinien der Schweizerischen Akademie der Medizinischen Wissenschaften (SAMW) für sich als verbindlich betrachtet. Nach diesen ist der mutmassliche Wille des Patienten massgebend. Wenn nun ein schriftlicher Wunsch vorliegt, liegt es auf der Hand, nicht weiter nach dem mutmasslichen Willen zu forschen. Allerdings bleibt dem Arzt auch dann, anders als bei einer Willenserklärung oder formellen Anordnung, noch einiger Spielraum. Unter anderem kann er seine Auffassung über die Verbindlichkeit der Richtlinien beliebig ändern, da sie streng rechtlich betrachtet auch für Mitglieder-Ärzte nicht bindend sind.

In juristischer Beziehung ist inzwischen aber noch der Standpunkt eingenommen worden, eine Anordnung in bezug auf die Verabreichung von Schmerzmitteln könne im Gegensatz zur Anordnung hinsichtlich der passiven Sterbehilfe für den Arzt nicht verbindlich sein, weil sie auf ein Tun gerichtet sei, ein Arzt aber nicht zu einem solchen verpflichtet werden könne. Weil jedoch die ethische Zulässigkeit der Verabreichung jeder Menge von Schmerzmitteln bei ohnehin hoffnungslos kranken Menschen heute allgemein anerkannt ist, kann diese juristische Frage offengelassen werden, da sie nur noch akademische Bedeutung hat.

Juristisch vorbildlich ist die Formulierung von *Professor Dr. Gerhard Uhlenbruck* (Nummer 12, Tabelle 1), der davon ausgeht, dass der Patient die Garantieverpflichtung des Arztes mit seiner PV unter Entbindung von der Pflicht zu Heilungsversuchen auf die Pflicht zur Leistung von Palliativmassnahmen einschränken will.

Enorme inhaltliche Unterschiede

Es lohnt sich, die verschiedenen angebotenen und empfohlenen Modelle von PV mit Bezug auf deren materiellen Inhalt genauer unter die Lupe zu nehmen, nämlich hinsichtlich dessen, was gewünscht oder nicht gewünscht, verlangt oder untersagt werden will und unter welchen Voraussetzungen.

Das Was

Schon mit Bezug auf den Gebrauch schmerzstillender Mittel bestehen einige nicht unwesentliche Unterschiede. So stellt sich die Frage, ob Linderungsmittel [5], wie sie in einzelnen PV verlangt werden, starken schmerzaufhebenden Mitteln, die das Risiko der Lebensverkürzung in sich schliessen, gleichzustellen seien. Einzelne Organisationen legen nämlich Wert darauf, dass das Bewusstsein des Patienten möglichst erhalten bleibt.
Markanter ist der Unterschied der einzelnen PV-Modelle bereits hinsichtlich der Frage, auf welche lebensverlängernden Massnahmen der Patient verzichten will. Nicht immer sind die Formulierungen diesbezüglich gründlich genug durchdacht. Jedenfalls wären im Zusammenhang mit der Umschreibung dessen, was einem allgemeinen Konsens entsprechend abgelehnt werden dürfte, noch wesentlich eindeutigere und befriedigendere Formulierungen zu suchen. Bei verschiedenen Vorschlägen stellt sich die Frage, ob sie nicht ungewollte Lücken enthalten.
Im grossen und ganzen mag mit den verschiedenen Formeln wie «lebenserhaltende oder künstliche (oder artificial und ‹heroic›) Massnahmen» das nämliche gemeint sein. In einer Variante ist lediglich davon die Rede, der Patient wolle im Ernstfall nur noch nährwertlose Flüssigkeit haben, in einer anderen, er verzichte auf jede Form von Reanimation, in einer dritten wird von der Unterlassung jeder Therapie gesprochen. Wieder in anderen ist vom Verzicht auf Intensivtherapie oder Intensivmassnahmen die Rede. Einige PV berücksichtigen auch diagnostische Eingriffe oder verweisen ausdrücklich auch auf die Chirurgie oder die Chemotherapie.

Die beste Lösung wäre wohl ein genereller Begriff, wie «künstliche Lebenserhaltungsmassnahmen», gekoppelt mit einer Aufzählung von Massnahmen, bei denen auch Bestrahlung, Chemotherapie, Chirurgie, diagnostische Eingriffe und Untersuchungen sowie künstliche Ernährung nicht fehlen sollten.

Die Voraussetzungen

Geradezu frappierend sind die Unterschiede in bezug auf die Voraussetzungen der passiven Sterbehilfe. Die Uneinheitlichkeit und die dadurch bewirkte Unsicherheit sind hier besonders gross. Dieser Teil der Patientenverfügung ist auch der weitaus schwierigste. Von einem Konsens kann hier schon nicht mehr gesprochen werden, erst recht nicht, wenn man die Formeln heranzieht (auf die man in der Literatur, namentlich in Zeitungs- und Zeitschriftenartikeln noch und noch stösst), die den Eindruck der Unausgereiftheit, Lückenhaftigkeit, Missverständlichkeit und Unbedachtheit perfekt machen[6]. Nicht selten ist bei den verschiedenen Formulierungen sogar festzustellen, dass sie geradezu absurde Ergebnisse zur Folge hätten, würde man sie «beim Worte nehmen».
«Keine Hoffnung auf Heilung» besteht - neben vielen anderen Krankheiten, mit denen sich passabel bis gut leben lässt - bekanntlich bei Zuckerkrankheit. Kein Zuckerkranker wird aber deshalb an passive Sterbehilfe denken.
Auch bei der Bestimmung der Voraussetzungen einer unbeschränkten Verabreichung von <u>Schmerzmitteln</u> unter bewusstem Eingehen des Risikos der Todesbeschleunigung bestehen bei den verschiedenen Modellen Unterschiede von erheblicher Tragweite. Bei der Umschreibung dieser Voraussetzungen dürften etwa folgende Prinzipien und Überlegungen wegleitend sein:
- Oberstes Prinzip ist die freie Selbstbestimmung. Aus dieser ergibt sich, dass jeder Mensch individuell zu bestimmen hat, wie viele Schmerzen er zu ertragen gewillt ist, beziehungsweise inwieweit er die mögliche Benommenheit durch Schmerzmittelgabe und einen unter Umständen verfrühten Tod in Kauf nehmen will.
- Das Alter dürfte eine bedeutende Rolle spielen.
- Ein weitgehender Konsens darf in dem Sinne vermutet werden, als wohl die meisten Menschen in der letzten Phase ihres Lebens auch dessen Verkürzung in Kauf nehmen, wenn durch vermeintlich lebensverlängernde Massnahmen nicht menschenwürdiges Leben verlängert wird, sondern ein verzerrtes Bild eines menschlichen Wesens resultiert, eine Existenzweise, die als «inhuman» im Sinne von grausam oder menschenunwürdig (schlimme Erniedrigung, ekelerregende Zustände) oder als inhuman auch im Sinne des Fehlens des typisch Menschlichen eines (unnatürlich langen) Sterbens betrachtet werden kann.

Verfügungen können verändert und widerrufen werden

Selbstverständlich ist der Patient an seine Verfügung nie gebunden. Er kann sie jederzeit aufheben oder ändern. Auch Formvorschriften bestehen - entgegen einer gelegentlich vertretenen Auffassung - weder bei der Errichtung noch bei der Aufhebung oder Änderung einer PV. Der Patient muss nur das Nötige vorkehren, um den Beweis - auch den Beweis der Identität - zu sichern. Wie er das macht, ist ihm überlassen. Eine notarielle Beglaubigung oder die Unterschrift von Zeugen ist nützlich, aber nicht Gültigkeitsbedingung.

Unklug wäre es, die Rechtskraft einer PV auf die Zeit einer allfälligen Bewusstlosigkeit zu beschränken. Zum einen gibt es eine grosse Bandbreite von Zuständen zwischen totaler Bewusstlosigkeit und klarem Bewusstsein. Zudem ist es sehr wertvoll, wenn eine solche Verfügung auch dann besteht und gilt, wenn der Patient wegen grosser Schmerzen oder Schwächezustände nicht in der Lage ist, eine Entscheidung zu fällen, sich klar genug zu äussern oder seinen Willen durchzusetzen.

Wann immer aber ein Patient zu einer Entscheidung fähig und hinreichend äusserungsfähig ist, kann er unabhängig von seiner Patientenverfügung mündlich davon abweichende Anweisungen erteilen, wobei er gut daran tut, in solchen Momenten (und am besten in der Verfügung selber) zu bestimmen, dass die PV sofort dann wieder voll gelte, wenn er bewusstlos oder nicht mehr entscheidungs-, äusserungs- und durchsetzungsfähig sein werde.

---

[1] Die Formeln «ich vertraue darauf» oder «ist mein sehnlichster Wunsch» laufen auf eine blosse Bitte hinaus.

[2] Einige PV sind inkonsequent, indem es zum Beispiel im Ingress heisst, hier werde der Wille des Patienten niedergelegt, während dann in den einzelnen Anordnungen wieder nur von Wünschen und Bitten die Rede ist.

[3] Zum Beispiel mit den Worten «ich verfüge», «ich verlange», «ich bin nicht einverstanden», «ich untersage», «ich will», «ich will nicht», «ich will keine».

[4] Näheres dazu in meinem Buch «Sterbehilfe, ethische und juristische Grundlagen», Zytglogge Verlag, Gümligen.

[5] In einer PV fehlt eine Bestimmung darüber vermutlich deshalb, weil es darin heisst, der Patient wünsche den Beistand des Arztes und des Pflegepersonals, worin die Bitte um die nötigen Schmerzmittel wohl als inbegriffen betrachtet wird.

[6] Beispielsweise sei die passive Sterbehilfe indiziert, wenn
- «der richtige Zeitpunkt zum Sterben gekommen» sei,
- die lebensverlängernden Massnahmen «unzumutbar» seien,
- das Hinauszögern des Todes «unnötig» sei, eine unheilbare Krankheit vorliege,
- die Rückkehr zu einem gesunden Leben nicht mehr möglich sei.

Bestimmungen über lebensverlängernde Massnahmen

Tabelle 2

Wunsch oder Wille	Was gewünscht oder nicht gewünscht wird	falls (Voraussetzungen)
1 Ich wünsche (anders Ingress)	keinen namentlich umfassenden Gebrauch lebensverlängernder Massnahmen	wenn Weiterleben aus eigener Kraft von Körper und Geist nicht mehr möglich und meine Existenz ohne Einsatz äusserlicher Mittel definitiv am Ende ist, und lebensverlängernde Massnahmen nur noch bezwecken, Körperfunktionen aufrecht zu erhalten und mich von diesen technischen Mitteln abhängig zu machen.
2 Ich verlange	keine künstliche Verlängerung meines Lebens	wenn keine Hoffnung auf Heilung von schwerem Leiden besteht
3 Ich verfüge	a) Unterlassen lebensverlängernder Massnahmen b) Unterlassen von Operationen c) Unterlassen der künstlichen Ernährung	bei die Wiedererlangung des Bewusstseins ausschliessender Hirnschädigung wenn keine Aussicht auf wirkliche Besserung besteht kurz vor Eintritt des Todes
4. Ich verlange (anders Ingress)	keine künstliche Lebensverlängerung	wenn keine Hoffnung auf Heilung besteht
5 Ich wünsche	Unterlassen aller aussergewöhnlichen Intensivmassnahmen zur Verlängerung des Lebens	wenn die elementaren Funktionen so schwer geschädigt sind, dass fast mit Sicherheit Besserung zu menschenwürdigem Dasein ausgeschlossen und der Zustand von sich aus unmittelbar zum Tod führen würde
6 I request	dass man mich sterben lässt, keine «artificial means or heroic measures»	wenn keine vernünftige Erwartung mehr besteht auf Erholung von körperlicher oder geistiger Erkrankung

7 Sind	a) alle lebenserhaltenden Massnahmen zu unterlassen	wenn der Sterbeprozess eingetreten ist oder bevorsteht oder nur geringe Aussicht auf Wiedererlangung des Bewusstseins oder hohe Wahrscheinlichkeit schwerer Hirnschädigung oder wenn bleibende körperliche Hilflosigkeit
verlange ich	b) nur noch nährwertlose Flüssigkeit	so senil, dass ich die Angehörigen nicht mehr erkenne
verbiete ich	c) jede Form von Reanimation	Kreislaufkollaps bei einer höchstwahrscheinlich zum Tode führenden Krankheit
8 Je demande	Verzicht auf jede Reanimationsmassnahme	hoffnungslos unheilbar schwere physische oder geistige Behinderung infolge Krankheit oder Unfall
9 Nicht einverstanden mit	a) Intensivtherapie oder Reanimation	bei irreversibler Bewusstlosigkeit, wahrscheinlich schwerer Hirnschädigung oder dauerndem Ausfall lebenswichtiger Körperfunktionen und bei infauster Prognose
Ich wünsche	b) keine diagnostischen Eingriffe und Intensivtherapie	wenn meine Krankheit zum Tode führen und mir grosse Schmerzen bereiten wird
Ich wünsche	c) Einstellung jeder Therapie	Hirnschädigung mit irreparabler Schädigung der normalen geistigen Funktionen mit der Folge menschenunwürdigen Daseins
10 Ich möchte	a) keine künstliche Lebenserhaltung	hoffnungsloser Gesundheitszustand
Sollten nicht mehr	b) Intensivmedizin, Reanimation, Chirurgie oder Chemotherapie vorgenommen werden	wenn Eingriffsresultat nur noch biologisches Präparat ohne bewusste Existenz
Dem Arzt überlassen	c) Entscheidung über lebenserhaltende Massnahmen	
11 Soll verzichtet werden	a) auf künstliche Lebensverlängerung	keine vernünftige Erwartung zur Erholung von körperlicher und geistiger Krankheit
Ist zu unterlassen	b) jede lebenserhaltende Therapie	unheilbare Krankheit mit dauernder Bettlägerigkeit, Hilflosigkeit und Unansprechbarkeit

12 Nicht einverstanden	a) mit Intensivtherapie oder Reanimation	irreversible Bewusstlosigkeit, wahrscheinlich schwere Dauerhirnschädigung oder dauernder Ausfall lebenswichtiger Körperfunktionen oder infauste Prognose
Zustimmung verweigert	b) zu irgendwelchen Eingriffen, besonders wenn schmerzhaft	wenn die Massnahme nur Leidens- und Sterbensverlängerung, namentlich bei erheblichen Schmerzen
Ich wünsche	c) keine weiteren diagnostischen Eingriffe und Intensivtherapien	wenn mindestens zwei Fachärzte infausten Verlauf und grosse Schmerzen prognostizieren
Bitte ich	d) um Einstellung jeder Therapie	Hirnverletzung oder Hirnerkrankung mit schwerer irreparabler Schädigung der normalen geistigen Funktionen, wenn mindestens zwei Fachärzte attestieren, dass kein menschenwürdiges Dasein mehr zu erwarten ist
13 Ist zu verzichten	a) auf jede künstliche Lebensverlängerung	tödliche Erkrankung
Ist einzustellen	b) jede lebenserhaltende Therapie	unheilbar mit dauernder Bettlägerigkeit, Hilflosigkeit und Unansprechbarkeit
Ist zu verzichten	c) auf jede lebensverlängernde Massnahme, besonders künstliche Beatmung, Sauerstoff, Bluttransfusion und künstliche Ernährung	wie vorstehend

Ein Hinweis

In einer Patientenverfügung kann auch im voraus auf eine neuroleptische Behandlung mit verbindlicher Wirkung verzichtet werden (Tribunal administratif de Genève vom 7.3.1995; Plädoyer 3/1995, S. 55 f)

Bestimmung in bezug auf den Einsatz schmerzstillender Mittel

Tabelle 3

Wunsch oder Wille	Was gewünscht oder nicht gewünscht wird	falls (Voraussetzungen)
1 Keine diesbezüglichen Bestimmungen		
2 Ich bitte	um genügend Schmerzmittel	gleiche Bedingungen wie für passive Sterbehilfe
3 Ich verfüge	um genügende Schmerzmittel, auch bei Risiko der Lebensverkürzung	bei hoffnungslosem Zustand
4 Ich bitte (Wunsch)	um schmerzlindernde Mittel	bei Todeskampf
5 Ich ersuche	um ausreichende Mittel, damit a) Schmerzen erträglich sind unter Einhaltung der geistigen Verfügbarkeit und b) unerträgliche Schmerzen gelindert werden, auch wenn Todesbeschleunigung und Bewusstseinseinschränkung	offenbar wie 2
6 I ask	Erleichterung des Leidens, auch wenn Todesbeschleunigung	hopeless pain, unwürdiger Zustand
7 Sind mir (verlange)	unbeschränkt schmerzstillende Mittel, auch wenn Todesbeschleunigung	hoffnungsloser Zustand
8 Me soit	genügend Mittel zur Schmerzmittel, auch wenn Todesbeschleunigung	hoffnungslos, unheilbar, körperliche oder geistige Behinderung
9 Ich vertraue darauf	die nötigen Mittel zur Schmerzlinderung, auch wenn Bewusstseinsminderung oder Todesbeschleunigung	wie 2
10 Ich bitte	nötigenfalls auch todesbeschleunigende Dosen	hoffnungslos

11	Ich bitte	Erleichterungsmittel, auch wenn damit Sterbeprozess beschleunigt wird	wie 2
12	Ich vertraue darauf	schmerzstillende Mittel, auch wenn Bewusstseinsausschaltung und früher Tod	offenbar wie 2
13	keine diesbezügliche Bestimmung		

Patientenverfügung auf innerrhödlerisch

Einem todkranken Männlein sagte Dr. Niederer: «Bärlocher! Ehr müend halt steerbe.» «So mach, das es vorwärtsgoht. Wenn die Kogete gad emool verby wäär.»
Oder wollte er gar aktive Sterbehilfe?

Aus A. Tobler, Der Appenzeller Witz

Terminologischer Hinweis

Der Ausdruck «Patientenverfügung» stiftet immer wieder Verwirrung. Solche, die nämlich nur einen *Wunsch* oder eine Bitte zum Ausdruck bringen, müssen juristisch streng von den anderen unterschieden werden, die sich als rechtsgeschäftliche *Willenserklärungen* erweisen. Letzteres ist dann der Fall, wenn der Erklärende namentlich folgende Worte verwendet: Ich will, verlange, verbiete, untersage, lehne ab, dulde nicht, will nicht. Von einer Patienten*verfügung* kann man nur bei der zweiten Kategorie sprechen. Dabei ist zu beachten, dass innerhalb einer Patientenerklärung bald die eine und bald die andere Terminologie vorliegt, in welchem Falle es nicht immer einfach sein wird, festzustellen, was der Patient wirklich gemeint hat, ob er nur aus sprachlichen Gründen variieren wollte. Sicher ist es nicht zutreffend, wenn Kathrin Reusser in ihrer Dissertation[1] die Patientenverfügung definiert als *Wunsch* des Erklärenden. Ein Wunsch ist gerade keine Verfügung. Der Ausdruck *Patientenverfügung* sollte für blosse Wunsch- oder Bittenäusserungen nicht mehr verwendet werden, sondern nur noch für solche Patientenerklärungen, die sich als rechtsgeschäftliche Willenserklärungen qualifizieren.

Kathrin Reusser[1] findet den Ausdruck *Patientenverfügung* selber unzutreffend, zog aber in ihrer Arbeit keine terminologische Konsequenz.

Mario Adorf
Geb. 1930, Schauspieler.

Ich denke sehr viel an den Tod. Ich denke viel über das Sterben nach.
Ich möchte wissen, wie es ist. Ich möchte den Tod sehr gut kennen,
bevor ich ihn erlebe. Ich möchte langsam sterben, nicht schnell und
unvorhergesehen. Sonst würde ich mich um das grösste «Erlebnis»
betrogen fühlen. Darum bereite ich mich seelisch auch gut darauf vor.
Angst vor dem Tod kenne ich nicht.
Aus: Illustrierte TV Hören und Sehen, Heft 48, 28.11.1970

---

[1] siehe Nr. 27 dieser Sammlung.

Die Rechtsverbindlichkeit von Patientenverfügungen

Bisher nicht publizierter Artikel des Buchautors

Die Patientenverfügungen sind das wichtigste Instrument, um das Problem zu lösen, das durch jene lebensverlängernden Massnahmen entstanden ist, die letztenendes nur noch Sterbensquälereien und damit sinnlos und inhuman sind und gegen die sich die Menschen vor allem schützen wollen[1]. Sterben tut niemand gern. Aber wenn es einmal soweit ist, möchte jeder gerne möglichst schmerzlos und ohne Quälereien Abschied nehmen. Patientenverfügungen sollen diesem Schutze dienen. Das tun sie aber nur, wenn sie auch für den Arzt verbindlich sind. Darum ist die Rechtsverbindlichkeit wohl der wichtigste Pfeiler der modernen Sterbehilfe. Sie ist aber in Ärztekreisen immer noch etwas kontrovers. Richtig aktuell ist die Frage aber nur dort, wo der Patient mit seiner Verfügung nicht nur einen Wunsch oder eine Bitte äussert, sondern eine klare Willenserklärung abgibt und die Tatbestände, bei deren Vorliegen sein Wille gelten soll, auch möglichst unmissverständlich umschreibt[2].

Die Rechtsverbindlichkeit von (echten) Patientenverfügungen ist aber nur dort umstritten, wo sie der Patient früher in noch relativ gesundem Zustand getroffen hat (sogenannte Vorausverfügung). Der Gesetzgeber hätte das Problem schon längst regeln müssen, ist aber dem heissen Eisen bisher in pflichtwidriger Weise immer ausgewichen[3]. Im Gegensatz zur Bundesrepublik gibt es bei uns auch keine obersten Gerichtsentscheide, m. W. überhaupt keine. Dagegen haben zwei Gutachten für Aufsehen gesorgt, die, gerade weil sie von entgegengesetzten Organisationen in Auftrag gegeben worden sind, aber gleich lauten, in dieser Frage grossen Einfluss ausüben: Das von der EXIT in Auftrag gegebene von Prof. Dr. Max Keller vom 10. 08. 1986 und dasjenige der Prof. Jean Guignand und Oliver Guillod vom 14. 05. 1987, das die SAMW in Auftrag gegeben hatte, bestimmt in der Erwartung, es werde negativ ausfallen. Beide haben die Rechtsverbindlichkeit von Patientenverfügungen klar bejaht und zwar auch solcher, die der Patient noch in gesunden Tagen verfasst hat.

In den vor den Gutachten herausgegebenen Richtlinien für die Sterbehilfe hat die SAMW den Standpunkt eingenommen, frühere Patientenverfügungen seien nicht verbindlich. Nach den Gutachten hat die SAMW den bezüglichen Passus der Richtlinien neu gefasst, konnte sich aber nur zu einem «Soll» durchringen, was die EXIT in der Folge beanstandet hat. Inzwischen ist aber in der EXIT die grosse Wandlung vor sich gegangen[4], indem dort die Statutenbestimmung: «Die EXIT setzt sich ein ... für das freie Selbstbestimmungsrecht des Kranken» abgeändert wurde in die bei näherem Zusehen eher das Gegenteil bedeutende Formel: «EXIT anerkennt im Leben und im Sterben das Selbstbestimmungsrecht des Menschen, das soweit wie möglich (von uns hervorgehoben) zu beachten ist», was vollkommen der Tendenz der SAMW entspricht.[5]

Durch den Umsturz in der EXIT ermuntert, hat die SAMW seither in einem Entwurf neuer Richtlinien die Verbindlichkeit von Patientenverfügungen klipp und klar verneint, wogegen der neue Verein «Mea vita» opponiert, der sogar die verfassungsmässige Anerkennung der Verbindlichkeit von Patientenverfügungen anstrebt. Bis es soweit ist, wird die Verbindlichkeit von Patientenverfügungen ein Problem bleiben, da sie geeignet ist, die von den Aerzten geforderte alleinige Entscheidungsbefugnis weitgehend aufzuheben.

In der Bundesrepublik, wo die Sterbehilfe wegen der Nazipraxis ein besonders heisses Thema ist, was die Entwicklung erschwert und auch zu absurden Gerichtsentscheiden geführt hat, war die Rechtsverbindlichkeit von Patientenverfügungen im Deutschen Juristentag von 1986 und in der Anhörung von Experten zur Sterbehilfe beim Rechtsausschuss des Deutschen Bundestages vom 15. 05. 1985 noch sehr umstritten.

Ein wichtiges Ereignis in der Geschichte der deutschen Sterbehilfe war das Urteil des Oberlandesgerichtes München vom 31. 07. 1987. Darin wurde die Rechtsverbindlichkeit von Patientenverfügungen auch für den Fall ausdrücklich anerkannt, in welchem der Patient später infolge seiner Krankheit sein Bewusstsein verliert, wobei das Gericht – das ist vor allem erheblich - feststellte, die Verfügung sei gerade für diesen Fall getroffen worden[6]. Weiter wurde – ebenfalls eine wichtige Weichenstellung – auch festgehalten, dass der Arzt nicht zu prüfen habe, ob die Verfügung vernünftig sei.

Auf Druck des Juristentages und zahlreicher eindringlicher Appelle von Fachleuten und der Presse befasste sich der deutsche Gesetzgeber schliesslich mit dem Problem der Sterbehilfe, was zum sogenannten Betreuungsgesetz vom 12. 09. 1990 führte. Darin wurde auch die hier behandelte Frage vormundschaftsrechtlich behandelt. Dabei wurde der Grundsatz aufgestellt, dass der Betreuer (früher Vormund) bei seinen Entscheidungen «Wünschen des Betreuten zu entsprechen» habe. Der Grundsatz wurde aber mit so erheblichen Vorbehalten verbunden, dass es letztlich vom Ermessen des Betreuers abhängt, ob er die Verfügung befolgen wolle. Da der Paternalismus dem Vormundschaftsrecht immanent ist, mag man dafür Verständnis haben. Trotzdem ist die Regelung der Grundhaltung nach enttäuschend, wenn man auch alle anderen paternalistischen Allüren des Gesetzes ins Auge fasst.[7]

Eine Gewähr, dass die Patientenverfügung wirklich befolgt wird, hat der Betreute jedenfalls nicht. Eine wichtige Neuerung auf dem Gebiete der Sterbehilfe brachte aber der § 1904 des Gesetzes, der wie folgt lautet und mit dem dem neuralgischen Punkte die Spitze gebrochen wurde:

«Die Einwilligung des Betreuers in eine Untersuchung des Gesundheitszustandes, eine Heilbehandlung oder einen ärztlichen Eingriff bedarf der Genehmigung des Vormundschaftsgerichtes, wenn die begründete Gefahr besteht, dass der Betreute aufgrund der Massnahme stirbt oder einen schweren und länger dauernden gesundheitlichen Schaden erleidet. Ohne die Genehmigung darf die Massnahme nur durchgeführt werden, wenn mit dem Aufschub Gefahr verbunden ist.»

Problemträchtig ist § 1902 des BetrG, in welchem dem Betreuer mit gewissen Ausnahmen (§§ 1903 und 1904) eine allgemeine Vertretungsmacht eingeräumt wird, die sich deshalb im Prinzip auch auf medizinische Fragen bezieht[8].

Was die hier behandelteRechtsverbindlichkeit von Patientenverfügungen anbetrifft, ist auch auf die Broschüre des Justizministers hinzuweisen, wonach sie zu "beachten" seien, ausser sie würden dem Wohl des Betreuten zuwiderlaufen oder der Betreute habe seinen Willen erkennbar geändert oder deren Erfüllung sei dem Betreuer nicht zuzumuten (S.30).

Die Forderung nach einem allgemeinen Sterbehilfegesetz ist auch in der BRD keineswegs vom Tisch. Aber wiederum wird damit operiert, eine gesetzesreife Vorlage sei nicht möglich[9].

---

[1] vgl. Nr. 17 dieser Sammlung

[2] vgl. Nr. 20, 21 und 23 dieser Sammlung

[3] vgl. dazu die Nr. 50 dieser Sammlung

[4] vgl. Nr. 57 dieser Sammlung

[5] In einem rätselhaften Kontrast dazu hat aber der EXIT-Präsident Prof. Dr. med. Meinrad Schär der SAMW zum *Vorwurf* gemacht, sie gehe nach ihren Richtlinien davon aus, dass der Arzt Patientenverfügungen zwar zur Kenntnis nehmen solle, aber nicht verpflichtet sei, sie zu befolgen (EXIT-Bulletin 3/1994 S. 12)

[6] Darauf hatten schon lange vorher verschiedene Fachleute hingewiesen, z.B. Prof. Otto in der Anhörung vor dem Rechtsausschuss des Deutschen Bundestages (Prot.S.50f).

[7] vgl. Nr. 10 der vorliegenden Sammlung

[8] vgl. Nr. 45b der vorliegenden Sammlung

[9] vgl. dazu die Nr. 50 der vorliegenden Sammlung

Weit gefehlt![1]

EXIT-Bulletin, Januar - März 1992 S.3.

Die Ansicht ist weit verbreitet, es komme nicht darauf an, welches Modell einer *Patientenverfügung* man wähle; «es sei ghupft wiä gsprunge». Weit gefehlt! Nicht nur sind sie oft mit Bezug auf die Voraussetzungen eines Verzichts auf lebensverlängernde Massnahmen ausserordentlich verschieden. Noch viel wichtiger ist, dass etliche von ihnen bei genauerem Hinsehen gar keine Patientenverfügungen sind, sondern nur *Wünsche*. Wenn Sie wollen, dass Ihre *Wünsche* wirklich erfüllt werden, dass sich die Ärzte daran zu halten haben, dann müssen Sie sie in die Form einer *Willenserklärung* kleiden, z. B. «Ich will, ich verlange, ich verfüge, ich bin nicht einverstanden», oder in einem anderen Imperativ. Auch Modelle mit der Formel «Ich bitte» sind im Grunde keine Patientenverfügungen, sondern völlig unverbindliche Bittgesuche. Solche Bittgesuche oder Wünsche sind wohl für den Arzt wertvoll, bieten Ihnen aber nicht die geringste Gewähr für den Vollzug. Schauen Sie sich also die Modelle sorgfältig an, bevor Sie sich für das eine oder andere entscheiden.
Die EXIT-Patientenverfügung kennen Sie. Wenn Sie die verschiedenen Patientenverfügungen, die heute angeboten werden, vergleichen wollen, können Sie bei uns gegen Einsendung von Fr. 3.- in Briefmarken eine Vergleichstabelle erhalten.

---

[1] vgl. auch Weltwoche 31.3.1994: «EXIT-Patientenverfügungen... Die Demokratie nähert sich dem Sterbebett»

Rückschritt statt Fortschritt

EXIT-Bulletin: Januar bis Mai 1992

In einem von der EXIT eingeholten Gutachten vom 10. August 1986 wurde die rechtliche Verbindlichkeit von Patientenverfügungen, in denen insbesondere lebensverlängernde Massnahmen unter bestimmten Voraussetzungen im voraus untersagt werden, klar bejaht. Die Schweizer Ärztegesellschaft hat in der Folge ebenfalls ein Gutachten zur gleichen Frage eingeholt. Dieses gelangte zum gleichen Schluss. Seither ist die rechtliche Verbindlichkeit solcher Verfügungen in der Schweiz weitgehend anerkannt, auch wenn, anders als in der BRD[1], eine gerichtliche Entscheidung noch aussteht. Jedenfalls - und das ist schon sehr viel, kamen doch die Einwendungen gegen die Verbindlichkeit vor allem aus derselben Ecke - sah sich die «Schweizerische Akademie der medizinischen Wissenschaften» veranlasst, den bezüglichen Passus in ihren «Richtlinien für die Sterbehilfe» gestützt auf jene Gutachten wesentlich anders zu fassen: Hiess es darin früher, solche Verfügungen könnten für die Ermittung des Willens des Patienten ein Indiz abgeben, so bestimmen die Richtlinien nach der neuen Fassung, der Arzt **solle** sich an solche Erklärungen halten, wenn die Voraussetzungen erfüllt seien, ausser es ergäbe sich aus bestimmten Umständen, die Verfügung entspreche nicht mehr dem wirklichen Willen des Patienten (auch diese Formulierung ist vom Standpunkt des EXIT aus zu eng, aber doch viel befriedigender als die frühere).

Zu unserer grossen Überraschung müssen wir nun feststellen, dass *der Kanton Zürich kürzlich massiv hinter diese Entwicklung zurückgefallen ist.* In der regierungsrätlichen Verordnung vom 28. August 1991, in der die Krankenhausverordnung vom 28. Januar 1981 zum Teil abgeändert und ergänzt wurde, heisst es nun, Patientenverfügungen der oben genannten Art seien von den Krankenhausärzten zu «berücksichtigen», was auf eine massive Verschlechterung der Rechtsstellung des Patienten gegenüber dem heutigen Rechtszustand hinausläuft.[2] EXIT wird alles unternehmen müssen, um diesen Rückschritt rückgängig zu machen.

Der Fauxpas wäre übrigens nicht passiert, wenn sich die schweizerischen Behörden etwas mehr an die rechtsstaatlichen Grundsätze halten würden. Solche Entscheide gehören nämlich in ein formelles Gesetz (vergleiche Praxis des Bundesgerichtes Band 52, Seite 363). Wenn *Parlament und Volk bei diesem Entscheid hätten mitwirken können, wäre es nicht zur genannten Entgleisung gekommen.*

Bei George Bernhard Shaw (1856-1950) lesen wir:
«Sie waschen mich immerzu; sie massieren mich; schlafe ich, dann wecken sie mich; bin ich wach, dann fragen sie mich, warum ich nicht schlafe – Routine – Routine. Ich bin es satt. Jedes Mal, wenn sie über mich herfallen, sagen sie mir, es sei genau dasselbe wie das letzte Mal; und dann stelle ich fest, sie haben eine neue Tortur hinzugefügt. – Ich möchte sterben und kann nicht.»

H. Pearson, G.B. Shaw, Das Leben, der Mensch
Tübingen 1965

---

[1] Urteil des Oberlandesgerichtes München vom 31.7.1987.

[2] § 21.

Ein Modell einer Patientenverfügung

Der Wortlaut der Patientenverfügung des Autors:

1. Angesichts meines Alters[1] verlange ich, ohne dass weitere Voraussetzungen vorliegen müssten, kategorisch, dass mir bei schwerer Krankheit oder nach schwerem Unfall die nötigen Schmerzmittel oder Mittel zur Behebung anderer quälender Zustände (wie Erstickungsnöte) jeweils bei Beginn von Schmerzen oder genannten Zuständen verabreicht werden, um im wesentlichen dauernd schmerzfrei bzw. frei von Zuständen genannter Art zu sein, ohne Rücksicht darauf, ob und in welchem Masse dadurch das Bewusstsein beeinträchtigt oder der Tod beschleunigt wird. Ich erwarte auch die anderen palliativen Massnahmen wie Wundbehandlung und Entschleimung.

2. Ich bin nicht einverstanden mit lebensverlängernden Massnahmen (Reanimation, künstliche Beatmung, Hämodialyse, diagnostische Eingriffe und Untersuchungen, Chemotherapie, Bestrahlungen, Chirurgie, Bluttransfusionen, Intensivtherapie oder - abgesehen von nährwertloser Flüssigkeit - künstlicher Ernährung (namentlich wenn mit Schmerzen oder anderen erheblichen Unannehmlichkeiten verbunden)):

2.1 Falls ich mich schon vorher in einem der folgenden Zustände befinde, oder falls trotz oder nach solchen Massnahmen mit solchen zu rechnen wäre, nämlich:

a. dauernde oder in kürzeren Abständen wiederkehrende erhebliche Schmerzen, sehr unangenehme Beschwerden wie Atemnot, Beklemmung, arge Verschleimung etc., ausgenommen rasch behebbare vereinzelte Zwischenfälle, oder

b. wenn durch solche Massnahmen nur die Dauer meines Sterbens unnatürlich verlängert würde, oder

c. wenn meine Menschenwürde wegen bestehender oder zu erwartender peinlicher und erniedrigender Zustände beeinträchtigt oder gefährdet sein wird, wie: Ekelerregende Zustände (entstellendes Aussehen, z.B. peinliche Geschwulste, Aufgeblähtheit, widerliche Gerüche, ekelerregende Auswürfe oder Ausflüsse, Stuhlinkontinenz, Geifern, abstossende Fütterung etc.), Lallen oder tierische Laute, sich krümmen und winden vor Schmerzen, totale Hilflosigkeit, unwürdiges psychotisches Gebaren, oder d. wenn das typisch Menschliche und Personenhafte dauernd nicht mehr oder nur noch schwach vorhanden ist (Kommunikation, Denken, Schreiben, Willens- und Entscheidungsbildung, Willensäusserung, Erfassen von Vorgängen, Erkennen von Personen etc.).

2.2 Oder falls sich, ohne dass eine der Voraussetzungen gemäss Ziff. 2.1 ad erfüllt wäre, aus meinen Aeusserungen oder meinem Gebaren während dreier Wochen klar ergibt, dass ich sterben will, weil ich keine Lebensaufgabe bzw. keinen Lebenssinn mehr sehe und nur mir und andern zur Last falle und deshalb auch keine Lebensfreude mehr zeige.

3. Im besonderen will ich, abgesehen von Reanimationsversuchen, nicht an Schläuchen hängen und vor allem auch an den Gliedmassen absolut frei beweglich sein.

4. Ich lehne es strikte ab, als wissenschaftliches Versuchsobjekt zu dienen; ich will auch keine Organentnahmen und akzeptiere den Begriff «Hirntod» nicht.

5. Diese Verfügung gilt nicht nur bei Bewusstlosigkeit, sondern immer, solange ich keinen anderen Willen klar äussere bzw. äussern kann; auch dann, wenn ich bei klarem Verstand bin, aber aus irgend einem Grunde (körperliche Schwäche, Schmerzen) die Kraft zur Aeusserung und Durchsetzung nicht besitze.

Epiktet
griech. Philosoph, gest. 137

«Wenn dir die Gottheit das Notwendige nicht mehr darreicht, dann gibt sie dir damit das Zeichen zum Rückzug, öffnet die Tür und ruft dir zu! «Komm!» – Wohin? – An keinen furchtbaren Ort, sondern dahin, woher du stammst, in eine befreundete und verwandte Welt: In die Elemente.»

---

[1] Bei einem wesentlich jüngeren Menschen wird z.B. eine Bestimmung 2.2. kaum in Frage kommen.

Elenchus Reusser

Dissertation von Frau Kathrin Reusser (siehe Nr. 27)

Schweizerische Juristenzeitung, 1. Juni 1995, Seite 223

In dieser etwas eigenwilligen Dissertation wird mit 6 Abschnitten (Teilen) das ganze Umfeld der sogenannten Patientenverfügungen aus der besonderen Sicht der Autorin weitläufig analysiert, wobei sie an die 300 Aspekte und Gesichtspunkte in kleineren oder grösseren Abschnitten teils gründlicher, teils mehr hinweisartig beleuchtet.

Anliegenmässig ging es der Dissertantin weniger um die juristische Behandlung des Fragenkomplexes als um die menschlich-ethische Seite der Sache. Das bringt schon die resignierende einleitende Bemerkung zum Ausdruck, der Gedanke an ein erzwingbares Recht - gemeint beim Sterben - werde oft als unangebracht empfunden, und die Juristen seien «oft» - dem Sinne nach gemeint «immer» – überfordert: Solange nämlich die menschlichen Beziehungen in Ordnung seien, seien Rechtsregeln überflüssig; und wenn das nicht mehr der Fall sei, könnten solche nicht mehr viel helfen. Das dürfte auch die Erklärung dafür sein, dass die Arbeit auf weiter Strecke weniger der Diktion des rechtspositivistischen Denkens entspricht, sondern oft mehr den Eindruck einer rechtsphilosophischen, ja fast theologischen Arbeit oder einer soziologisch-fürsorgerischen Abhandlung erweckt. Darauf weist auch schon der etwas überraschende zweite Teil des Haupttitels hin. In diesen Kontext gehört die Bemerkung der Dissertantin (S. 255), die Detailregelung müsse «im Ausserrechtlichen geschehen». Entsprechend auffällig ist, dass das Thema «Verbindlichkeit» (der Patientenverfügungen) erst auf Seite 185 direkt zum Zuge kommt und in nur 18 Seiten behandelt wird, wobei noch ein Teil davon auf einen hier eingefügten anderen Begriff der «Wirksamkeit» entfällt.

Ebenso auffällig ist, dass die Autorin bei der Behandlung der Frage der Verbindlichkeit nicht die beiden Gutachten von Prof. Max Keller und der beiden Professoren Guinand und Guillod zum Ausgangspunkt macht und sich nicht vor allem eingehend mit deren Argumentationen befasst, sondern sie bloss hier und da en passant zitiert, obschon diese beiden Gutachten bei der Diskussion um die Patientenverfügungen absolut im Vordergrund stehen. Beide bejahen die Verbindlichkeit von echten Patientenverfügungen unbedingt, und der Ruf nach einer gesetzlichen Verbindlicherklärung wird immer lauter. Besonders bemerkenswert ist dabei, dass auch das Gutachten Guinand/Guillod zu diesem Schlusse gelangte, obschon es von der Schweiz. Akademie der Medizinischen Wissenschaften (SAMW), der Autorin der ärztlichen Richtlinien für die Sterbehilfe, in Auftrag gegeben worden war, der diese Verbindlichkeit ein Dorn im Auge war und ist.

Die Verfasserin vertritt im Ergebnis den Standpunkt der Richtlinien der SAMW, die deklarativ den Willen des Patienten einerseits als massgebend, jedenfalls als beachtlich erklärt, aber anderseits die Entscheidung über die Anerkennung der Patientenverfügung dann doch dem freien Ermessen des Arztes überlässt. Reusser lehnt die These der Verbindlichkeit im Grunde eindeutig ab; indirekt schon, indem sie die Patientenverfügung nur als Wunsch definiert und sie noch und noch nur als mutmasslichen Willen des Patienten charakterisiert.

Im übrigen führt Reusser eine grosse Anzahl von Überlegungen und Argumenten an, mit denen praktisch jede Patientenverfügung im konkreten Falle ignoriert werden kann, weshalb es nicht überraschen würde, wenn die Gegner der Verbindlichkeit von Patientenverfügungen aus der Publikation einen Argumentenkatalog dagegen - eine Art «elenchus Reusser» - zusammenstellen würden. Der eine Schwerpunkt ihrer Argumentation liegt in der These, die «abstrakte» Verbindlichkeit genüge nicht; der im voraus erklärte mutmassliche Wille des Patienten müsse durch die gegenwärtigen Umstände und Verhältnisse aktualisiert werden. Der Patientenverfügung komme bei der ärztlichen Feststellung des massgebenden gegenwärtigen mutmasslichen Willens des Patienten nur eine - wenn auch wichtige - Indizfunktion zu. Eine Patientenverfügung sei ferner unwirksam, wenn ihre Respektierung für die Adressaten - zu denen auch die Angehörigen gezählt werden - von deren sittlichen Werten und Persönlichkeitsrechten her gesehen nicht verantwortbar sei oder wenn sie von der Spitalordnung her oder aus der Sicht der allein gültigen Sozialethik - zu der auch fürsorgliche Aspekte und die Wahrung des Wohles des Patienten gerechnet werden - nicht vertretbar sei. Nicht nur hier, sondern auch an zahlreichen andern Stellen des Buches tritt ein starker Paternalismus (Maternalismus) der Verfasserin zu Tage, den der moderne Mensch aber immer mehr ablehnt.

Es würde den Rahmen dieser ersten Charakterisierung sprengen, alle Argumente der Dissertantin auch nur aufzuzählen, geschweige denn zu ihnen Stellung nehmen. Ich muss mich deshalb hier auf die Feststellung beschränken, dass mir kein einziges ihrer Argumente gegen die Verbindlichkeit der echten Patientenverfügungen eingeleuchtet hat. Die Auseinandersetzung mit ihren Argumenten wird noch erschwert durch den Umstand, dass bei vielen dieser Standpunkte nicht klar genug ersichtlich ist, ob die Autorin sie selber vertritt oder ob sie nur die Ansicht anderer Autoren darstellen will.

Diese Dissertation beruht ganz offensichtlich auf einem speziellen ideologischen Hintergrund. Ihre Ablehnung des freien Verfügungsrechtes des Menschen über sein Leben weist auf ihre ideologische Verbundenheit mit der Bewegung «Ja zum Leben» hin. Und ihr Menschenbild, das sie auf Seite 35f. zeichnet und von dem sie erklärt, dass es ihrer Arbeit zugrunde liege, deutet auf einen gewissen esoterischen Hintergrund hin (bekanntlich war Hippokrates ein Esoteriker). Dabei ist aber zu bedenken, dass sich die Lehren der Esoterik, wie schon das Wort sagt, an Eingeweihte (Auserwählte) richten, während das Recht allgemeinverständlich sein muss. Zwar entspricht das esoterische Denken irgendwie dem Zeitgeist, doch ist die Betonung des Persönlichkeits- und Selbstbestimmungsrechtes noch weit stärker als der esoterische Trend, der seinem Wesen nach nie allgemeine Volksanschauung werden kann.

Es ist besser, zu früh zu sterben als zu spät.
(Chinesisches Sprichwort)

Nr. 27

REUSSER KATHRIN, Patientenwille und Sterbebeistand, eine zivilrechtliche Beurteilung der Patientenverfügung, Dissertation, Zürcher Studien zum Privatrecht Nr. 112, Schulthess Polygraphischer Verlag, Zürich 1994, 255 Seiten, Fr. 62.– (ausführliche Besprechung)

Aktuelle juristische Praxis (AJP) Juni 1995, S. 825

I.

Beim Thema Patientenwille steht der Aspekt Verbindlichkeit von Patientenverfügungen weitaus im Vordergrund, die der Patient vorsorglich in einem Zeitpunkt getroffen hat, in welchem die passive Sterbehilfe für ihn noch nicht aktuell war (Vorausverfügung). Solche Verfügungen werden in den letzten Jahrzehnten aus Angst vor sinnlosen menschenunwürdigen lebensverlängernden Massnahmen immer häufiger errichtet, namentlich für den Fall einer späteren Äusserungsunfähigkeit. Naturgemäss sind die Verfügenden sehr daran interessiert, dass sie dann auch wirklich vollzogen werden, was noch keineswegs gesichert ist, da eine gesetzliche oder justizmässige Verankerung der Verbindlichkeit immer noch aussteht. Wie Frau REUSSER S. 5 bemerkt, steht man (gemeint die Ärzteschaft und die Krankenhäuser) dieser Verbindlichkeit immer noch eher ablehnend gegenüber. In Umfragen im In- und Ausland wird sie dagegen seit langem postuliert.

In der Schweiz brachten die beiden Gutachten von Prof. MAX KELLER vom 10. 8. 1986 (im Auftrag der früheren EXIT erstattet) und der Professoren JEAN GUINAND und OLIVIER GUILLOD vom 14.5.87 (eingeholt von der Schweiz. Akademie der Medizinischen Wissenschaften) eine gewisse Klärung. Beide Gutachten bejahen – das zweite wohl zur nicht geringen Überraschung der Auftraggeberin – die Verbindlichkeit von Patientenverfügungen, im besonderen auch der Vorausverfügungen, vorbehaltlos.

II

Die gegenteilige Ansicht vertritt nun Frau REUSSER im Ergebnis in der vorliegenden Arbeit (z.B. 110 und 203 und passim). Sie vertritt dabei folgende Unterthesen:

- Eine Vorausverfügung *könne* gar nicht verbindlich sein;
- aktuell d.h. für den massgebenden Zeitpunkt gültig könne eine Patientenverfügung (PV) nur sein, wenn sie sich auf einen bestimmten gegenwärtigen und unmittelbaren ärztlichen Eingriff und nicht bloss auf einen späteren unbekannten beziehe (154);
- es sei gar nicht möglich, dass der Patient in einem früheren Zeitpunkt einen echten Entscheid darüber treffen könne, welche medizinischen Massnahmen er in einem späteren Zeitpunkt wünschen oder ablehnen würde (42, 159 f. 195, auch 96, die Zahlen verweisen auf Seiten der Dissertation);
- ein Gesunder entscheide anders als ein Sterbender (71);
- für einen bezüglichen Entscheid seien auch Erfahrungen mit der Todesnähe und den betreffenden Leiden nötig (190 f.);
- Tatsache sei, dass viele angesichts des Todes trotz PVen wieder starken Lebenswillen bekunden würden (182);
- eine frühere PV, die für spätere nicht bekannte Verhältnisse verfasst worden sei, könne daher keinen Ersatz für eine aktuelle Verfügung sein (145);
- ein Patientenwille könne nur gültig (verbindlich) sein, wenn er für voraussehbare Eingriffe und Zustände gebildet worden sei, bzw. wenn der Patient die späteren Verhältnisse und Zustände (Indikationen) im Zeitpunkt der PV habe voraussehen können (147) und wenn er vom Arzt über die dannzumaligen Fakten und Faktoren richtig aufgeklärt worden sei (96, 154);
- Vorausverfügungen seien damit für den Arzt unverbindlich, könnten aber einen Einfluss auf dessen Entscheid haben (110);
- einen definitive Wirkung derselben sei ausgeschlossen (203).

Nach Ansicht von Frau REUSSER sind Vorausverfügungen
- bloss *mutmasslicher* Wille des Patienten, d.h. sie sind blosse Vermutungen darüber, was der Patient in einem späteren Zeitpunkt wünschen würde (142 und passim);
- erste Vermutungen eines aktuellen Willens des Patienten, aber nicht mehr (passim);
- und zwar Vermutungen, die von den Bezugspersonen (Arzt, Pflegepersonal, Vertrauenspersonen, Angehörigen und gesetzlichen Vertretern) widerlegt und korrigiert werden müssen, wenn sie sich als unrichtig oder z. B. ethisch als unhaltbar erweisen (110, 161, 165 und passim), sie sind also widerlegbare Vermutungen;
- sie sind auch widerrufbare Vermutungen, da auf die Widerrufmöglichkeit nicht verzichtet werden könne;

– da aber der Patient infolge Urteils- und Äusserungsunfähigkeit den Widerruf nicht selber vornehmen könne (für diesen Fall hat er die Verfügung gerade getroffen), müssten andere diesen Widerruf, der wiederum nur ein mutmasslicher sei, in ethisch-fürsorglicher Vertretung für ihn ausüben, wenn sie in einer umfassenden Analyse der nunmehrigen Verhältnisse zum Schlusse gelängen, dass der Patient seine Vorausverfügung widerrufen oder korrigieren würde (90 f. und passim). Betr. Vertretung vgl. 121–140.

Die der Autorin vorschwebende, anstelle des urteilsunfähig gewordenen Patienten seitens der Bezugspersonen vorzunehmende umfasende Interessenabwägung (147) und Analyse mit dem Zwecke der Feststellung des mutmasslichen neuen Willens des Patienten in der neuen Situation, in der nunmehr über die ärztlichen Massnahmen zu entscheiden bzw. über einen mutmasslichen Widerruf der Vorausverfügung zu befinden sei, muss nach den Vorstellungen von Frau REUSSER:

a. Zum einen möglichst im Sinne des Patienten vorgenommen werden, dessen Vorausverfügung dabei ein wichtiges Indiz (188, 190), eine rechtserhebliche Tatsache (16, 43), ein Beweismittel (101, 145, 203) sei, die soweit wie möglich zu berücksichtigen seien; sie sei eine Entscheidungshilfe (9), und der Arzt habe sie im Rahmen des ärztlich Verantwortbaren zu respektieren (198), im Zweifel habe sie Vorrang vor anderen möglichen Lösungen (18, 93 f).

b. Diese Aktualisierung der Vorausverfügung – ein zentraler Begriff in der hier behandelten Arbeit – müse sich dabei aber auch auf *objektive Kriterien* stützen und nicht auf willkürliche Ansichten und Wertungen der Bezugspersonen (72, 189); es dürften ihr nur verallgemeinerungsfähige sittliche und rechtliche Massstäbe zugrunde gelegt werden (83). Auf die ethischen Prinzipien der Betreuer sei aber Rücksicht zu nehmen (16). Massgebend sei ferner das objektive Wohl des Patienten (182, 188 und weitere).

c. Zur umfassenden Prüfung der neuen Verhältnisse gehört nach Auffassung der Autorin zum einen die Abklärung, ob Anhaltspunkte für einen gegenüber der Vorausverfügung veränderten Willen des Patienten festzustellen seien. Als solche kommen nach ihrem Konzept in Frage: Äusserungen eines mit der PV im Widerspruch stehendem Lebenswillens (173), Veränderungen in der Belastungs- und Leidensfähigkeit (91), seine Reaktionen (165 u. Fussnote 846); auch verschlüsselte und symbolische Äusserungen (202); auch eine geheime Sprache sei einzubeziehen (169); dabei seien die Elemente der neueren Erfahrungen mit Sterbenden auszuwerten, wobei die Autorin offenbar auch an Frau KÜBLER-ROSS denkt (Fussnote 91). Von den Angehörigen, die als Zeugen frühere von der PV abweichende Äusserungen des Patienten mitteilen, erklärt Frau REUSSER, diese könnten oft intuitiv am besten beurteilen, was für den Patienten gut sei (22 und 202). d. In Rechnung zu stellen seien aber bei der Entscheidung über den neuen mutmasslichen Willen des Patienten auch übergeordnete Interessen, wie der Betrieb des Krankenhauses, das nicht auf die zufällige Unterzeichnung oder Nichtunterzeichnung einer PV Rücksicht nehmen könne (186); auf Forschungsinteressen; auf Fürsorgepflichten; auf die Interessen der Angehörigen (254); oder auf das Sittengesetz.

III.

Die vorstehende Beurteilung wertet jede Patientenverfügung bis zur schieren Bedeutungslosigkeit ab. Das beginnt schon mit der unakzeptablen Definition der PV als blossem Wunsch (8). Ähnliches gilt vom Begriff Sterbehilfe (64), wo zur grossen Überraschung der Leser alle üblichen Notionen fehlen.

Das Endresultat ist eine fast perfekte Fremdbestimmung. Da nützt es wenig, wenn die Autorin an diversen Stellen ihres Buches die vorrangige Bedeutung der Selbstbestimmung des Patienten betont (40, 90 f., 186, 188, 244). E r f r e u lich bleibt aber, dass die Verfasserin wiederholt einen neutralen Patientenvertreter fordert (44, 94, 121, 224, 254), der die in ihrer Person stark bedrohten Schwerkranken und Sterbenden gegen übermächtige Medizinalstrukturen (144) zu schützen hätte und der eine ähnliche Funktion hätte, wie der von mir postulierte Totenanwalt.

Die Auslegung von Patientenverfügungen, wie sie Frau REUSSER vornimmt, und ihre tatbeständlichen Prämissen für ihren Schluss auf die fast völlige Unverbindlichkeit der in den Patientenverfügungen enthaltenen Willenserklärungen, die sie als blosse Vermutung, als bloss mutmassliche Willensbekundungen deklariert, vermögen in keiner Weise zu überzeugen.

Soweit«Patientenverfügungen» sich nicht als blosse Wünsche und Bitten erweisen, wie das in etlichen Modellen der Fall ist, sondern als (sogar meist betonte klare) Willenserklärungen, ist die Interpretation der Autorin für mündige Rechtsgenossen schon fast eine Beleidigung.

Zugegeben: Der Verfügende weiss in der Regel noch nicht, in welchem Zustand er sich dannzumal befinden wird, in welchem seine Willenserklärung bzw. die Frage einer passiven Sterbehilfe aktuell sein wird. Das ist aber auch nicht nötig für die Verbindlichkeit seiner Anordnung. Er nennt damit bloss die Bedingungen, unter denen seine Willenserklärung gelten soll. Ob diese Bedingungen dannzumal erfüllt sein werden, braucht er nicht zu wissen. Die Bedingungen (Zustände) lassen sich auch von einem Laien klar genug umschreiben, zumal der Verfügende ja selber wissen muss, welche Zustände er für sich möglichst ausschliessen will. Und die Massnahmen, die er ablehnt, sind so notorisch, dass sie auch ein Laie klar genug bezeichnen kann.

Und was das Risiko anbelangt, dass er im aktuellen Fall anders entscheiden könnte, ist das ganz und gar seine Sache. Er geht dieses Risiko als mündiger Mensch ganz bewusst ein, weil es ihm weit wichtiger ist, dass sein Sterben, sein wohl wichtigster Akt im Leben, nicht fremdbestimmt wird. Diese Übernahme eines solchen Risikos ist ein legaler Akt. Sie entspricht exakt dem Wesen des Selbstbestimmungsrechts.

Diese Entscheidung des Patienten ist ihrem ganzen Wesen nach *subjektiv*. Weshalb es auch inakzeptabel ist, wenn Frau REUSSER die schliessliche Entscheidung über eine passive Sterbehilfe, die dann, wie erwähnt, erst noch andere anstelle des Patienten vornehmen sollen, von einer ganzen Menge *objektiver* Faktoren abhängig machen will, von denen im aktuellen Zeitpunkt bei eingetretener Bewusstlosigkeit oder Äusserungs- oder Entscheidungsunfähigkeit des Patienten niemand weiss, ob sie auch der Patient berücksichtigt wissen möchte.

All die Ausführungen der Autorin über die *objektiven Entscheidungsfaktoren* laufen ganz besonders auf eine Fremdbestimmung hinaus. Die vielen Ausdrücke, wie «soweit wie möglich» und ähnlich (wie sie auch die neue EXIT in ihrer Zweckbestimmung verwendet), können ihrerseits nur auf Fremdbestimmung hinauslaufen.

Das Gesagte gilt auch von der wiederholten These von Frau REUSSER, dass für die Entscheidung der Bezugspersonen das *objektive Wohl* des Patienten massgebend sei, die dem Selbstbestimmungsrecht des Patienten erst recht widerspricht.

Im amtlichen Kommentar zum neuen deutschen Betreuungsgesetz vom 21. September 1990 wurde mit Recht erklärt, eine nähere Konkretisierung des Begriffes «Wohl» sei nicht möglich (4528).

IV.

Die Thesen der Verfasserin sind rechtlich und zwar sowohl öffentlichrechtlich wie zivilrechtlich nicht haltbar.

1. Öffentlichrechtlich stehen sie im Widerspruch zum verfassungsmässigen Recht auf persönliche Freiheit, die mit einem Mass von Fremdbestimmung, wie sie Frau REUSSER verficht, nicht vereinbar ist.

2. Zivilrechtlich verstossen die Thesen REUSSER:

2.1 zum einen gegen das von der Autorin selber da und dort erwähnte Prinzip, dass in den zur Diskussion stehenden allerhöchstpersönlichen Belangen eine Vertretung unzulässig ist;

2.2. zum anderen übersieht Frau REUSSER, dass der Patient mit der Vorausverfügung nicht rechtlich auf einen Widerruf verzichtet, was sie für unzulässig erachtet (70, 82, 92, 95, 99,103 f.,105), sondern dass er das Widerrufsrecht nur faktisch nicht mehr ausüben kann.

2.3 Sie übersieht weiter, dass diese Verhinderung auch keine absolute ist, da es auch keine absolute Irreversibilität der Bewusstlosigkeit bzw. der Äusserungsunfähigkeit gibt (R. KEHL, «Wenn man für tot erklärt wird...» [Journal Franz Weber Nr. 24 S. 26 f.: und W. ZIMMER «Wann ist der Mensch tot?» in Humanes Leben Humanes Sterben, Nr. 4/94 S. 6]). Es ist immer möglich, dass sich ein Patient unerwarteterweise erholt.

2.4 Frau REUSSER verneint mit ihren Thesen letztlich auch die Möglichkeit einer bedingten Willenserklärung. Wenn ein Patient bestimmt: «Für den Fall, dass... untersage ich, will ich etc. ...» gibt er aber eine zulässige bedingte Willenserklärung ab.

2.5 Sodann ist es ohne Zweifel zulässig, wenn ein Patient in diesem höchstpersönlichen Bereich das Risiko in Kauf nimmt, dass er nach Eintritt der Bewusstlosigkeit anders entscheiden würde, als er es beim Erlass seiner PV gemacht hat.

V.

Eine bestimmte Kategorie von PVen qualifiziert REUSSER als sittenwidrig und ungültig und damit erst recht als unverbindlich; nämlich jene, bei denen der Patient lebensverlängernde Massnahmen ausserhalb der Sterbephase ablehnt (17 und FN 233 und passim). Sie sieht darin einen Verstoss gegen den angeblichen verfassungsmässigen Lebensschutz, der das freie Verfügungsrecht des Menschen über sein Leben verneine (vgl. S. 15 f., 55–60, FN 440, S. 112, 174 ff, 195, 201 und 154).

Sie hält die passive Sterbehilfe nur bei Moribunden für zulässig, weil dann nicht über das Leben verfügt, sondern nur der natürlichen Begrenztheit des Lebens Rechnung getragen werde. Sie geht also davon aus, dass der Mensch verpflichtet sei, zu leben, solange diese natürliche Begrenztheit es nicht beende. Eine Begründung für eine solche Lebenspflicht ist aber der Dissertation nicht zu entnehmen.

Vielleicht ist es kein Zufall, wenn Frau REUSSER ihre eigenen Auffassungen nachdrücklich (5 und 142) als blosse Vermutung aufgefasst wissen wollte. Die Dissertation von Frau REUSSER ist vielleicht eine wertvolle Arbeit für die Fälle, in denen keine Patientenverfügung vorliegt. Für die andern ist sie abzulehnen.

5. Kapitel

Wenn man genug hat
(Probleme rund um den Freitod)

Die Lebensmüde
Aus Hans Witzig «Die graue Strasse»

Jeder Mensch hat den Wunsch, dass sein Sterben, wenn es schon soweit ist, möglichst schmerzlos, friedlich und würdig vor sich gehen und sich auch nicht hinziehen soll.

Dazu gehört unter Umständen auch die Möglichkeit eines humanen, friedlichen und gewaltlosen Freitodes, am besten unter Kontrolle eines dem Sterbenden bekannten Arztes.

Blosse Theorie?

(Freitodmethoden)

Ein beinahe undurchführbarer Rechtsanspruch

Bisher noch nicht publizierter Artikel des Buchautors

1. Das ungeschriebene schweizerische Verfassungsrecht anerkennt das freie Verfügungsrecht des Menschen über sein Leben (Nr. 5 der vorliegenden Sammlung).

2. Dieses Recht bleibt aber irgendwie blosse Theorie, wenn die Ausführungsgesetzgebung und die Praxis nicht dafür sorgen, dass es auch wirklich und zwar ohne fast unüberwindliche Schwierigkeiten human und menschenwürdig ausgeübt werden kann.

3. Das ist aber nicht der Fall. Im Gegenteil: Die Ausführungsgesetzgebung und die Praxis suchen die Ausübung dieses Rechtes sogar systematisch zu verhindern, wie sich aus dem folgenden ergibt:

3.1 Die sicherste und einfachste Methode des Freitodes wäre die intravenöse Injektion eines sofort und schmerzlos wirkenden Freitodmittels auf Verlangen des Patienten durch einen Arzt unter Beobachtung der Kautelen etwa im Sinne der Art. 35-38 des Entwurfes Nr. 52 der vorliegenden Sammlung. In Holland wird diese Methode in der Hälfte der Fälle der dortigen Sterbehilfe angewendet.
Diese Methode ist in der Schweiz nicht anwendbar, da jede aktive Sterbehilfe strafbar ist.

3.2 Dasselbe gilt, wenn diese Art von Sterbehilfe durch einen Nichtarzt ausgeführt wird.

3.3 Die Durchführung durch den Patienten selber fällt praktisch deshalb ausser Betracht,
- weil er das Medikament kaum erhalten wird,
- und weil gemäss Auskunft einer Anästhesistin kaum jemand in der Lage ist, die Injektion selber sicher genug auszuführen, weshalb es auch kaum jemand wagen wird. Eine Chance könnte in der Cadd-Pumpe[1] liegen, doch konnte ich bis jetzt nicht in Erfahrung bringen, ob sie auch für die Durchführung eines Freitodes verwendet werden kann.

3.4 Intramuskuläre Injektionen sind auch von einem Laien selber durchführbar, fallen aber praktisch ausser Betracht – weil die Resorption in das Blut zu lange dauern würde und zu unvollständig wäre –, und weil der Laie die Mittel kaum erhalten wird.

3.5 Im Vordergrund steht heute bei Selbsterlösungen durch Pharmaka deren o r a l e Einnahme[2]. Wäre diese Methode ohne allzugrosse Probleme durchführbar, würde wohl kaum jemand mehr zu den gewaltsamen brutalen anderen Methoden greifen. Aber genau hier liegt das Hauptproblem: Dem Freitodwilligen werden gerade hier <u>soviele Steine in den Weg gelegt, dass auch diese humane</u> Selbsterlösung für die meisten beinahe undurchführbar wird.

3.5.1 Man wird einwenden, mit der EXIT lasse sich diese Selbsterlösung gefahrlos und human durchführen. Viele Menschen werden aber diesen Weg als menschenunwürdig empfinden, weil die Hilfesuchenden hier von anderen Menschen (Funktionären der EXIT) absolut abhängig sind[3] .

3.5.2 Im übrigen ist die Methode der oralen Einnahme von Freitodmitteln derart erschwert, dass man schon fast von Undurchführbarkeit sprechen muss:

- Da ist einmal die totale Unsicherheit darüber, welches Medikament rasch, sicher und schmerzlos wirkt: Im Laufe meiner Beschäftigung mit der Sterbehilfe habe ich von rund 80 Freitodmitteln gelesen oder gehört (wobei das eine oder andere wegen Identität mit einem der anderen wegen verschiedener Bezeichnungen wieder zu streichen wäre). Ich habe sie in einer Liste zusammengestellt und die Liste mit ca. 10 Fragen Fachleuten vorgelegt. Niemand wollte die Fragen beantworten.
- Im Vordergrund stehen Barbiturate und Morphine. Vor dem Zyankali wurde durchwegs gewarnt, obschon z.B. Prof. Pohlmeier laut HLHS 2/1992 S.4 es als absolut sicheres Mittel bezeichnet hatte.
- EXIT verwendet heute ein neues Mittel, seit Vesparax nicht mehr erhältlich ist, von dem die EXIT aber heute erklärt, es habe sich nicht so gut bewährt. Aber eben: Jenes neue Mittel ist von EXIT monopolisiert, und dessen Anwendung ist an eine menschenunwürdige Abhängigkeit von anderen Menschen geknüpft.
- Dr. Kevorkian verwendet offenbar Kaliumchlorid.
- In Holland werden vor allem Barbiturate verwendet, evtl. zusätzlich Curare.
- Ein Tierarzt soll für sich selber dasselbe Mittel verwendet haben, das er für das Einschläfern der Hunde verwendete (Tiere dürfen bei Barmherzigkeitstötungen augenblicklich sterben; Menschen mutet man aber merkwürdigerweise sehr oft einen langen und qualvollen «Barmherzigkeits»-Tod zu).

- Die Unsicherheit wird augenfällig, wenn man immer wieder liest, wie diejenigen, die bestimmte Mittel empfehlen, vor denjenigen Medikamenten warnen, die andere Leute oder Organisationen als sicher empfehlen.
- Mit Recht wird in Anleitungen etwa auch auf die Gefahr hingewiesen, dass die erhaltenen Mittel nicht rein seien, sondern mit anderen unwirksamen Substanzen gemischt sein könnten.
- Beunruhigend ist es vor allem auch, dass in den Anleitungen recht verschiedene Dosierungen angegeben werden.
- Das Mittel darf auch nicht verfallen sein. Die Hortung ist deshalb ein weiteres Risiko.
- Besonders beunruhigend ist, dass sowohl EXIT wie die DGHS ihre Anleitungen plötzlich zurückgezogen haben, nachdem vorher nicht genug die Zuverlässigkeit der darin empfohlenen Mittel betont werden konnte. Als Begründung wurden u.a. auch die Bedenken mit Bezug auf die bis dahin angegebenen Mittel genannt.
- Und wenn sich ein Medikament als Freitodmittel bewährt hat, wird es von den Gesundheitsbehörden schleunigst aus dem Markt gezogen. Das behauptet jedenfalls Herr Dr. Sigg mit Bezug auf Vesparax, und man hat wirklich diesen Eindruck.
- Ein Hauptproblem für den Freitodwilligen liegt in der Beschaffung der Mittel. Frau M. Gähwiler, die selber bei EXIT Freitodbeihilfen durchgeführt hat, spricht von erfolglosem Pilgern von einem Arzt zum anderen und von einer Apotheke zur anderen.
- Und - wie wenn die hier aufgezählten Schwierigkeiten nicht genügen würden: Am Schlusse lauert auf den Freitodwilligen noch eine andere perfide Gefahr: Wenn es ihm nicht gelingt, sich für hinreichend lange Zeit abzuschirmen, droht ihm zu guter letzt noch die sogenannte «Rettung» durch die Sanität, die ihn mit barmherzigem Eifer ins frühere – und meist noch arg verschlimmerte – Unglück zurückversetzt. Verschlimmert auch deshalb, weil der Unglückliche dann meist auch noch in die Mühlen psychiatrischer Freitodrettungsinstitute gerät.
- Weitaus am häufigsten werden von Freitodwilligen Schlafmittel verwendet, eben weil die anderen «klassischen» Mittel nicht erhältlich sind. Sie führen auch tatsächlich in vielen Fällen zum Tode (allein oder mit anderen Todesursachen zusammen). Aerzte haben mir aber erklärt, man könne sie nicht als Freitodmittel ansehen; auf keinen Fall seien sie sicher. Von anderen wird Rohypnol in hoher Dosis als sicheres Mittel bezeichnet.

- Obschon das erwähnte verfassungsmässige Recht gerade in Krankenhäusern, Pflege- und Altersheimen, aber natürlich auch in sogenannten Sterbehospizen besonders aktuell wäre, wird dessen Ausübung dort mit allen Mitteln verhindert und z.t. ausdrücklich behördlich untersagt (Zürcher Stadtratsbeschluss vom 13.01.1988)

> *«Von den 200'000 Vergiftungen, die in Spitälern*
> *behandelt werden, sind 2/3 (misslungene) Suizid-*
> *versuche» (BRD) (HLHS 2/93 S. 7).*

Das Ergebnis

Wegen all diesen Schwierigkeiten, mit denen das Ausführungsrecht und die
Praxis die Ausübung des freien Verfügungsrechtes über das eigene Leben
weitgehend verhindern, wird dieses verfassungsmässige Recht faktisch wieder aufgehoben.
Die eine entsetzliche Folge davon ist, dass die Freitodwilligen zusätzlich zu
ihren Verzweiflungsnöten noch in der Mehrzahl der Fälle gezwungen werden, zu den brutalen und makaberen gewalttätigen Methoden (Erschiessen,
Ertränken, sich aus dem Fenster oder unter einen Zug oder ein Auto stürzen etc.) Zuflucht nehmen müssen, eine S c h a n d e für unsere Gesellschaft!
Damit das verfassungsmässige freie Verfügungsrecht des Menschen über sein
Leben wirklich und zwar menschenwürdig und ohne Schikanen ausgeübt
werden kann, muss eine gesetzliche Bestimmung etwa im Sinne von Art. 33/
34 meines Gesetzentwurfes (Nr. 52 dieser Sammlung) erlassen werden.
Dann wird auch keine Gefahr bestehen, dass die Mittel in falsche Hände
geraten.
Nach Abschluss der Redaktion dieser Sammlung ist die Freitodanleitung
«Selbsterlösung durch Medikamente» erschienen, herausgegeben von der
«International Drugs Consensus Working Party». Darin wird - überraschen-
derweise und in einem gewissen Widerspruch zum Titel - in erster Linie die
«physische Methode» mit dem Plastiksack nach Einnahme von Sedativen
empfohlen. Dann folgen die Medikamenten-Methoden mit Barbituraten,
Chloroquin und Orphenadrinen. Erhältlich ist die Broschüre bei der Firma
Gelka Druck und Verlags GmbH, am Brurain 2, D-76275 Ettlingen. In der
Broschüre wird sehr betont, dass es überhaupt keine absolut risikolose
Methode gebe.

Bemerkenswert ist, dass in der neuen Freitodanleitung der EXIT (deutsche Schweiz) von der hier so nachdrücklich in erster Linie empfohlenen Plastiksackmethode «entschieden» abgeraten wird (Seite 6).

«Die Geschichte des Suizidstrafrechts ist die Geschichte seines Versagens.»
(Simson in «Suizidakt», 1976, S. 110)

---

[1] Prospekte bei Pharmacie -pdf- AG, Lagerstrasse 14, 8600 Dübendorf. Zu füllen wäre die Pumpe durch einen Arzt, der auch das Mittel zu rezeptieren hätte, während der Patient durch Drücken einer bestimmten Taste die Injektion auslösen müsste.

[2] In der Hälfte der Fälle offenbar auch in Holland, weshalb es missverständlich ist, wenn es immer wieder heisst, dort würde nur die aktive Sterbehilfe praktiziert. Darüber gibt es aber widersprüchliche Darstellungen.

[3] In diesem Bereiche tangiert jede Abhängigkeit die Menschenwürde. Das Mittel wird dem Patienten nicht ausgehändigt (es soll ja möglichst geheim bleiben). Und auch die Entscheidung darüber, ob die Voraussetzungen für einen Freitod vorliegen, liegt letztlich im Ermessen der Funktionäre der EXIT. Vgl. auch Nr. 59/Seite 3 dieser Sammlung.

Die Selbsterlösung – der Freitod – in der Sicht der religiösen und philosophischen Ethik

Eine Broschüre des Autors der in dieser Sammlung enthaltenen Aufsätze und Werke, Zürich 1992, 60 Seiten. DiP-Verlag, Postfach 67, 8026 Zürich

Inhaltsübersicht

Aus der Einleitung

1. Die christliche Kirche hat den Freitod im Jahre 563 auf dem Konzil von Braga aufs schärfste verurteilt, den Selbsttöter zum schlimmsten Verbrecher erklärt und sein Vermögen zu Lasten seiner unschuldigen Erben eingezogen. Gestützt darauf wurde dem Menschen in der abendländischen Kultur bis vor kurzem das Recht, über sein Leben zu verfügen, bedingungslos abgesprochen. Das Leben galt auch im staatlichen Recht als absolut unverfügbar (was den Staat allerdings nicht hinderte, selber Millionen von jungen gesunden Menschen im Kriege zu töten, bzw. dem Massentod auszuliefern). Ein Freitod, der immer noch fälschlicherweise als «Selbstmord» bezeichnet wird, galt als unerlaubte Handlung, auf deren Bestrafung bloss wegen der Tragik des Geschehens verzichtet wurde.

Heute hat sich das Blatt schon recht grundsätzlich gewendet. Es gilt sogar zunehmend als *oberstes* Menschenrecht[3], über sein Leben selber verfügen zu können[2].

Der Freitod ist schon längst entkriminalisiert und zu einer *legalen* Handlung geworden.

2. Die logische Folge wäre die Annahme, der Freitod werde heute im allgemeinen auch sozialethisch und weltanschaulich als einwandfreies Verhalten betrachtet, ist es doch politisch schwer nachvollziehbar, dass der *Staat* ein Verhalten für rechtmässig, ja hochethisch erklärt, das in derselben *Gesellschaft* (genauer: bei den Politikern und Massenmedien) als sittlich verwerflich gilt. Man könnte also denken, das Problem der sittlichen Beurteilung des Freitodes sei heute vom Tisch.

Das wäre eine arge Täuschung. Der Freitod ist in der Gesellschaft im Gegenteil immer noch leidenschaftlich umstritten, heute sogar mehr denn je. Symptomatisch ist z.B. folgendes: Sehr viele Menschen bejahen mit Überzeugung das Hauptanliegen der EXIT, sinnlos gewordener Lebens- oder besser Leidensverlängerung in den Spitälern mit den Patientenverfügungen entgegen zu wirken. Viele fügen indessen sofort hinzu: Aber ich bin trotzdem gegen EXIT, weil sich diese für das Recht auf Selbsterlösung einsetzt und sogar Freitodhilfe leistet.

Deutlich wird der Widerstreit der Auffassungen auch durch die Tatsachen,
- dass der Staat, obschon er den Freitod für legal erklärt hat, alles tut, um die Ausübung dieses Rechtes zu verhindern und zu erschweren,
- dass Gesetz und Behörden immer noch von Selbstmord sprechen,
- dass der gesamte bezügliche Sprachgebrauch immer noch auf der Verpönung und Ächtung des Freitodes beruht[3],
- dass die Behörden es strikte ablehnen, in den Krankenhäusern, Pflegeanstalten und Altersheimen Selbsterlösungen durchführen zu lassen und dass dort Patienten mit allen Mitteln von einem solchen Schritt abgehalten werden (oft wahre seelische Grausamkeiten).

Die Option Freitod hat allerdings in den Fällen, die wir vor allem vor Augen haben, viel an Aktualität verloren, seit die passive Sterbehilfe eine fast allgemeine Akzeptanz erlangt und die frühere oft recht grausame Zurückhaltung bei der Verabreichung von Schmerzmitteln in den Krankenhäusern abgenommen hat. Auch wenn es unzutreffend ist, dass heute nahezu alle Schmerzen behoben werden können, so sind diesbezüglich in letzter Zeit doch Fortschritte erzielt worden.

Wenn einmal die Schmerzfrage wirklich befriedigend gelöst ist, wird sich der Gedanke an einen Freitod bei 50% und mehr der schwerstkranken Patienten kaum mehr aufdrängen.

Es wäre aber ein verhängnisvoller Irrtum, zu glauben, die Option Freitod sei mit der sich durchsetzenden passiven Sterbehilfe obsolet geworden. Abgesehen davon, dass, wie erwähnt, die Medizin auch heute noch lange nicht alle Schmerzen im Griff hat, gibt es immer noch hoffnungslos schwerstkranke Patienten, deren sehr einfühlbarer Todeswunsch nicht mit passiver Sterbehilfe erfüllt werden kann, da sie noch längere Zeit ohne künstliche Lebensverlängerung leben könnten. Zu denken ist z.B. auch an Erstickungszustände (Hustenreize und Atemnot), dauernde Übelkeit, Inkontinenz, Erbrechen, Schluckauf, Juckreize und Schlaflosigkeit[4], aber auch an sonstige äusserst entwürdigende Zustände, wie entstellende Geschwulste und Geschwüre, Haarausfall, Verfärbungen, üble Gerüche und anderes mehr[5].

---

1 Vgl. Nr. 5 dieser Sammlung. Hier zeigt sich einmal mehr die Relativität des Rechts: heute schlimmes Unrecht, morgen oberstes Grundrecht.

2 Allerdings meist unausgesprochen in der Meinung, dass es nur aus besonderen Gründen in Frage komme.

3 Vgl. Nr. 32 dieser Sammlung.

4 Vgl. Prof. Dr. Meinrad Schär in NZZ vom 18.12.91, S. 57.

5 Vgl. Leseprobe in Nr. 4 dieser Sammlung.

Warum tut sich unsere Gesellschaft so schwer mit dem Freitod?

Bisher nicht publizierter Artikel des Buchautors

In der Antike war der Freitod noch ein ehrenhafter Ausdruck von Freiheit, und in der christlichen Kirche war er eine Zeit lang als Mittel zur Erhaltung der Menschenwürde noch recht verbreitet. Unter dem Einfluss des Kirchenvaters Augustinus wurde er im Konzil von Braga vom Jahre 563 aufs schärfste verurteilt und der Selbsttöter zum schlimmsten Verbrecher erklärt, der Freitod zur schlimmsten Todsünde. «Selbstmörder» wurden aus der Gemeinschaft in grässlichster Weise ausgestossen, nicht selten nach dem Tode noch mit dem Feuertod bestraft oder geviertelt und wie Tiere verscharrt. Eine Folge davon war auch die Aechtung durch den Staat. Der Freitod wurde zu einem Verbrechen, Freitodbekämpfung zu einer Verbrechensbekämpfung.

Im Humanismus und besonders in der Aufklärung (17./18. Jahrhundert) setzte eine Gegenbewegung ein, die aber erst in letzter Zeit reife Früchte zu tragen begann, und zwar als Nebenwirkung der Bewegung für ein humanes Sterben in den Sterbehilfe-Organisationen diverser Länder, die als Reaktion auf sinnlose Lebensverlängerungen entstanden waren. Selbst kirchliche Theologen beginnen radial umzudenken, indem sie sogar das Recht zur freien Verfügung über das Leben zunehmend anerkennen.[1] In der profanen Literatur sind jetzt sogar Freitodanleitungen im freien Markt erhältlich.

In einem merkwürdigen Gegensatz zu diesen Feststellungen ist der Freitod in breiten Teilen der Gesellschaft (inbegriffen Presse) immer noch ein Tabu, was sich auch darin äussert, dass man vom völlig falschen Ausdruck «Selbstmord» nicht loskommt. Ich kann mit Bezug auf diese Stigmatisierung der Selbsterlösung auf den Kurzartikel in der «Züri-Woche» (nachstehende Nr. 31) verweisen. Diese kränkelnde Diskreditierung dessen, was in der Antike als Zeichen von besonderer Ehrenhaftigkeit und Klugheit galt, die noch vielerorts herrscht, kommt auch in einem der Gespräche zum Ausdruck, welche Frau Prof. Tausch seit Beginn ihrer Krebserkrankung mit Patienten und anderen Betroffenen geführt hat (A.-M. Tausch und R. Tausch, «Sanftes Sterben, Rowohlt Verlag 1991 S. 15 215):

«Noch stärker belastete manche Angehörige das Verhalten von Mitmenschen, wenn der Verstorbene sein Leben selbst beendet hatte. Etliche fühlten sich dann berechtigt, den Verstorbenen – und manchmal auch die Angehörigen – moralisch zu beurteilen. «Selbstmord wurde mit

Verrücktsein gleichgesetzt. Die Menschen meiner Umgebung schnitten mich, ich wurde gemieden und fühlte mich minderwertig und ausgestossen. Die gemeinsten Gerüchte wurden über unsere Familie verbreitet: ‹Selbstmord ist vererbbar.› – ‹Das macht man doch nicht!› Der Pastor willigte ‹gnädigerweise, beide Augen zudrückend› in eine kirchliche Bestattung ein. Wie erniedrigend! So getraute ich mich bis vor kurzem nicht, meinen Freunden oder Bekannten vom Freitod meines Vaters zu erzählen. Jahrelang log ich und antwortete auf die Frage, woran er gestorben sei: ‹Am kranken Herzen.› Und das war's im wahrsten Sinne des Wortes.» Eine Frau über die Zeit nach dem Freitod ihres Bruders: «Manche wollten es bis ins kleinste Detail genau wissen. Sie nahmen keine Rücksicht auf meine Gefühle, sie wollten nur ihre Neugier befriedigen. Sie kamen mehr aus Sensationslust als aus wirklichem Mitgefühl. Das hat mich sehr gestört.»

Warum verläuft dieser Prozess der Rehabilitierung des Freitodes in unserer Gesellschaft so mühsam?

Die Gründe dürften im folgenden zu suchen sein:

- in einer Nachwirkung der nationalsozialistischen Euthanasiepraxis[2]
- in der weit über tausend Jahre langen Ächtung des Freitodes durch die Kirche, die sich damit tief in das Volksbewusstsein einprägen konnte
- im weit überdimensionierten Einfluss der Kirchen[3] auf die Massenmedien
- und in der Abwehr des Todesgedankens[4] im Zeitalter des süssen Lebens und der Vergnügungssucht
- schliesslich erschrecken viele Menschen vor dem *Mut*, den es zu diesem Schritt braucht. Der Suizident ist für sie ein Schreckgespenst. Dr. Kurt F. Schobert, Geschäftsführer der DGHS bemerkte in diesem Sinne: «Der Globus ist voll des Tötens und Mordens. Aber für ein humanes Sterben will man sich nicht richtig einsetzen. Ist das etwa gar der Neid der Lebenden auf den sanften, abgeklärten und friedlichen Tod Sterbender? DGHS HLHS 4/94 S. 2.

---

1 Die offizielle Kath. Kirche verurteilte im II. Vaticanum den Freitod einmal mehr als schlimmste Todsünde.

2 Bei jeder Reaktion auf eine Fehlentwicklung wird nachher etwas übertrieben, hier mit der absoluten Unantastbarkeit des Lebens auch für den Träger selber.

2 Wie Prof. Dr. Hans Küng wiederholt feststellte, ist die Kirche heute zu einer Minderheit geworden, was ihrem sagenhaften Einfluss auf die Medien und auf die Behörden nicht mehr entspricht.

3 Hier besteht ein auffälliger Kontrast. Einerseits ist das Publikum offenbar an möglichst detaillierten Berichten über makabre Sterbens- und Todesfälle sehr interessiert. Gleichzeitig wird der Gedanke an den (eigenen) Tod mehr denn je verdrängt.

Käthe Kollwitz
1867-1945, deutsche Malerin und Graphikerin.

Nordhausen, 13. Juni 1944
Meine lieben Kinder, soeben kam Hans' Brief, und Joseff Faassen ging fort. Was ich heute schreibe, missversteht nicht, und haltet mich auch nicht für undankbar, aber ich muss es Euch sagen: Mein tiefster Wunsch geht dahin, nicht mehr zu leben. Ich weiss, dass viele Menschen älter werden als ich, aber jeder fühlt, wenn für ihn selbst der Wunsch, sein Leben able-gen zu dürfen, gekommen ist. Für mich ist er da. Daran ändert nichts, ob ich noch etwas hier bleiben kann oder nicht. Von Euch fortgehen zu müs-sen, von Euch und Euren Kindern, wird mir furchbar schwer. Aber die unstillbare Sehnsucht nach dem Tode bleibt. Könnt Ihr Euch entschliessen, mich an Eure Brust zu nehmen. Wie dankbar würde ich sein. Erschreckt nicht und versucht es nicht, es mir auszureden. Ich segne mein Leben, das mir bei allem Schweren so unendlich viel Gutes gegeben hat. Ich habe es auch nicht verschleudert, ich habe nach meinen besten Kräften gelebt, ich bitte Euch nur, lasst mich jetzt fortgehen, meine Zeit ist um. – Ich könnte noch manches hinzufügen, auch werdet Ihr sagen, ich sei noch nicht so am Ende. Ich könnte noch ganz gut schreiben und mein Gedächtnis sei noch klar. Trotzdem, die Sehnsucht nach dem Tode bleibt. – Ich schliesse hier, meine geliebten Kinder, ich danke Euch aus ganzem Herzen. Eure Mutter.

Aus: Tagebuchblätter und Briefe, hrsg. v. Hans Kollwitz, Berlin 1948.

Eine Überraschung

Jedem Juristen ist geläufig, dass die modernen rechtsstaatlichen Verfassungen und damit der Rechtsstaat vor allem dem grossen Denker Ch. L. Montesquieu, gest. 1755, zu verdanken sind. Aber selten jemandem ist bekannt, dass der grosse Rechtsphilosoph bereits ein verfassungsmässiges Recht auf Freitod gefordert hatte. Das wird bei der Wiedergabe seiner Lehren seit 200 Jahren ausgeklammert und vertuscht. In der Zeitschrift «Humanes Leben/Humanes Sterben» 2/1995, S. 13, ist folgender Passus aus seinem 76. der «Persischen Briefe» publiziert:

«Die europäischen Gesetze sind erbarmungslos streng gegen die Freitodwilligen. Man schlägt sie sozusagen noch einmal tot, man schleift sie durch den Schmutz der Strassen, man behaftet sie mit dem Makel der Ehrlosigkeit, man zieht ihre Güter ein.

Es scheint mir, Ibben, dass diese Gesetze sehr ungerecht sind. Wenn ich von Schmerz, Elend, Verachtung erdrückt werde, warum will man mich hindern, meinen Leiden ein Ende zu setzen, und warum beraubt man mich eines Heilmittels, das in meinen Händen ist? Warum verlangt man, dass ich für eine Gemeinschaft arbeite, der ich nicht mehr angehören will? Dass ich gegen meinen Willen einen Vertrag halte, der ohne meinen Willen abgeschlossen ist? Die Gesellschaft beruht auf gegenseitigem Vorteil, aber wenn sie mir lästig ist, was hindert mich da, auf sie zu verzichten. Das Leben ist mir als Gunstbeweis zuteil geworden, ich kann es also wiedergeben, wenn es das nicht mehr für mich ist: die Ursache verschwindet, die Wirkung muss also auch verschwinden.»

> *«Kamst und machtest mich frei, viel süsser mir, Tod, als das Leben. Krankheit und Not sind vorbei und auch die elende Gicht.»*
> *(Griechische Grabinschrift)*

Gedanken über den Freitod

Züri Woche, 4. 1. 1990 S. 26

Zum Tode des Rechtsanwalts und «Exit»-Präsidenten Walter Baechi («Starker Abgang eines grossen Kämpfers», «Züri Woche» vom 14. Dezember) erreichte uns die folgende Leserzuschrift über die Problematik des Freitodes in unserer heutigen Gesellschaft.

War der Freitod eines Todkranken oder völlig Abgebauten bei den Naturvölkern noch eine Selbstverständlichkeit und in der Antike ein ehrenhafter Ausdruck von Freiheit, Mut und Menschenwürde, so wurde er nach der Christianisierung für viele Jahrhunderte zu einer der schlimmsten, wenn nicht gar zur schlimmsten Todsünde.

Der «Selbstmörder» wurde aus der Gemeinschaft in grässlicher Weise ausgestossen, wurde nicht selten nach dem Tode noch mit dem Feuertode bestraft oder geviertteilt und wie ein Tier verscharrt. Eine Folge davon war auch die Ächtung durch den Staat. Der Freitod wurde zu einem Verbrechen, Freitodbekämpfung zu einer Verbrechensbekämpfung.

Die Aufklärung wollte die Menschheit vor dieser argen Verirrung befreien. Der Befreiungsprozess ist noch immer in vollem Gange. In neuester Zeit ist insofern eine völlig neue Phase zu verzeichnen, als auch etablierte kirchliche Moraltheologen umzudenken beginnen und diesbezüglich zum Teil recht liberale Thesen vertreten.

Und in der profanen Literatur wird die Anerkennung des Rechts zur Selbsterlösung in Fällen von Schwerstkrankheit schon fast eine Selbstverständlichkeit. Mehr oder weniger schüchtern allerdings. Namentlich zeigen auch zahlreiche Volksbefragungen in vielen Staaten den radikalen Wandel an.

Die Parlamente wagen aber vielerorts noch keine Entscheidungen, nicht einmal zu Gunsten der passiven Sterbehilfe. Auffällig ist, dass der Freitod in den Medien und auch in juristischen Abhandlungen immer noch unter einem gewissen, gesellschaftlichen Druck steht, der sich nur aus der Tatsache erklären lasst, dass er jahrhundertelang geächtet wurde und dass sich diese Ächtung tief ins Volksbewusstsein eingegraben hat.

Diese nachwirkende Ächtung manifestiert sich zum Beispiel an folgendem: Der Freitod wird noch recht hartnäckig mit dem Ausdruck *Selbstmord* stigmatisiert. Noch effizienter ist wohl die verbreitete Gewohnheit, den Freitod gerne in die Nähe von geistiger Erkrankung oder wenigstens von abartigem Verhalten zu bringen und ihn dadurch negativ zu werten: Für viele ist der Freitod immer noch Zeichen von Aggression oder von Lebensuntüchtigkeit, Ausdruck von Gescheitertsein. Der Selbsttöter ist ein Versager.

Der Suizidwillige wird isoliert, bedauert. Alle wollen ihn betreuen, befürsorgen, behirten, heilen, auf den rechten Weg bringen. Oder er wird bedroht von Zwangs-(fürsorge)massnahmen.

Freitod ist statt einer Ehre eine Schande, namentlich für die Angehörigen. Die Literatur über den Freitod befasst sich fast nur mit der Freitodverhütung. Wenn unsere Gesellschaft auch nur einen kleinen Teil dieses Efforts für die Verminderung der Waffenproduktion und der Umweltschäden einsetzen würde, könnten wir aufatmen. Der Staat bringt es nicht fertig, sich auch nur neutral zu verhalten, obschon offiziell das Grundrecht der Selbstbestimmung sonst überall laut betont wird, sondern er hält es für eine seiner ersten Pflichten, den Freitod wo immer möglich zu verhindern.

Kurz: Freitod ist immer noch ein Skandal, ein Drama und eine Tragödie.

Warum verläuft dieser Prozess so mühsam, und dies in einer Zeit, wo ein Tabu nach dem anderen fällt? Die Gründe dürften im folgenden zu suchen sein:

- in der zu starken Bindung des Staates an die Kirchen, und die lässt sich bekanntlich Zeit mit dem Umdenken;
- in der zu starken Kontrolle der Massenmedien durch die Kirchen;
- im zunehmenden Einfluss des Fundamentalismus;
- in der Abwehr des Todesgedankens im Zeitalter des süssen Lebens infolge der Hochkonjunktur;
- in der Nachwirkung der nationalsozialistischen Euthanasiepraxis, die genau das Gegenteil von Selbstbestimmung war.

Du musst den Tod in die eigene Hand nehmen
Jean Amery (Zit. HLHS 2/93 S. 7 und Ärztezeitung)

Wenn die Sprache nicht mitmacht beim Umdenken über würdiges Sterben und Sterbehilfe

Soziale Medizin 3/90 S. 25, Freidenker 2/91 S. 11, EXIT-Bulletin Nr. 33 S.1, MMMM und Humanes Leben / Humanes Sterben Nr. 2/1990 S. 13

Wenn immer sich in einem Bereiche ein Umdenken anbahnt, ist es wichtig, ob die Sprache mitmacht, mit-geht, oder ob sie im Alten verharrt; bzw. ob sich nötigenfalls eine Sprache bildet, die das Neue adäquat auszudrücken vermag. Je nachdem ist die Sprache eine Hilfe oder ein Handicap. Letzteres ist gerade auch bei dem im Gange befindlichen Umdenken mit Bezug auf den Freitod zu konstatieren. Die Hartnäckigkeit, mit der sich hier eine alte, überholte Sprachgewohnheit hält und retardierend auf den Umdenkungsprozess wirkt, ist signifikant.

Dass sich die Gegner des Selbstbestimmungsrechtes und jeder Sterbehilfe gerne der alten Sprache bedienen, ist nicht nur verständlich, sondern oft wohl auch bewusste Strategie.

Dass sich aber auch Befürworter des Selbstbestimmungsrechtes – wenn auch mit einem gewissen Unbehagen - der alten Sprache bedienen, ist besonders bedauerlich.

Da ist einmal der Ausdruck *Selbstmord*, der überhaupt aus dem Wörterbuch gestrichen werden sollte.

Auch an sich neutrale Ausdrücke können, da sie wegen der uralten Verwendung im Strafrecht kriminalistische Assoziationen wecken, in solchen Zusammenhängen fehl am Platze sein, wie z.B. die Tat, Täter, Täterschaft, Mittäterschaft, Tatgehilfe, Tathandlung, Tatausführung. Sie könnten durchaus durch andere Termini ersetzt werden.

Zu erwähnen sind hier auch alle Wendungen, die auf dem Wortstamm *retten* beruhen, wie Rettungsversuche, Rettungspflicht oder umgekehrt Rettungsverbot, Rettungschance, Rettungsaktion oder Intervention oder Überlebenschancen. Solche Wendungen mögen berechtigt sein bei Suizidversuchen von sonst gesunden, namentlich noch jungen Leuten, bei denen der Suizidgedanke effektiv als Kurzschlusshandlung bezeichnet werden kann. Bei Schwerstterminalkranken, besonders schwer leidenden Personen, vor allem bei solchen, bei denen einer der Zustände vorliegt, wie ich sie in meinem Buche «Sterbehilfe» S. 30 ff geschildert habe, und die sich deshalb rational dazu entschlossen haben, ihrem qualvollen und hoffnungslosen Zustand ein Ende zu setzen, sind solche Ausdrücke fehl am Platze. Hier ist eine Intervention das Gegenteil von Rettung! Besonders störend ist es, wenn z.b. sogar in einem Freitodformular zu lesen ist: «Ich verbiete jeden Rettungsversuch», wo der Betreffende doch im Grunde etwas ganz anderes meint, nämlich einen Hinderungs- oder Störungsversuch. In diesen Fällen ist es auch unpassend, von Krisensituation oder von Notfall und Nothilfe zu reden, oder von Selbstmorddrohungen oder davon, der Kranke könnte sich «ein Leid antun».

Was in solchen Fällen geschieht, ist keine Selbstmorddrohung, sondern die Ankündigung eines rationalen Entschlusses endlicher Selbsterlösung, keine Rettung, sondern ein grausames Zurückversetzen in einen Zustand endloser Qual, keine Überlebenschance, sondern bloss Aussicht auf neues, noch intensiveres Leiden. Es geht hier auch nicht darum, sich ein Leid anzutun, sondern sich einen Dienst zu erweisen. Es geht nicht um eine «erfolgreiche» Intervention, sondern um die Verhinderung eines leidabwendenden Erfolgs. Der Patient befindet sich in diesem Falle nicht in einer suizidalen «Krise», sondern er ist daran, eine existentielle Krise zu meistern.

Wenn ein Arzt bei einer 85jährigen Patientin, die seit 10 Jahren im Pflegeheim mehr vegetiert als lebt und die zusätzlich an einer Lungenentzündung erkrankt, das «rettende» Antibiotikum verabreicht, so ist das doch wohl eher eine Gedankenlosigkeit.

Oder wenn ein terminalkranker Krebspatient das Pflegepersonal bittet, ihn sterben zu lassen, dann ist es ausgesprochen abwegig, ihm Vorwürfe zu machen, wenn er nach einem Schenkelhalsbruch eine «erfolgversprechende» Operation ablehnt.

Wir haben also nicht nur umzudenken. Nötig ist es offenbar auch, die bezüglichen sprachlichen Gewohnheiten zu ändern.

Die Diskrepanz zwischen Sprache und der Einstellung zur Sterbehilfe ist mir namentlich auch beim so erfreulichen Urteil des Oberlandesgerichtes München vom 31. Juli 1987 bewusst geworden. Das Gericht hat dort die Freitodhilfe bei einer schwerstkranken und verstümmelten Frau überzeugend als nicht nur legal, sondern sinngemäss menschenfreundliche Handlung qualifiziert. Trotzdem ist das Urteil voll von Wendungen, die dem Vokabular derjenigen entnommen sind, die die Freitodhilfe prinzipiell verurteilen und kriminalisieren. So ist dort wiederum von «Selbstmord» die Rede, von «Tat», «Tatplanung», von der «fatalen Wirkung des Giftes» (statt von der wohltätigen Wirkung eines erlösenden Medikamentes), von «Vergiftung» (statt Erlösung) oder davon, ob man den Tod noch hätte verhindern können, von «Überlebenschancen», von «Nothilfe», von erfolgreichem

«Eingreifen». Sprachliche Missgriffe besonders gravierender Art unterliefen dem Gericht insofern, als es ganz im Gegensatz zur Haltung in der Sache selber sogar noch die Worte «Opfer» und «Unrechtsgehalt» der Freitodhilfehandlung aus der Mottenkiste verwendete.

Jedes Problem durchläuft bis zu seiner
Anerkennung drei Stufen:
In der ersten wird es verlästert,
in der zweiten wird es bekämpft,
in der dritten gilt es als selbstverständlich.

Nach Schopenhauer

Wem gehört mein Leben?

Humanes Sterben

Gespräche mit Prof. Dr. med. Martin Allgöwer, Mitglied des Vorstandes von EXIT, und dem Autor dieser gesammelten Schriften.

Senioren-Express, August 1993 (Dr. Franz Xaver Erni), Auszug

Keine Anleitungen zum Freitod?

Um EXIT-Mitgliedern, deren Mitgliedschaft wenigstens drei Monate beträgt, Hilfestellung zu geben, schuf die Vereinigung eine «blaue Broschüre», in der die empfohlenen und die nicht empfohlenen Methoden zum Freitod aufgelistet waren. Jeder Empfänger der Broschüre musste sich unterschriftlich verpflichten, diese nicht an andere Personen weiterzugeben. Seither sind elf Jahre ins Land gegangen. EXIT hat Erfahrungen gemacht und neue Statuten beschlossen. Ein neuer Vorstand wacht über deren Einhaltung. Viele EXIT-Mitglieder der ersten Stunde stehen weiterhin zu EXIT, auch wenn diese Organisation von einigen Aktivitäten Abstand genommen hat. Zwar existiert auch heute wieder eine Broschüre, die über die Hilfestellung beim Freitod Aufschluss gibt. Aber auf Anleitungen zu einer eigenständigen Durchführung des Freitodes wurde verzichtet.

Was sagen die Kritiker von EXIT?

Kritiker von EXIT, darunter auch ehemalige Mitglieder des Vorstandes, wie z. B. Dr. iur. Robert Kehl-Zeller, sind jedoch enttäuscht darüber, dass in Art. 2 der neuen Statuten das früher von EXIT besonders betonte und darum in den ersten Statuten festgeschriebene «freie Verfügungsrecht des Menschen über sein Leben» nicht mehr vorkommt. Die neuen Statuten anerkennen «im Leben und im Sterben das Selbstbestimmungsrecht des Menschen, das so weit wie möglich zu beachten ist». Mit der Formulierung «so weit wie möglich» hat EXIT, wie Dr. Kehl betont, das Selbstbestimmungsrecht «faktisch weitgehend fallengelassen». Darüber, inwieweit es «möglich» sei, entscheidet ja nicht der Patient, sondern es entscheiden Dritte. In solchen Fällen sind es vor allem die Ärzte. Das komme, so der EXIT-Kritiker Kehl, «einer Fremdbestimmung gleich». EXIT nimmt mit dieser

Regelung «ursprüngliche Positionen wieder zurück und kommt den EXIT-Gegnern viel zu weit entgegen.» Dennoch sei EXIT «notwendig», so Robert Kehl, aber die neue Entwicklung, welche die Vereinigung mit den Statutenänderungen und mit der neuen Freitod-Anleitung begonnen habe, wolle er nicht mittragen.

Die Ärzte sollten nicht das letzte Wort haben

Verändert hat sich laut verschiedenen Kritikern auch das Vorgehen bei der Hilfe zum Freitod im Falle einer unheilbaren Krankheit. Während ursprünglich «auch Mitglieder des Vorstandes», so seinerzeit Dr. Baechi, diesen Dienst leisteten, indem sie dem schwer leidenden Patienten ein Mittel überbrachten, das er dann selber schlucken musste, ist dies heute Aufgabe des Arztes.[1] Nach eingehender Besprechung mit dem Kranken und mit dessen Angehörigen stellt er ein Rezept aus, auf das hin EXIT das erlösende Präparat übergibt.

Hat der Arzt also «eine stärkere Stellung erhalten»? Wir fragten in diesem Zusammenhang das Mitglied des neuen EXIT-Vorstandes, Prof. Dr. med. Martin Allgöwer, den emeritierten Ordinarius für Chirurgie an der Universität Basel. Jeder Arzt kennt den terminalen Zustand eines Patienten. Er muss auch immer wieder beurteilen, ob eine Situation medizinisch noch zu verbessern ist oder nicht. Darum ist es nicht unbedingt von der Hand zu weisen, dass er und nicht irgendein Dritter der Bitte des Patienten um Beendigung seines unheilbaren, qualvollen Leidens Nachachtung verschafft. Prof. Dr. Martin Allgöwer meint dazu: «Es soll eine ärztliche Beurteilung von Diagnose und Prognose erhältlich gemacht werden.» Dies bereitet in der Praxis keine Schwierigkeiten. Sieht sich der behandelnde Arzt aus Gründen seiner Weltanschauung oder Religion aber nicht in der Lage, das notwendige Rezept auszustellen, so nehmen die mit EXIT verbundenen Ärzte jederzeit diese Aufgabe wahr, wenn immer ein schwerkrankes Mitglied der Vereinigung, in hoffnungsloser Situation, darum bittet. Kritiker (u. a. Dr. R. Kehl) sehen in der neuen Rolle der Ärzte aber eine mögliche Benachteiligung des Schwerkranken: «Wer sterben möchte, soll ‹ohne Vormund› sterben können. Die Ärzte sollten nicht das letzte Wort haben, die freie Entscheidung des Patienten müsste auch der Arzt respektieren», meint Robert Kehl.

---

[1] vgl. aber Nr. 59 dieser Sammlung

Gesetzesinitiative: Regelung der Sterbehilfe

Dr. Robert Kehl würde es begrüssen, wenn sich EXIT für eine Verstärkung des Selbstbestimmungsrechts einsetzen könnte und zwar:

- durch eine Initiative zur gesetzlichen Regelung der Sterbehilfe
- durch vermehrte Aufklärung
- durch Einsatz für die Zulässigkeit der Freitod-Hilfe in Pflegeheimen, in Spitälern und im Sterbehospiz
- durch Bereitstellung sicherer, rasch und schmerzlos wirkender Freitod-Mittel.

Wer heute den Kopf in den Sand steckt
Knirscht morgen mit den Zähnen.

Graffito

Hilfe zum Selbstmord (Freitod) durch den Arzt - In der Schweiz moralisch und juristisch einwandfrei

Zum Beitrag «Todkranker Patient will sterben - Würden Sie ihm beim Selbstmord helfen?»

Medical Tribune internationale Wochenzeitung, Ausgabe für Deutschland Nr. 3/90, S. 14

Lange Zeit wurde der Freitodwille eines Patienten mit der Begründung, der Suizident befinde sich psychisch immer in einem schweren Ausnahmezustand und damit im Zustand der Unzurechnungsfähigkeit, als unbeachtlich erklärt. Bis dann umgekehrt die Professoren Dres. K. Ernst und H. Kistler in der Schweiz. Ärztezeitung (15. 2. 89) die These vertraten, die Urteilsfähigkeit brauche keinem Suizidwilligen abgesprochen zu werden. Wir wollen hier offenlassen, ob man der letztgenannten These in ihrer Allgemeinheit zustimmen will.

Da sich jeder Suizident in einem Ausnahmezustand befindet und meist depressiv ist, würde sein verfassungsmäßiges Selbstbestimmungsrecht illusorisch, wenn man daraus folgern würde, sein Suizidwille sei deshalb unbeachtlich. Es kann wohl auch nicht einfach auf Unzurechnungsfähigkeit geschlossen werden, wenn der Freitodwillige für seinen Entschluß nicht ein allgemein anerkanntes Motiv geltend machen kann.

So ist ein Freitod keinesfalls uneinfühlbar, wenn der Hilfesuchende (zutreffend) feststellt, er habe keine Aufgabe mehr und falle nur anderen zur Last. Das ist ein achtenswertes und sogar edles Motiv.

Zum anderen kann auch der These, eine Freitodhilfe kollidiere fundamental mit dem ärztlichen Ethos, weil sie nicht dessen heilender Aufgabe dient, in dieser Allgemeinheit nicht zugestimmt werden. Damit wird im Ergebnis geltend gemacht, die Freitodhilfe eines Arztes sei, ethisch gesehen, immer ein Unrecht. Juristisch kann sie jedenfalls in der Schweiz kein Unrecht sein. Nach dem Schweizer Recht ist Freitodhilfe nie ein Unrecht, ausser wenn sie aus eigennützigen Motiven erfolgt. Sie ist es aber auch moralisch nicht, denn das verfassungsmäßige Selbstbestimmungsrecht ist ein heute überall anerkanntes Menschenrecht und damit auch ethisch gedeckt. Ob dieses Recht absolut ist, d.h., ob es auch willkürlich ausgeübt werden kann, mag hier offengelassen werden. Jedenfalls ist es moralisch unanfechtbar, wenn dafür im konkreten Falle einfühlbare Gründe vorliegen. Wenn ein Mensch,

z. B. nach einem erfüllten Leben und in hohem Alter oder bei schwerster pflegeintensiver Krankheit, zutreffend feststellt, er habe keine Lebensaufgabe mehr und falle nur anderen zur Last, so ist auch das, wie erwähnt, ein achtenswertes Motiv, das seinen Willen auch moralisch als rechtmäßig erscheinen läßt. Aus einem solchen Tatbestand kann deshalb weder Unzurechnungsfähigkeit noch moralische Unrechtmäßigkeit abgeleitet werden. Deshalb handelt auch der Arzt in einem solchen Falle moralisch einwandfrei, wenn er ihm hilft. Die Auffassung, Aufgabe des Arztes sei es nur, zu heilen, ist längst aufgegeben.

Von der Frage der Rechtmäßigkeit ist streng die andere zu trennen, ob der Arzt zur Freitodhilfe auch verpflichtet sei. Da und dort wurde - auch in Umfragen - prognostiziert, daß auch diese Hilfe in nicht ferner Zeit je nach den Umständen zur Garantenpflicht gehören könnte, wenn der Patient seinen Entschluß objektiv einfühlbar und rational begründen kann. Das ist aber kaum realistisch. Auf jeden Fall wird man dem Arzt immer das Recht einräumen müssen, diese Aufgabe einem Kollegen zu überlassen, wenn umgekehrt er selber achtenswerte Motive für seine Weigerung anführen kann.

Eine Krankenschwester, die einer schwer leidenden Patientin auf deren dringendes Verlangen das erlösende Mittel Kaliumchlorid gegeben hatte, sagte dem Richter: «Ich hab der Frau das Mittel nicht gegeben, um sie zu töten, sondern um sie zu erlösen.»

(«Bund» 13.1.1989 und «Spiegel» 2/89, S. 52)

Die Freitod-Beihilfe von Dr. med Kevorkian

Eine ambulante Freitod-Maschine

Gesundheitspolitische Informationen 4/1990 S. 29

Der pensionierte amerikanische Arzt Dr. Jack Kevorkian hat in einen VW-Bus[1] eine Einrichtung zur ambulanten Durchführung des Freitodes eingebaut: Aus drei aufgehängten Ampullen fliesst auf Knopfdruck hin über Kanülen und Infusionsnadel zuerst eine Kochsalzlösung in die Venen; dann nach einem Druck auf den zweiten Knopf zuerst die für die Betäubung nötige Menge Thiopental aus der zweiten Flasche, und nach Eintritt der Betäubung von selber aus der dritten Flasche die zur raschen Herzlähmung (Herzstillstand) führende Menge Kaliumchlorid. Eine solche Methode wäre auch in der Schweiz absolut legal, wobei ich voraussetze, dass der Suizident mindestens den zweiten Knopf selber zu drücken hat, denn die sog. Tatherrschaft liegt dann völlig bei ihm, und dass er über den Vorgang genau aufgeklärt ist. Besonders positiv an diesem Vorgang ist, dass der Freitod hier von A bis Z unter ärztlicher Kontrolle durchgeführt wird, womit Misserfolgsrisiken am ehesten ausgeschlossen werden.

Überlegungen zum Artikel «Eine ambulante Freitod-Maschine»

Gesundheitspolitische Informationen 1/1991 S. 35

In seinem Artikel erklärt Herr Kehl, dass Suizid mit Hilfe der ambulanten Freitod-Maschine «auch in der Schweiz absolut legal» wäre. Als «besonders positiv» beurteilt er, dass der «Freitod hier von A bis Z unter ärztlicher Kontrolle durchgeführt wird».
Seine Methode, ein existentielles Problem zu banalisieren, mit distanzierter Kühle zu betrachten und es auf ein technisches und formal-juristisches Problem zu reduzieren, ist erschreckend.
Menschliche Not auf diese Art zu «entsorgen» und aus der Welt schaffen zu wollen, wird eine bedenkliche Entwicklung auslösen, weil sie die Abwehrkräfte

---

1 In einem Bus, weil in seinem Wohnsitz verboten

aller Beteiligten abschwächt - jene der Leidenden, derer die ihnen helfen soll-
ten und der Gesellschaft. Die Propagierung des einfachen und «sauberen»
Freitodes wird uns alle im Kampf um das Leben lähmen.
Dabei denke ich nicht nur an die Notwendigkeit, schwere Depressionen wirk-
samer zu behandeln, als dies bisweilen der Fall ist. Zu den schwierigsten Her-
ausforderungen für die Umgebung, Pflegende, Ärzte und Psychotherapeu-
ten gehören die Patienten, die während langer Lebensperioden an Todes-
wünschen und Todessehnsüchten aller Art leiden, besonders wenn die Sehn-
sucht nach Ruhe, Friede und Geborgenheit den Charakter eines lustvollen
Spieles mit dem Todesgedanken als Waffe zur Selbstbehauptung annimmt.
Hilfreiche Therapie in diesen Fällen setzt voraus, dass wir uns der Grenzen
unserer Möglichkeiten bewusst werden und es ertragen können, dass wir nicht
das Schicksal unserer Patienten «machen» können. Mit der Propagierung
der «Machbarkei» des Todes in den GPI ist eine Grenze überschritten, was
uns alarmieren sollte. Werden die Mitglieder der SGGP es akzeptieren, dass
EXIT die GPI für seine Propaganda benützt?

P.F. de Quervain, Neuchâtel

«Freitodmaschine von Dr. Kevorkian» -
Entgegnung zum Beitrag von Herrn de Quervain

Gesundheitspolitische Informationen 2/1991 S. 36

Herr de Quervain findet es im GPI-Beitrag Nr. 6172 (GPI 1/1991) erschrek-
kend, dass sich ein Schweizer Jurist zur schweizerischen Rechtsordnung
positiv einstellt. Die Beihilfe zum Freitod ist nämlich nach schweizerischem
Recht völlig legal. Mehr noch: Das Verfügungsrecht des Menschen über
sein Leben ist ein Menschenrecht, nach verbreiteter Ansicht sogar das oberste (Schweiz. Juristen-Zeitung, 1989, S. 399f.). Ich finde es umgekehrt befremdend, dass es immer noch Leute gibt, die jede Verwirklichung dieses
legalen Rechts auch in Fällen des Bilanzsuizids - und nur diese Fälle habe
ich und hat EXIT vor Augen - möglichst erschweren möchten, statt sie, wie
es dem Rechtsdenken entsprechen würde, zu erleichtern. Ist es nicht traurig, dass unsere Gesellschaft einen Schwerstkranken und Schwerstleidenden,
der sich wegen völliger (ärztlich festgestellter) Hoffnungslosigkeit in voller
Freiheit entschlossen hat, obiges Recht auszuüben, indirekt zwingt, sich z.B.
unter einen Zug zu werfen, sich zu erschiessen oder zu erhängen, statt dass
sie ihm hilft, sein Recht in Würde und Sicherheit auszuüben?

Suizidprävention kritisch betrachtet

Der informierte Arzt 14/1992 S. 1206.

Im Zusammenhang mit ihrer Hilfestellung für einen Freitod ist die EXIT seit langem im Kreuzfeuer der Kritik. Andererseits werden auch die Anstrengungen von Ärzten nicht immer als berechtigt akzeptiert, die auf die Prävention von Suiziden ausgerichtet sind. Im folgenden lassen wir einen Vertreter der Sterbehilfe-Vereinigung, der sich seit langem mit dem juristischen Umfeld von Suizid und Patientenverfügungen befasst, mit einem Leserbrief zu Wort kommen.

Stellungnahme zu DIA-GM 9/92 «Krisenintervention»:
Immer dasselbe. Undifferenziert[1] wird die Erwägung eines Freitodes als Selbstmordgefährdung bezeichnet. Eine solche Erwägung wird undifferenziert als Krisensituation qualifiziert, die selbstverständlich behandelt werden müsse. Erneut wird jeder Freitodakt bloss als «Appell an die Umwelt» verstanden, obschon ein Suizident mit infauster Prognose nicht auf irgendwelche Lebenshilfe spekuliert, sondern eben bilanziert. Neu wäre kritisch hinzuzufügen: Erstmals wird im neuen Beitrag anerkannt, dass ein Suizident den Suizid mit Glücksgefühl erleben kann, während er einem natürlichen Sterben mit panischer Angst entgegensieht. Wer in aller Welt hat das Recht, ihn an einem Sterben mit Glücksgefühl zu hindern und ihn zum Sterben mit Schrecken zu zwingen? Ferner wird hier die markant hohe Ziffer von Ärzten, die sich selbst erlösen, mit ihrem Helferstatus erklärt. In Wirklichkeit ist es doch so: So oft erleben sie schreckliche Abgänge, dass sie sich schliesslich sagen, «das soll mir nicht passieren», und dass sie im Gegensatz zu den Laien leichten Zugang zu Freitodmitteln besitzen. Ich habe natürlich nichts dagegen, dass man – mit ihrer Zustimmung – Menschen therapiert, die dazu neigen, in Lebenskrisen gleich an Freitod zu denken. Aber es wäre wirklich an der Zeit, dass die Autoren von Artikeln über Suizidprävention begännen, zwischen Bilanz-Selbsttötungen und Kurzschluss-Suiziden zu unterscheiden.

---

[1] Ein gewisser Wandel scheint sich in DIA-GM 19/93 S. 1383, Aufsatz von Walter Pöldinger «Wandel im Verständnis der Suizidalität», anzukündigen (immer noch sehr im bisherigen Konzept verhaftet).

Lasst sie ziehen in Ruhe!

Vom Unrecht, jeden Suizidalen a priori als Psychopathen zu behandeln

Der informierte Arzt, DIA-GM 4/1995 S. 290f.

Dass die Angehörigen der Bewegung «Ja zum Leben» Feinde des Suizids sind, weiss jedermann. Dass aber ein Grossteil der Psychiater den Freitod ablehnen und einen solchen wo immer möglich zu verhindern suchen[1], ist weniger bekannt. Auffällig ist dabei unter anderem, dass in ihren Abhandlungen überwiegend nicht unterschieden wird zwischen dem Bilanzfreitod und den Kurzschlusssuiziden, obschon die beiden Fälle gerade vom psychiatrischen Standpunkte aus verschiedener gar nicht sein könnten. Zum Teil findet das seine Erklärung darin, dass der sicher unzutreffende Standpunkt vertreten wird, der Freitod sei nie ein Akt der Freiheit oder er sei immer ein Unglücksfall. Dabei gilt der überlegte Freitod bei vielen Philosophen als Ausdruck der höchsten Freiheit. Und bei den Bilanzsuiziden wird man im Gegenteil eher von einem Glücksfall reden müssen.

Die betreffenden Psychiater praktizieren die Verhinderung von Selbsterlösungen in folgenden Formen und Phasen: als Suizidprävention (in zwei Stufen: bei «Suizidgefährdeten» und nach einem Suizidversuch) und als Suizidintervention bei einem Suizidversuch, wobei sie diese Intervention als «Rettung» bezeichnen. Das Engagement dieser Psychiater beruht zum einen auf der Krankheitstheorie und zum anderen auf einem vorliberalen Paternalismus, das heisst auf der überholten Ansicht, der Staat und die Ärzte hätten auch den mündigen Menschen nicht nur gegen Übergriffe von anderen Menschen, sondern – und dies «ex officio» – auch vor sich selber zu schützen.

Die psychiatrischen Suizidprävenienten sind der meines Erachtens irrigen Ansicht, jeder Suizident sei in irgend einer Form psychisch angeschlagen, psychisch krank, meist stark depressiv und er müsse deshalb bekehrt, psychiatrisch behandelt werden. Ihre übereifrige Aktivität beruht weiter auf den statistisch unbelegten Behauptungen, die «Drohung» mit dem Freitod sei in aller Regel nur ein Appell an die Menschen mit der Bitte um Hilfe und Zuwendung (abwegig, wenn man bedenkt, dass es meist hoffnungslose Fälle sind), 90 Prozent aller «Geretteten» seien für die Intervention dankbar und würden in aller Regel nachher meist keinen Suizidversuch mehr unternehmen und recht zufrieden weiter leben. Solche Behauptungen wirken namentlich bei Bilanzsuizidenten eher befremdend.[2]

Was die Motive dieser Suizidpräventionsbewegung der Psychiater anbelangt, tappt man ziemlich im Dunkeln: Bei der Bewegung «Ja zum Leben» weiss man, dass sie auf der Ansicht beruht, die Bibel sei von A bis Z Gottes untrügliches Wort, nach der Bibel sei aber der Freitod eine der schwersten Sünden (was bekanntlich ein Irrtum ist, da der Freitod in der Bibel mit keinem Worte verboten ist). Vielleicht gehören die extremen Gegner des Freitodes unter den Psychiatern jener Bewegung an. Aber ganz sicher nicht alle. Was bewegt aber die anderen zu ihrer strikten Verurteilung jedes Freitods? Am ehesten steckt auch hier wiederum das Dogma dahinter, dass der Arzt Leben um jeden Preis zu erhalten hat, das der Arztausbildung bisher zugrunde lag. Aber gerade hier erweist sich dieses Dogma unter Umständen als sehr hart: Einen Menschen, der unter Überwindung aller Stolpersteine, die die Gesellschaft einem Freitodwilligen in den Weg legt, endlich den Weg gefunden hat, um sich von seinem hoffnungslosen schweren Leiden zu erlösen, in sein Elend, das meist nachher noch grösser ist, zurückzustossen, kann in einem Masse grausam sein, dass eine solche Handlungsweise schon oft schockiert hat. Dabei wird er nicht selten nachher noch zwangsbehandelt, eventuell gar interniert, eingesperrt und angebunden[3], um ihn an einem erneuten Selbsterlösungsversuch zu hindern, was in der Literatur wiederholt als Folterung qualifiziert worden ist. Es kann auch als Beleidigung empfunden werden, die Suizidalen in Bausch und Bogen als psychisch krank und unfrei und als nicht urteilsfähig zu etikettieren: «Last but not least» ist daran zu denken, dass die Hinderung am Freitod eine schwerwiegende Verletzung des Persönlichkeits- und Selbstbestimmungsrechtes und des Rechtes des Menschen, über sein Leben zu verfügen, darstellen kann und in diesem Falle rechtswidrig ist.

Eine weitere mögliche Erklärung des geschilderten Verhaltens der betreffenden Psychiater könnte darin liegen, dass sie die Kompetenz in Anspruch nehmen, zu bestimmen, was «normal» und was «anormal» sei. Dabei ist bekannt, dass die Masse in einem Suizidenten etwas Abnormes, ja fast ein Schreckgespenst sieht. Mit ihrer These, jeder Suizident sei psychisch angeschlagen, machen sich solche Psychiater die Auffassung der Masse zu eigen, der der Mut eines Suizidenten unheimlich vorkommt, während die Individualisten und Philosophen diesen Mut gerade als Ausdruck höchster Freiheit loben. Mit Recht fällt den Psychiatern auf, dass das Publikum, anders als bei Suiziden von Jugendlichen, auf Alterssuizide kaum reagiert und still darüber hinweggeht.

Im Artikel der Herren Simeone und Goda «Der informierte Arzt» 12/94 S.

916 ff sind einige bemerkenswerte Wandlungen festzustellen. So wird in einer beachtlichen Statistik festgehalten, dass die Alterssuzide weit häufiger sind als die der Jugendlichen, während man sie bisher auf ein fast unbeachtliches Minimum herunterzuspielen gewohnt war und nicht minder zu registrieren ist, dass Alterssuizide – anders als Jugendsuizide – überwiegend erfolgreich verlaufen.

Von hohem Interesse ist auch die von den Autoren erwähnte geringe Reaktion der Öffentlichkeit auf Alterssuizide, während Jugendsuizide in aller Regel Aufsehen erregen, was ebenfalls zu denken gibt; sieht das Publikum in Altersuiziden einen irgendwie einfühlbaren oder gar normalen Vorgang? Wichtig dürfte auch der Hinweis darauf sein, dass es bei vielen Fällen von Altersuiziden um stille Abgänge handelt. Die Autoren sprechen dabei wohl zu Recht von einer «fermeture à tout jamais de la communication».

Der volle Durchbruch zu einem realistischen Verständnis der Alterssuizide fehlt indessen. Das suizidale Geschehen wird nach wie vor als negative Bilanz, als Krankheit, als «Unglücksfall», als etwas Pathologisches gesehen, der suizidale Prozess als «insidieux», die Entwicklung zum Suizid als «fâcheux» beurteilt. Als Ursachen werden die häufigsten Pathologien aufgeführt, wie Depressionen, mangelnde Mentalisation, Intoxikation, Narzismus, tiefer Toleranzstand gegenüber Frustrationen oder zu intensive Reaktionen gegenüber einer Stresssituation. Entsprechend wird mit typischen klinischen Terminologien und Kategorien operiert, wie mit Diagnose, Syndromen oder Regression. Die Autoren schrecken auch nicht davor zurück, gegenüber Alterssuizidenzkandidaten sogar aggressive Therapien anzuwenden, zu denen auch die Internierung (Hospitalisation) gehören soll. Sie halten nähere Abklärungen über die Ursachen und Faktoren der Alterssuizidalität für unerlässlich und plädieren für Präventivaktionen.

Letztlich steckt hinter der verbreiteten Alterssuizidalität nach Ansicht der Verfasser ein makrosoziales Versagen, das besonders über die familiären Beziehungen anzugehen wäre, indem dem resignierenden Menschen eine gesellschaftliche Rolle und seine Identität zurückzugeben wäre. Damit und auch in anderem Zusammenhang deuten auch die Verfasser an, dass die Ursachen der Alterssuizidalität weniger in krankhaften Zuständen der betreffenden Person zu suchen sind, als in objektiven Faktoren, die ich als natürliche Entwicklungen und Lebensabläufe verstehe, die weder beseitigt und geändert werden sollen, noch beseitigt werden können, die zum Leben gehören und mit denen man sich abzufinden hat.

Deshalb werden solche Präventionsaktionen von den betreffenden Personen nicht selten abgelehnt, weil sie sie selber eher als sinnloses Hinauszögern des Unabwendbaren empfinden.

Nachträge nach Publikation

1 Wie Frau Pieper in «Staatslexikon» 1988 S. 1155ff. (bes. 1155) bemerkt, verabsolutieren die psychiatrischen Freitodgegner ihre These, jeder Suizident sei ein psychisch kranker Mensch, der einfach eine lebensadäquate Konfliktbewältigung nicht gefunden habe, und deshalb sei jeder Suizid möglichst zu verhindern.

2 Die freitodgegnerischen Psychiater gehen zu Unrecht davon aus, dass die meisten Suizide Kurzschlusssuizide seien und dass die meisten ihren Entschluss später bereuen würden, wenn sie noch könnten (darauf hat auch Prof. Dr. M. Schär, EXIT-Präsident, in «Tierschutznachrichten», März 1995 S. 26f. hingewiesen).

3 Stimmen z.B. die teils erschreckenden Berichte in der Stuttgarter Zeitung vom 28.7.1993? (Zum Fall Dr. Rudorf)

Wann ist das Leben noch lebenswert?

Bisher nicht publizierte Überlegungen des Buchautors

Das ist die eine zentrale Frage für das ganze Sterbehilferecht. Es gibt Leute, die anderen gegen deren Willen das Leben erhalten wollen und erhalten, weil sie finden, dessen Leben sei doch noch irgendwie lebenswert und dürfe nicht «weggeworfen» werden. Das ist aber eine Anmassung, ein Unrecht, ist Paternalismus.

Darüber, ob mein Leben noch lebenswert sei, habe ich allein zu entscheiden. Diese Wertung ist derart subjektiv, dass kein anderer Mensch darüber entscheiden kann. Für den einen können Zigaretten das Leben noch lebenswert machen, während das Leben für den anderen trotz allen ihm zur Verfügung stehenden Lebens- und Genussgütern zu einer so schweren Last geworden ist, dass er es unbedingt abschütteln will. Ob seine Entscheidung einfühlbar ist oder nicht, ist rechtlich unerheblich. Das schliesst nicht aus, dass namentlich Angehörige und Freunde einem bloss ephemer Lebensüberdrüssigen zureden. Man darf ihn aber nicht unter Druck setzen oder gar auf irgend eine Art zum Leben zwingen. Entweder hat der urteilsfähige Mensch ein freies Verfügungsrecht über sein Leben, oder er hat es nicht. Das Leben eines andern dürfen wir nie als lebensunwert qualifizieren im Sinne der Rechtfertigung zum Töten, wohl aber das eigene. Umgekehrt ist auch niemand legitimiert, einen anderen zum Weiterleben zu zwingen, mit der Begründung, dessen Leben sei noch lebenswert, wenn der Betreffende es selber anders bewertet. Diese beiden Thesen müssen Grundgesetze unserer Rechtsordnung sein. Dann besteht keine Gefahr des Dammbruchs, die von den Gegnern des Selbstbestimmungsrechtes immer wieder beschworen wird.

> *«Der Kranke muss darauf vertrauen können, dass seine Helfer (also im besonderen der Arzt. RK) nicht über den Wert oder Unwert des ihnen anvertrauten (fremden) Lebens befinden.»*
> *Prof. Dr. med. E. Seidler, Direktor des Instituts für Geschichte der Medizin der Albert-Ludwigs-Universität Freiburg i.Br. (Stellungnahme vom 26.4.1985 an den Rechtsausschuss des Deutschen Bundestages zum Thema Sterbehilfe).*

Ixchab, die Göttin des Suizides in der Religion der Maya-Indianer.
Laut Friedrich Heiler, Die Religionen der Menschheit (S. 68) hat Ixchab
den Selbsterlösern zum direkten Eingang ins Paradies verholfen.

Aus «Der informierte Arzt» 1993 S. 1385.

Letzter Hauch

Wem ich dieses klage,
Weiss, ich klage nicht;
Der ich dieses sage,
Fühlt, ich zage nicht.

Heute heisst's: verglimmen,
Wie ein Licht verglimmt,
In der Luft verschwimmen,
Wie ein Ton verschwimmt.
Möge schwach wie immer
Aber hell und rein
Dieser letzte Schimmer,
Dieser Ton nur sein.

David Friedrich Strauss,
Philosoph und Theologe,
Pantheist, gest. 1974

6. Kapitel

Eine «Regelung», die das Gesetz nicht ersetzen kann

Die ärztlichen Richtlinien für die Sterbehilfe

Griechische Grabgedichte

Ich starb; doch ich warte auf dich. Und auch du wirst einmal auf einen anderen warten: Alle Sterblichen empfängt in gleicher Weise ein und derselbe Hades.

(S. 159)

Hier liege ich, eine Tote, Staub. Sofern aber Staub, auch Erde; und sofern die Erde eine Gottheit ist, bin auch ich eine Gottheit und keine Tote mehr.

(S. 256)

Geh nicht vorüber an meiner Inschrift, Wanderer, sondern bleib stehen und wende dich erst fort, wenn du meiner Belehrung zugehört hast. Es gibt im Hades keinen Nachen, keinen Fährmann Charon, keinen Türhüter Aiakos, keinen Hund Kerberos. Wir Toten hier unten sind alle miteinander Gebein und Staub geworden, sonsten gar nichts. Nichts als die Wahrheit sagte ich dir. Zieh weiter, Wanderer, damit ich dir nicht im Tode wie ein Schwätzer vorkomme.

(S. 267)

Tot bin ich. Ja, und ich warte auf dich, wieder du auf den Nächsten. Ist ohne Unterschied doch allen der Tod uns bereit.

(S. 339)

Aus: Griechische Grabgedichte. Griechisch und deutsch von Walter Peek, Berlin-Ost 1960.

Die Richtlinien für die Sterbehilfe

der Schweizerischen Akademie der Medizinischen
Wissenschaften (SAMW) vom 5.11.1976/17.11.1981,
Ziffer III/3 in der Fassung vom 13.11.1987

Grundtext publiziert z.b. in Schweizerische Ärztezeitung 17.3.1982

Zu den Pflichten des Arztes und des Pflegepersonals, welche Heilen, Helfen und Lindern von Leiden als hohes Ziel umfassen, gehört auch, dem Sterbenden bis zu seinem Tode zu helfen. Diese Hilfe besteht in Behandlung, Beistand und Pflege.

I. Behandlung

a) In bezug auf die Behandlung ist der Wille des *urteilsfähigen* Patienten nach dessen gehöriger Aufklärung zu respektieren, auch wenn er sich nicht mit medizinischen Indikationen deckt.

b) Beim bewusstlosen oder sonst *urteilsunfähigen* Patienten dienen medizinische Indikationen als Beurteilungsgrundlage für das ärztliche Vorgehen im Sinne einer Geschäftsführung ohne Auftrag. Hinweise auf den mutmasslichen Willen des Patienten sind dabei zu berücksichtigen. Dem Patienten nahestehende Personen müssen angehört werden; rechtlich aber liegt die *letzte Entscheidung beim Arzt.* Ist der Patient unmündig oder entmündigt, so darf die Behandlung nicht gegen den Willen der Eltern oder des Vormundes eingeschränkt oder abgebrochen werden.

c) Bestehen bei einem auf den Tod Kranken oder Verletzten Aussichten auf eine Besserung, kehrt der Arzt diejenigen Massnahmen vor, welche der möglichen Heilung und Linderung des Leidens dienen.

d) Beim Sterbenden, auf den Tod Kranken oder lebensgefährlich Verletzten, – bei dem das Grundleiden mit infauster Prognose einen irreversiblen Verlauf genommen hat und – der kein bewusstes und umweltbezogenes Leben mit eigener Persönlichkeitsgestaltung wird führen können, lindert der Arzt die Beschwerden. Er ist aber nicht verpflichtet, alle der Lebensverlängerung dienenden therapeutischen Möglichkeiten einzusetzen.

II. Beistand

Der Arzt und das Pflegepersonal bemühen sich, ihrem auf den Tod kranken, lebensgefährlich verletzten oder sterbenden Patienten, mit dem ein Kontakt möglich ist, auch menschlich beizustehen.

III. Pflege

Der auf den Tod kranke, lebensgefährlich verletzte und der sterbende Patient hat einen Anspruch auf die seinen Umständen entsprechende und in der gegebenen Situation mögliche Pflege.

Kommentar zu den «Richtlinien für die Sterbehilfe»

Zu den Aufgaben des Arztes gehört auch die Sterbehilfe: sie ist das Bemühen, dem Sterbenden so beizustehen, dass er in Würde zu sterben vermag. Solche Sterbehilfe ist nicht nur ein medizinisches, sondern auch ein ethisches und juristisches Problem.

I. Ärztliche Überlegungen

Der von einer tödlichen Krankheit oder von einer lebensgefährlichen äusseren Gewalteinwirkung betroffene Mensch ist nicht notwendigerweise ein Sterbender. Er ist ein in Todesgefahr Schwebender, und es versteht sich von selbst, dass stets die Lebenserhaltung und wenn möglich die Heilung anzustreben ist. In solchen Fällen hat der Arzt diejenigen Hilfsmittel einzusetzen, die ihm zur Verfügung stehen und geboten erscheinen. Diesen Patienten zu behandeln, ist Lebenshilfe und keine Sterbehilfe.

1a) Die Sterbehilfe betrifft den *im Sterben liegenden Menschen.* Ein Sterbender ist ein Kranker oder Verletzter, bei dem der Arzt auf Grund einer Reihe klinischer Zeichen zur Überzeugung kommt, dass die Krankheit irreversibel oder die traumatische Schädigung infaust verläuft und der Tod in kurzer Zeit eintreten wird. In solchen Fällen kann der Arzt auf weitere, technisch eventuell noch mögliche Massnahmen verzichten.

b) Die ärztliche Hilfe endet beim *Eintritt des Todes,* dessen Definition in den «Richtlinien für die Definition und die Diagnose des Todes» der

Schweizerischen Akademie der Medizinischen Wissenschaften (1969) festgelegt ist.

2. Die Sterbehilfe umfasst die aktive Sterbehilfe (oder Sterbenachhilfe) und die passive Sterbehilfe. Allerdings ist diese Unterscheidung in einzelnen Fällen nicht leicht zu treffen.

a) Die aktive *Sterbehilfe* ist die gezielte Lebensverkürzung durch Tötung des Sterbenden. Sie besteht in künstlichen Eingriffen in die restlichen Lebensvorgänge, um das Eintreten des Todes zu beschleunigen. Aktive Sterbehilfe ist nach dem Schweizerischen Strafgesetzbuch strafbare vorsätzliche Tötung (StGB Artikel 111 bis 113, Adnex). Sie bleibt gemäss StGB Artikel 114 strafbar, selbst wenn sie auf Verlangen des Patienten erfolgt.

b) Die *passive Sterbehilfe* ist der Verzicht auf lebensverlängernde Massnahmen beim Todkranken. Sie umfasst die Unterlassung oder das Nichtfortsetzen von Medikationen, sowie von technischen Massnahmen, z.B. Beatmung, Sauerstoffzufuhr, Bluttransfusionen, Hämodialyse, künstliche Ernährung.
Ärztlich ist der Verzicht auf eine Therapie bzw. die Beschränkung auf eine Linderung von Beschwerden begründet, wenn ein Hinausschieben des Todes für den Sterbenden eine nicht zumutbare Verlängerung des Leidens bedeutet und das Grundleiden mit infauster Prognose einen irreversiblen Verlauf angenommen hat.

c) Als medizinische Sonderfälle sei das Vorgehen bei einigen zerebralen Störungen erörtert:
Apallisches Syndrom (Coma vigile, akinetischer Mutismus). Wenn der Patient ununterbrochen schwer bewusstseinsgestört bleibt und keinerlei Kommunikation mit seiner Umwelt hat, so muss der Arzt nach monatelanger Beobachtung beurteilen, ob der Prozess irreversibel ist. Es kann auf die besonderen lebensverlängernden Massnahmen verzichtet werden, auch wenn das Atmen und das Schlucken erhalten sind. Die Behandlung darf sich in diesen Fällen auf pflegerische Hilfe beschränken.
Schwere zerebrale Störungen des Neugeborenen. Bei schweren Missbildungen und perinatalen Schäden des Zentralnervensystems, die zu irreparablen Entwicklungsstörungen führen würden, und wenn ein Neugeborenes bzw. ein Säugling nur dank des fortdauernden Einsatzes aussergewöhnlicher technischer Hilfsmittel leben kann, darf von der erstmaligen oder anhaltenden Anwendung solcher Hilfsmittel abgesehen werden.

II. Ethische Gesichtspunkte

1. Die Schweizerische Akademie der medizinischen Wissenschaften war von dem Grundgedanken geleitet, dass es die *primäre Verpflichtung des Arztes* ist, dem Patienten in jeder möglichen Weise helfend beizustehen. Während des Lebens ist die Hilfe, die er leisten kann, ausgerichtet auf die Erhaltung und Verlängerung des Lebens. Beim Sterbenden hängt die *bestmögliche Hilfe* von einer Anzahl von Gegebenheiten ab, deren angemessene Würdigung und Abwägung den Arzt vor schwere Entscheidungen stellen kann. Der Arzt hat in seine Überlegungen unter anderem
   - die Persönlichkeit oder den ausgesprochenen oder mutmasslichen Willen des Patienten,
   - seine Belastbarkeit durch Schmerzen und Verstümmelung,
   - die Zumutbarkeit medizinischer Eingriffe,
   - die Verfügbarkeit therapeutischer Mittel,
   - die Einstellung der menschlichen und gesellschaftlichen Umgebung
   einzubeziehen.

2. Der Sterbeprozess beginnt, wenn die elementaren körperlichen Lebensfunktionen erheblich beeinträchtigt sind oder völlig ausfallen. Sind diese Lebensgrundlagen derart betroffen, dass jegliche Fähigkeit entfällt, Subjekt oder Träger eigener Handlungen zu sein, das heisst, sein Leben selbst zu bestimmen, und steht der Tod wegen lebensgefährdender Komplikationen unmittelbar bevor, so ist dem Arzt ein breiter Ermessensspielraum für sein Handeln zuzugestehen.
   Diese Richtlinien können *dem Arzt seine Entscheidung nicht abnehmen,* sollen sie ihm *aber* nach Möglichkeit *erleichtern.*

III. Rechtliche Beurteilung

Die Sterbehilfe beruht auf der *Verpflichtung des Arztes,* bei der Übernahme der Behandlung eines Patienten alles in seinen Kräften Stehende zu unternehmen, um Gesundheit und Leben des Kranken zu fördern und zu bewahren. Diese Pflicht wird als *Garantenpflicht des Arztes* bezeichnet. Der Arzt, welcher passive Sterbehilfe leistet, könnte zivil- oder strafrechtlich verantwortlich werden, wenn er dadurch seine Garantenpflicht verletzt. Deshalb muss der Arzt wissen, in welcher Weise diese Pflicht einerseits dem urteilsfähigen, bei vollem Bewusstsein befindlichen Patienten und andererseits dem bewusstlosen Patienten gegenüber besteht.

1. Der Wille des *urteilsfähigen* Patienten, der über die Erkrankung, deren Behandlung und die damit verbundenen Risiken aufgeklärt worden ist,

bindet den Arzt. Weil der urteilsfähige Patient darüber zu entscheiden hat, ob er behandelt werden will, kann er die Behandlung abbrechen lassen. Unter diesen Umständen entfällt die rechtliche Grundlage zur Behandlung mit denjenigen Massnahmen, welche der Patient nicht mehr wünscht. In diesem Fall darf sich der Arzt dem Wunsch des Patienten entsprechend darauf beschränken, nur noch leidensmildernde Mittel zu geben oder eine in anderer Weise beschränkte Behandlung durchzuführen, ohne dass er deswegen rechtlich verantwortlich wird. Es gilt der Grundsatz: «*Voluntas aegroti suprema lex esto.*»

2. Ist der tödlich erkrankte Patient *nicht mehr urteilsfähig* und deswegen nicht in der Lage, seinen Willen zu äussern (wie z. B. der Bewusstlose), so wird die Pflicht des Arztes zivilrechtlich nach den Regeln der «*Geschäftsführung* ohne *Auftrag*» bestimmt (OR Artikel 419ff.). Die Heilbemühungen sind dann entsprechend dem mutmasslichen Willen des Patienten auszuführen. Dieser Wille ist nicht einfach als auf blosse Verlängerung von Schmerzen und Leiden zielend anzusehen. Vielmehr kann der Respekt vor der Persönlichkeit des Sterbenden die Anwendung medizinischer Massnahmen als nicht mehr angezeigt erscheinen lassen. Ist diese Voraussetzung gegeben, so kann sich der Arzt strafrechtlich auf einen der «Geschäftsführung ohne Auftrag» entsprechenden Rechtfertigungsgrund berufen.

3. Wenn der Patient in einer früheren schriftlichen Erklärung auf jede künstliche Lebensverlängerung verzichtet hat, ist es *die Aufgabe* des Arztes genau abzuklären, ob die von den Richtlinien geforderten Voraussetzungen medizinisch gegeben sind. Erst wenn diese Voraussetzungen zweifellos erfüllt sind, soll der Arzt dem in der Erklärung bekundeten Willen des Patienten folgen, es sei denn, bestimmte Umstände liessen darauf schliessen, die Erklärung entspreche nicht dem wirklichen Willen des Patienten.

4. *Dem Patienten nahestehende Personen* sind anzuhören. (Nahestehende Personen sind in der Regel, doch nicht ausschliesslich, die nächsten Verwandten des Patienten.) Die letzte *Entscheidung liegt rechtlich* allerdings *beim Arzt.* Ist jedoch der Patient unmündig oder entmündigt, so darf die Behandlung nicht gegen den Willen der Eltern oder des Vormundes eingeschränkt oder abgebrochen werden.

Der rechtliche Stellenwert der in der vorstehenden Nummer abgedruckten Richtlinien

Eine «Regelung», die keine ist

Aktuelle juristische Praxis (AJP), Juli 1995

1. Bekanntlich hat die an sich so segensreiche, aber noch ungebremste moderne Lebensverlängerungstechnik auch zu qualvollen Leidensverlängerungen und zu sinnwidrigen monate-, ja jahrelangen Anwendungen auch bei Hirntoten und irreversibel Bewusstlosen geführt. Als sich diese Fälle so summierten, dass sie bald in allen grösseren Bekanntenkreisen ruchbar wurden, ging ein missbilligendes Raunen und Kopfschütteln durch die Bevölkerung: «Das kann doch nicht der Sinn des medizintechnischen Fortschrittes sein!» Die Reaktion der Ärzteschaft war: «Wir dürfen auch in diesen Fällen nicht abstellen; das wäre ja Mord!» Ein Zürcher Chefarzt wurde wegen passiver Sterbehilfe einige Tage vom Dienst suspendiert.

2. Für die in zweiter Linie[1] betroffene Ärzteschaft war das ein Alarmsignal. Konnte doch ein Arzt bei bester Absicht unversehens mit überkommenen Normen in Konflikt geraten, da die herkömmlichen ärztlichen Regeln und Grundsätze plötzlich nicht mehr griffen.

3. Was tun? Das Nächstliegende wäre es gewesen, den Gesetzgeber zu mobilisieren. Die Ärzteschaft hat indessen anders entschieden. Sie konnte und wollte sich nicht darauf verlassen, ob die Politiker, bei denen sie eine verschwindende Minderheit ist, ihre Interessen genügend wahren würden. Sie hat deshalb die Sache selber an die Hand genommen. In der Schweiz wurden zunächst in den grösseren Krankenhäusern ethische Kommissionen eingesetzt, die die Ärzte in schwierigen Situationen berieten und Regeln aufstellten. Zwischen 1969 und 1976 hat die «Schweizerische Akademie der Medizinischen Wissenschaften» (SAMW) drei bezügliche Richtlinien herausgegeben, die letzte über Sterbehilfe im Jahr 1976. Im November 1979 bestellte die SAMW eine Sonderkommission, *die Zentrale Medizin-Ethische Kommission.* Von dieser sind in der Folge die heute noch geltenden «Richtlinien» ausgearbeitet worden, die am 17. November 1981 vom Senat der SAMW genehmigt und 1984 neu herausgegeben wurden, darunter die *«Richtlinien für die Sterbehilfe».*[2]

4. Die heute geltenden «Richtlinien» wurden und werden verständlicherweise von der grossen Mehrheit der Ärzte und Krankenhäuser gerne befolgt. Sie haben sich aber – und hier liegt der punctum saliens – auch in der allgemeinen Öffentlichkeit und in der *Rechtslehre* sowie besonders in der *Praxis der Behörden* in einem Masse durchgesetzt, dass selbst die optimistischsten Erwartungen der SAMW übertroffen wurden. Sie werden in der Praxis der Behörden sogar *wie ein Gesetz behandelt und respektiert.* In der rechtswissenschaftlichen Literatur ist man zwar bei der normologischen Einstufung der Richtlinien noch relativ zurückhaltend, und es wird dort wenigstens klar festgehalten, dass sie nicht etwa Gesetzeskraft haben[3]. Es wird ihnen aber faktisch doch eine Art rechtlicher Normcharakter eingeräumt, wenn sie z.b. im Kommentar SCHUBARTH vollständig abgedruckt werden, wobei das Zitat mit der Bemerkung begonnen wird, es komme ihnen angesichts der bestehenden Unsicherheit auf dem Gebiete der Sterbehilfe grosse Bedeutung zu[4]. Frau BURKART[5] ist der Ansicht, dass sie in der Rechtsprechung «übernommen werden dürften». GUNZINGER[6] sieht in ihnen «gültige Massstäbe»[7] und anerkennt als letzte Instanz «das Gewissen des Arztes»[8]. Er findet die Patienten durch die Richtlinien genügend geschützt[9].

In der Rechtslehre werden denn auch mit Bezug auf die Sterbehilfe weitgehend die Grundsätze und Kriterien der Richtlinien übernommen, auch solche, die juristisch fragwürdig sind, z.B. die Ansicht, dass der Arzt die Stellung eines Geschäftsführers ohne Auftrag habe, oder dass er bei äusserungsunfähigen Patienten nach deren mutmasslichem Willen zu entscheiden habe[10]. So übernimmt auch REHBERG[11] fast Wort für Wort die Formulierung der Richtlinien. wenn er erklärt: «Hat das Grundleiden mit infauster Prognose einen irreversiblen Verlauf genommen, der dem Patienten kein gewissens- und umweltbewusstes Leben mit eigener Persönlichkeitsgestaltung mehr erlauben können wird, so ist der Arzt nicht verpflichtet, alle der Lebensverlängerung dienenden therapeutischen Massnahmen einzusetzen.» Soviel ich sehe, nimmt die Rechtslehre z.B. auch keinen Anstoss daran, dass bei der Vertretung von Sterbenden die allgemeinen Prinzipien des Vertretungsrechtes weitgehend ignoriert werden.

Rechtsstaatlich erstaunlich ist, dass kantonale Regierungen in Verkennung rechtsstaatlicher und demokratischer Grundsätze die Richtlinien in Verordnungen und Reglementen kurzerhand als verbindlich erklären[12].

Das war der Fall bei der Zürcher Krankenhausverordnung vom 25. Januar 1971, Neufassung 28. Januar 1981. Diese ist am 28. Januar 1991 ersetzt worden durch eine Patientenrechtsverordnung, in deren § 21 es nun heisst, er-

gänzend fänden die Richtlinien der SAMW Anwendung. was auf das nämliche hinausläuft, zumal die eigene Regelung kaum materielle Grundsätze
enthält, ausser dass darin in Verkennung der erwähnten zwei Gutachten in
§ 5 bestimmt wird, dass Wünsche des Patienten und Patientenverfügungen
nur «zu berücksichtigen» seien, was statt eines Fortschrittes einen Rückfall
bedeutete.
Ähnlich verhält es sich mit einer Verordnung der Regierung von Basel-Stadt
vom 11. Juli 1978 oder im St. Galler Grossratsbeschluss vom 24. Februar
1988, dessen Art. 8 bestimmt, dass das zuständige Departement ermächtigt
sei, die Richtlinien der SAMW über die Eingriffe in die Fortpflanzung bei
Menschen *für verbindlich zu erklären.*
Dem EXIT-Bulletin[13] ist ferner zu entnehmen, dass der Regierungsrat des
Kantons Thurgau einen Bedarf nach gesetzlicher Regelung der Sterbehilfe
verneint habe, mit der Begründung, in den Richtlinien der SAMW sei bereits eine Regelung vorhanden.
Allerdings können sich diese Regierungen irgendwie auf Äusserungen bzw.
sogar Entscheidungen der höchsten Landesbehörden stützen. So war es wohl
doch etwas unbedacht, wenn der Bundesrat bzw. das Justizdepartement erklärte, mit den Richtlinien sei das Rechtsgebiet der Sterbehilfe «geregelt»[14,15].
Und das Bundesgericht ist zum Schlusse gelangt, es sei unter dem Gesichts-
winkel des Verfassungsrechtes nicht zu beanstanden, wenn die Regierung
des Kantons Zürich die Richtlinien in der erwähnten «Krankenhausverordnung» als massgebend erklärt habe[16]. Die Begründung, es handle sich
bei der Krankenhausverordnung um eine blosse an die Ärzte gerichtete
anstaltsrechtliche Dienstanweisung, kann nicht überzeugen, da darin wiederholt in Grundrechte der Patienten eingegriffen wurde. Erst recht gilt
diese Begründung nicht für die spätere Patientenrechtsverordnung.
Im Parlament[17] wurde ebenfalls u.a. noch und noch damit argumentiert,
eine gesetzliche Regelung sei angesichts der Richtlinien der SAMW überflüssig.
5. Man fragt sich, wie eine solche normologische Überbewertung der Richtli-
nien in einem Rechtsstaat möglich war und ist.
Der unerwartete Goodwill, der den Richtlinien zuteil wurde und ihnen faktisch so etwas wie Gesetzeskraft verliehen hat, ist namentlich auf folgende
Gründe zurückzuführen:
Zum einen haben die Richtlinien wegen der ausserordentlichen Unsicherheit, die infolge der medizintechnischen Umwälzung entstanden war, er-
lösend gewirkt. Sie waren auch von befreiender Überzeugungskraft, da sich

die offizielle Ärzteschaft damit von der vorherigen starren Dogmatik losgesagt hat, die den Arzt nach dem Rezept «fiat justitia, pereat mundus» verpflichten wollte, Leben, das keines mehr ist, *um jeden Preis zu verlängern.* Sie hat damit grundsätzlich den Weg zu einem wieder humanen Sterben freigemacht.

Dazu kommt, dass die Richtlinien es trefflich verstanden, die entstandenen schwierigen Probleme des Sterbevorganges mit prägnanten Formulierungen zu umschreiben, wobei die spezifisch medizinischen Formulierungen derart im Vordergrund standen, dass die Allgemeinheit im Gefühl bestärkt wurde, es handle sich insgesamt um eine medizinische Angelegenheit. Das wiederum verleitete die Ärzteschaft, sich für den ganzen Vorgang und alle seine Aspekte für allein zuständig zu erachten. Und so ist es wohl zu erklären, dass bei allem Fortschritt, den die Richtlinien brachten, das alte Muster «allmächtiger Arzt, ohnmächtiger Patient» weitgehend erhalten blieb. Dabei ist allerdings nicht zu vergessen, dass dieses Muster bei den Patienten nicht überall auf Ablehnung stiess und stösst. Vielen war und ist diese überkommene Gegebenheit so vertraut, dass sie für sie kein Ärgernis bedeutet. Andere haben wenig Interesse an dem vom modernen Menschen im allgemeinen proklamierten Selbstbestimmungsrecht. Vielmehr ist ihnen nach ihrer Veranlagung oder wegen ihres Zustandes die Fremdbestimmung gar nicht so unerwünscht.

Die ärztlichen Richtlinien über die Sterbehilfe können indessen eine gesetzliche Regelung der Sterbehilfe niemals ersetzen.
6. Die beschriebene Reverenz gegenüber den Richtlinien der SAMW wäre in einer Zeit, in der der Rechtsstaat noch tabu und der Geist der Rechtsstaatlichkeit noch lebendig war, unvorstellbar gewesen. *Eine rechtliche Grundlage für diese normologische Qualifikation der Richtlinien* gibt es nämlich nicht.
6.1. Rechtlich handelt es sich bei den Richtlinien um sogenannte (private) Standesregeln einer Berufsgruppe, vereinsinterne Vorschriften für das Verhalten der Vereinsmitglieder[18].
– Solche Standesregeln sehen meist interne Sanktionen vor, wie Rügen, Androhung des Ausschlusses und schliesslich Ausschluss aus dem Berufsverband. Zu den Essentialien solcher Standesregeln gehört sonst durchwegs, dass sie für die Mitglieder als verbindlich erklärt werden. Aber die hier besprochenen Richtlinien der SAMW verzichten sogar ausdrücklich auf die Verbindlicherklärung für ihre Verbandsmitglieder. Sie verstehen sich bloss als Empfehlungen, nicht als für den Arzt verbindliche Normierungen[19].

Zwar besteht für die Ärztegesellschaft des Kantons Zürich eine Standesordnung, in der die Ahndung von Verstössen gegen diese vorgesehen ist und in der es heisst, dass auch die hier behandelten Richtlinien «gelten». Aber, abgesehen davon, dass nur eine bestimmte Pflicht des Arztes in dieser Beziehung festgehalten ist, fallen Sanktionen wohl ausser Betracht, da die Richtlinien sich selber bloss als Empfehlungen verstehen.

6.2. Sind die Richtlinien nicht einmal für die Ärzte verbindlich, so können sie es erst recht nicht für die Allgemeinheit, bzw. für Nichtärzte und im besonderen für Patienten sein.

6.3. Der SAMW lag es sicher auch fern, eine Allgemeinverbindlichkeit, bzw. eine Gesetzgebungskompetenz, in Anspruch zu nehmen. Eine formale Gesetzgebungskompetenz steht völlig ausser Diskussion. Die Ärztegesellschaft und ihre Organe sind ja auch keine staatlichen Organe oder Behörden.

6.4 Ein Ärgernis ist es für die Allgemeinheit, dass beim «Erlass» der Richtlinien auch jede Spur eines demokratischen Verfahrens fehlt. Die SAMW weist zwar auf die Mitwirkung von Vertretern anderer Wissenschaften und anderer Fachbereiche hin. Sie hat in die Zentrale Medizinisch-Ethische Kommission auch einen Juristen und zwei Delegierte des Schweizerischen Verbandes der Krankenpfleger-Innen berufen. Von einem paritätischen interdisziplinären Gremium kann aber bei einem Juristen und zwei Pflegern bei 14 Mitgliedern, von denen alle anderen Ärzte sind, keine Rede sein. Und die Nichtärzte sind überdies von einer nur aus Ärzten bestehenden Wahlbehörde berufen, also nicht unabhängig.

6.5 Es kommt aber noch dazu, dass sich der Inhalt der Richtlinien keineswegs auf ärztliches Fachwissen beschränkt. Wie die Richtlinien selber betonen, handelt es sich nicht nur um ein medizinisches Problem, sondern auch um ein ethisches und juristisches (hinzuzufügen wäre: auch ein soziales und psychologisches) Problem. Dem tragen aber die Richtlinien im Grunde durch die erwähnte Berufung eines von der SAMW selber zugezogenen Juristen nicht in echter Weise Rechnung. Die Medizinisch-Ethische Kommission nimmt für sich ein Fachwissen in Anspruch, für das ihr die besondere Legitimation fehlt[20].

Das gilt ganz besonders für die besonders wichtige *rechtliche* Seite der Sache, aber auch für die ethische. Was die rechtliche Seite anbelangt, ist die Inanspruchnahme der bezüglichen Kompetenz umso erstaunlicher, als es hier meist um besonders schwierige Rechtsfragen geht.

Was die Ethik anbelangt, ist sie vor allem eine Domäne der Philosophen, wobei aber zu beachten ist – und das mag das Vorgehen der SAMW als verständlicher erscheinen lassen –, dass hier allgemein-menschliche Fragen zur Diskussion stehen, für die sich jeder Mann, jede Frau auf der Strasse irgendwie kompetent fühlen darf.

Der vielleicht ungenügend bewusste Übergang vom Medizinisch-Fachlichen in das Nichtmedizinisch-Ethische bzw. das Allgemein-Menschliche wird besonders bei der Behandlung von Patientenverfügungen sichtbar. Hier sind zwei Entscheidungsbereiche zu unterscheiden:

a. Zum einen die Entscheidung darüber, ob die vom Patienten umschriebenen Voraussetzungen, nämlich:

1. solche medizinischer Art, z.b. infauste Prognose;

2. penible Zustände (z.b. Hilflosigkeit, peinliches Aussehen, geistiger Zerfall nicht mehr erkennen der Angehörigen etc.) erfüllt seien,

b. Zum anderen die Entscheidung darüber, ob der betreffende Mensch bei Vorliegen bestimmter Voraussetzungen und Zustände weiter leben will oder leben soll (eine höchstpersönliche oder auch eine ethische und rechtliche Frage).

Nur die Entscheidung a1 setzt medizinische Fachkenntnisse voraus und gehört damit in die Kompetenz des Arztes[21].

Die Entscheidungen a2 und b sind dagegen keine Fachentscheidungen, für die der Arzt eine besondere Zuständigkeit in Anspruch nehmen könnte. Dazu ist im Grunde jedermann fähig, zuerst und vor allem der Patient selber. Wenn dieser sich dazu geäussert hat, sei es aktuell oder in einer früheren Patientenverfügung, so ist das für jedermann massgebend. Kein Mensch hat hier mitzureden oder gar zu entscheiden.

Nur der Patient ist im besonderen zuständig, darüber zu befinden, ob sein Leben noch lebenswert sei. Ob ihm weiteres Leiden *zuzumuten* sei, ob es *unvernünftig*[22] sei, auf lebensverlängernde Massnahmen zu verzichten, ob die lebensverlängernden Massnahmen *sinnlos* seien, ob das «Leben» trotz der genannten Voraussetzungen und Zustände noch *menschenwürdig* sei.

Dem Arzt kann, wie die Deutschen sagen, keine Vernunftshoheit in diesem höchstpersönlichen Bereich zugesprochen werden.

Nun bezieht sich aber die Wendung in den Richtlinien «Die letzte Entscheidung liegt aber rechtlich beim Arzt» offenbar auch auf alle diese nicht spezifisch medizinischen, sondern höchstpersönlichen Feststellungen und ethischen und rechtlichen Fragen[23]. Den Arzt auch dafür als die kompetente Instanz einzusetzen, ist unzulässiger Paternalismus[24] und eine Kompetenzüberschreitung. Immer mehr Ärzte lehnen diese Kompetenzübermarchung entschieden ab. So auch der Präsident der EXIT, Prof. Dr. M. Schär[25], der auch in einem Radiogespräch erklärt hat, die Revision der Richtlinien müsse beim Satze «Letztlich entscheidet der Arzt» einsetzen; letztlich entscheide nicht der Arzt, sondern der Patient. Das sei auch die Ansicht vieler anderer Ärzte. 400 Ärzte seien Mitglieder der EXIT. Ganz in diesem Sinne schrieb uns ein Arzt am 9. Februar 1990: «Glücklicherweise gibt es auch Ärzte, die sich nicht zu diesen Göttern zählen.» Auch PD Dr. BRÜCKNER erklärte, in nichtmedizinischen Fragen habe der Arzt kein Entscheidungsmonopol, sondern in erster Linie der Patient. Im Festhalten an dieser Position sieht er ein gewisses ärztliches «entêtement»[26]. Prof. Dr. M. SCHÄR qualifizierte die Richtlinien als arrogant[27].

Dabei widersprechen sich die Richtlinien, indem sie einerseits betonen, der Wille des Patienten sei oberstes Gesetz und verbindlich, aber fast im gleichen Atemzug hervorheben, letztlich entscheide der Arzt und er sei nicht verpflichtet, sondern nur berechtigt, den Willen des Patienten zu befolgen. Auf diesen Widerspruch hat auch Bundesrichter LEVI in seinem Gutachten z.H. des Regierungsrates des Kantons Zürich[28] hingewiesen.

6.6. Die fast unheimliche Macht der Ärzte, über Leben und Tod ihrer Mitmenschen zu entscheiden, wie sie ihnen die Richtlinien einräumen, hat ihnen bekanntlich den wenig ruhmreichen Titel «Götter im weissen Kittel» eingebracht. Nun fällt der Arzt aber dieses Urteil über Leben oder Tod des Patienten *äusserst formlos und fast ohne ein Verfahren einhalten zu müssen. Nicht einmal der Staat verfügt in so formloser Weise über die Menschen seines Territoriums*, auch derjenige nicht, der noch die Todesstrafe kennt. Denn jedes wichtigere Strafurteil, erst recht ein Todesurteil, setzt ein *minutiöses Verfahren*, mit allen denkbaren Sicherungen voraus.

Zwar wird in den Richtlinien gesagt, der Arzt habe vor seiner Entscheidung die nächsten Angehörigen anzuhören[29] (es wird nicht einmal eine vorherige Anhörung des Patienten als Pflicht erwähnt), die von der Patientenverfügung geforderten Voraussetzungen genau zu prüfen und die Umstände des Falles sorgfältig abzuklären. Ferner wird ihm nahegelegt, in seine Überlegungen die Persönlichkeit und den mutmasslichen Willen, seine Belastbarkeit, die Zumutbarkeit von Eingriffen und sogar die Einstellung der Umwelt einzubeziehen. Soweit man hier überhaupt von eigentlichen Verfahrensvorschriften reden kann, sind sie so rudimentär, dass von einem rechtsstaatlichen Entscheidungsverfahren keine Rede sein kann.

Besteht hier übrigens immer *Gewähr* dafür, dass die Umstände sorgfältig genug abgeklärt werden? Hat der Arzt immer genug Zeit dafür? Nimmt er sich dafür genug Zeit? Welches ist seine ethische Einstellung (diese kann ausnehmend large, aber auch ungewöhnlich streng oder konfessionell bedingt sein)? Wie ist es, wenn der Patient gerade diesen Arzt vorher verär-

gert hat? Oder wenn der Patient dem betreffenden Arzt einfach unsympathisch ist oder wenn er aus einem vielleicht unwichtigen Grund einen Groll auf ihn hat? Hat man je etwas davon gehört, dass der Arzt wie eine Behörde in solchen Fällen in den Ausstand treten muss? Die Richtlinien räumen dem Arzt einfach – und damit ist das Entscheidende auf einen Nenner gebracht – einen «breiten Ermessensspielraum» ein (A./2)[30]. Insgesamt ist der Patient bei einer solchen Regelung weitgehend dem Willen eines einzelnen Arztes, den er vielleicht kaum kennt, ausgeliefert.
Dabei ist sehr zu beachten, dass die Richtlinien voll von sehr vagen Kriterien sind, die schon fast als Blankette oder Leerformeln bezeichnet werden können, wie «vernünftigerweise», «zumutbar», «kurze Zeit», «schwer bewusstseinsgestört», «bestimmte Umstände», «Belastbarkeit», «Einstellung der Umwelt» etc. Deshalb wird in der Literatur darauf hingewiesen. dass das Abstellen auf solche vagen Kriterien ein «fürchterliches Missbrauchspotential» enthalte[31].
6.7. Last but not least ist festzuhalten, dass die Ärzte mit den Richtlinien *in eigener Sache* «legiferiert» haben, während in einem Rechtsstaat jeder in den *Ausstand treten muss*, wenn über eine Angelegenheit zu entscheiden und zu bestimmen ist, *in der seine eigenen Interessen direkt tangiert sind.* Niemand wird nun aber in Abrede stellen wollen, dass bei den Richtlinien neben denen der Patienten in beträchtlichem Masse auch Interessen der Ärzte auf dem Spiele stehen.
Abschliessend ist festzustellen, dass in der merkwürdigen Neigung unserer Behörden, die Richtlinien einem Gesetze gleichzustellen, irgendwie die heutige Abkehr[32] vom rechtsstaatlichen Denken sichtbar wird, da bei einer Gleichstellung der Richtlinien mit einem Gesetz gerade die wichtigsten Prinzipien und Anliegen des Rechtsstaates ausser Acht gelassen werden:
– Mit den sogenannten «checks and balances» will der Rechtsstaat jedes für die Gesellschaft nicht unbedingt nötige Mass an *Macht* der einen Menschen über die anderen eindämmen. Diese checks and balances fehlen bei den Richtlinien fast vollständig;
– Mit verschiedenen Mitteln will der Rechtsstaat die *Willkür* bei der Ausübung der Macht möglichst verhindern. Diese Mittel fehlen in den Richtlinien fast vollständig;
– Der Rechtsstaat will auch möglichst verhindern, dass Machtinhaber die ihnen anvertraute Macht zum eigenen Vorteil ausüben können. Die Richtlinien enthalten keine Bestimmungen, die es ausschliessen sollen, dass bei den Entscheidungen nicht eigene Interessen eine Rolle spielen können, wie kommerzielle Interessen der Krankenhäuser.

7. Wie in Fussnote 2 erwähnt, bestehen fast gleiche Richtlinien auch in der BRD. Und auch dort wird ihnen zum Teil fast die Bedeutung von staatlichen Gesetzen beigemessen. Aber, anders als in der Schweiz, wird letzteres dort nicht einfach so hingenommen, sondern klar beanstandet. So in der Anhörung von Experten im Rechtsausschuss des Deutschen Bundestages vom 15. Mai 1985[33]. Prof. ESER bemerkte[34], das Strafrecht dürfe nicht zum Büttel einer sektoralen Berufsethik werden. Die materiellen Grundsätze der Richtlinien wurden in der erwähnten Anhörung harschen Kritiken unterzogen:

– Der unkontrollierte Ermessensspielraum des Arztes sei unerträglich[35];
– Der Arzt sei kein Deuter und Orakler des Lebenssinns[36];
– Der Patient müsse sich darauf verlassen können, dass der Arzt nicht über den Wert oder Unwert seines Lebens entscheide[37];
– Der Patient dürfe nicht den persönlichen Erwägungen des Arztes ausgeliefert werden[38];
– Wie gefährlich das werden könne, werde besonders einleuchtend, wenn man sich überlege, dass der betreffende Arzt einer Sekte angehören könne[39];
– Im Grenzbereich des Lebens könne es keinen Freiraum ärztlichen Ermessens geben[40].

Den Ärzten wird in der BRD besonders auch die fachliche Kompetenz im ethischen und juristischen Bereich abgesprochen[41]. Es wird auch beanstandet, dass die in erster Linie Betroffenen bei der Erarbeitung der Richtlinien ausgeschaltet gewesen seien[42] und dass die Richtlinien nicht interdisziplinär entstanden seien[43].

Es wurde auch immer wieder betont, es sei eine Illusion, zu glauben, die ärztliche Ethik sei besonders vorbildlich und massgebend[44]. Wiederholt wurde von Ärzten selber der Standpunkt vertreten, sie seien gerade in menschlich-ethischer Beziehung auf die Herausforderung durch die Eigendynamik der medizinischen Technik nicht vorbereitet gewesen. Die bezügliche Ausbildung sei ganz ungenügend[45]. Prof. BARNARD bezeichnete die ärztliche Ethik in einem Kongress der DGHS vom November 1985 sogar als kurzsichtig und engherzig[46] und bemerkte in seinem Buche «Glücklich leben, würdig sterben»[47], manchmal glaube er, dass die Allgemeinheit dem schwachen Sterblichen, nur weil er Medizin studiert habe, eine zu grosse Verantwortung aufgebürdet habe.

Ähnlich wie bei der Anhörung von Experten beim Rechtsausschuss des Deutschen Bundestages wurde im deutschen Juristentag von 1986[48] argumentiert, an dem auch prominente Vertreter der Medizin teilnahmen. So erklärten – um ganz wenige der Äusserungen gleicher Art zu erwähnen: Prof. SCHREIBER, man dürfte nicht alles dem ärztlichen Ermessen überlassen und die lex artis sei wandelbarer und unsicherer als ein Gesetz[49]; oder Prof. KREUZER, der Arzt dürfe nicht zum Vormund der Patienten werden[50]; oder Prof. KOCH, die ärztlichen Richtlinien seien bloss privater bzw. standesrechtlicher Natur und sie seien auch undemokratisch zustande gekommen, indem die Patienten übergangen worden seien[51]; und die in dieser Materie besonders kompetenten Professoren TRÖNDLE und ESER sind der Ansicht. ohne eine gesetzliche Regelung sei nicht weiterzukommen[52].

Die vorliegende kritische Beurteilung der ärztlichen Sterbehilfe-Richtlinien mit Bezug auf ihren normologischen Stellenwert deckt sich weitgehend mit der rechtlichen Beurteilung derselben in der Dissertation von KATHRIN REUSSER[53], die die de facto Gleichstellung der Richtlinien mit einem Gesetz ebenfalls erstaunlich findet und unter Berufung auf URSULA BRUNNER[54] eine «demokratische Legitimierung» derselben fordert.

Nichts ist so schwer
wie der Abschied von der Macht
Charles Maurice de Tayeraut

---

1 Die in erster Linie Betroffenen, die Patienten, haben erst viel später reagiert.
2 Ähnliche Richtlinien bestehen in anderen Ländern, z.B. «Resolution der Deutschen Gesellschaft für Chirurgie» von 1979, Auszug davon bei ARZT/WEBER, Strafrecht, besonderer Teil. 2. A, 1988, 76, Nr. 183; und Richtlinien der Bundesärztekammer für die Sterbehilfe v. 1979 in Deutsches Ärzteblatt 1979, 957 ff.
3 So auch Sten. Bulletin des Nationalrates vom 2. Dezember 1980, 1388 (Nationalrat Dr. iur. H. Braunschweig)
4 Kommentar Schubart Note 48, 30
5 «Das Recht, in Würde zu sterben, ein Menschenrecht»
6 Burkart (FN 5), 133
7 Gunzinger, Sterbehilfe und Strafgesetz, 1978, 189
8 Gunzinger (FN 7), 187
9 Gunzinger (FN 7), 186
10 Vgl. dazu Kehl, AJP/PJA 1994 159

11 Grundriss, Strafrecht III 1990, 27

12 Das erwähnt auch das Bundesgericht in BGE 115 Ia 243 mit der Feststellung, dass gewisse Kantone in ihren bezüglichen Verordnungen bloss auf die SAMW-Richtlinien hinweisen, während andere die Sterbehilfe in Gesetzen geregelt hatten (dort ging es um die Richtlinien betr. die Fortpflanzung von Menschen auf künstliche Weise)

13 Nr. 47/1994, 2

14 Botschaft zur Initiative «Recht auf Leben» vom 28. Februar 1978 = BBl 1983 II, 1 ff. Ziff. 722, und «Euthanasiebericht» des Bundesamtes für Justiz vom 21. April 1988, 5, und Verwaltungspraxis der Bundesbehörden 1987 S. 259

15 In der BRD, wo es sich ähnlich verhält, ist man im Sprachgebrauch vorsichtiger mit der Wendung, die Richtlinien wurden auch «von der politischen Ebene getragen»

16 BGE 98 1a 519

17 Nichtjuristen mag vielleicht das Wort «lex» im Ausdruck «lex artis» zur Annahme verleiten, es handle sich bei den Richtlinien um eine Art rechtliches Gesetz. Der Ausdruck «lex» hat hier aber mit Recht oder mit lex im Rechtssinne nichts zu tun.

18 Vgl. dazu die Begründung der Motion Braunschweig in Sten. Bulletin vom 2. Dezember 1980. 1388

19 Kommentar II/2

20 Im Artikel «Sterben und Tod in der Medizin» von H.J. Hannich in Der informierte Arzt 4/94, 262 ff. weist der Autor – fast 20 Jahre nach den ersten Richtlinien für die Sterbehilfe – darauf hin, dass mit Bezug auf die nicht rein medizinische Seite des Sterbens in der Ausbildung der Ärzte und in den medizin-wissenschaftlichen Arbeiten noch immer eine grosse Lücke klaffe. Er erklärt dies mit dem vorwiegend naturwissenschaftlich-objektiven Denken der Mediziner und mit beruflichem Ehrgeiz, die die Natürlichkeit des Todes und des Sterbens nicht recht in ihr Konzept integrieren könnten. Die Feststellungen stehen in einem auffälligen Kontrast zur Sicherheit, mit der die Richtlinien die Kompetenz zu Entscheidungen auch im juristisch-ethischen Bereiche in Anspruch nehmen.

21 Wird die Entscheidung angefochten, liegt die wirklich letzte Entscheidung beim Richter (vgl. z.B. den Bericht der Kommission Spreng zur Allgöwer-Initiative vom 27. August 1975, 15, dazu ferner BGE 95 5a Nr. 78)

22 In einem Gutachten des Sachverständigenrates der BRD für konzentrierte Aktionen im Gesundheitswesen von 1992 wurde zutreffend erklärt, eine Entscheidung des Patienten sei auch dann zu respektieren, wenn sie aus ärztlicher Sicht schade und vom ärztlichen Standpunkt aus irrational sei. Der Entscheid könne nach der Wertwelt des Patienten dennoch rational sein (GPI 3/92 Nr. 128)

23 Der erwähnte, in den Richtlinien sogar mit Kursivschrift hervorgehobene Leitsatz «Letztlich entscheidet der Arzt» weist eine erstaunliche Übereinstimmung mit dem biblischen Text auf: «Meine Zeit (mein Geschick, mein Leben) steht in Deiner Hand.» (Ps. 31/16)

24 So auch Gelzer in «Soziale Medizin» März 1990, 4, der die Richtlinien allgemein als paternalistisch und ständisch empfindet

25 Senioren-Express, März 1993, 25

26 Auch Till Bastian äusserte sich recht kritisch zu den «neuen Göttern auf dem verwaisten Thron» («Der informierte Arzt» 10/93, 771 ff.)

27 EXIT-Bulletin Nr. 3/1994

28 Vom 6. Oktober 1989, 30

29 Kann man die Entscheidung ganz oder teilweise von der Meinung der Angehörigen

abhängig machen, die oft genug eigene Interessen haben oder eine völlig andere Lebenseinstellung als der Sterbende? Kommt man damit übrigens nicht vielleicht vom Regen in die Traufe?

30 Solche Wendungen hat wohl auch Ch. Brückner im Auge, wenn er fand, die Richtlinien enthielten Formulierungen, die Anstoss erregen (Schweiz. med. Wochenschrift 1990, 1169). Auch Prof. J.-P. Wils (NZZ 20./21. Juli 1991) bezeichnet die heutige Einschätzung der ärztlichen Souveränität als «zweifellos korrekturbedürftig» und sieht in der «Rückeroberung des eigenen Todes» eine der vordringlichsten Aufgaben

31 Arzt/Weber, Strafrecht, besonderer Teil, 3.A., 1988, 77

32 So ist es besorgniserregend, wenn:
- der Bundesrat, dessen vornehmste Aufgabe es wäre, über die Beobachtung der Verfassung zu wachen (Art. 102 Ziff. 2 BV), im Drogenbereich ohne Notrecht die Verletzung eine Gesetzes probt,
- ein Nationalrat im Parlament ungerügt erklären kann, möge das Gesetz bestimmen, was es wolle, er führe seine Gesetzesverletzungen weiter,
- oder wenn eine Bundesrätin erklärt «Nicht nur Macht und Gesetz sollen sich durchsetzen können» (sondern «Solidarität und Verhandlungskultur»),
- oder wenn eine Stadträtin sogar die Kühnheit hat, zu erklären es geht jetzt darum, «vernünftig gegen das Gesetz zu verstossen»,
- oder wenn die Staatsanwaltschaft des Kantons Zürich die Bezirksanwaltschaften zur vorübergehenden Anwendung des Opportunitätsprinzips statt des Legalitätsprinzips – das bisher die sakrosankte Grundlage unseres Staatswesens war – ermächtigt

33 Prot. 37 ff

34 DJZ 84 S. 786 und 789

35 Prot., 31 f.

36 Prot., 10

37 Prot., 59.

38 Prot., 44.

39 Prot., 135.

40 Prot., 175.

41 Prot., 80

42 Prot., 81.

43 S. 102

44 Prot., 70.

45 Prot., 70.

46 Prot., 141

47 Prot., 114

48 Sitzungsbericht, Verlag C.H. Beck, Bd. 11 Teil M. München 1986

49 Sitzungsbericht (FN 49), 68-69

50 Sitzungsbericht (FN 49), 163

51 Sitzungsbericht (FN 49), 134

52 Sitzungsbericht (FN 49), 70

53 Patientenwille und Sterbebeistand, Diss. Zürich 1994, 59 und 225-232

54 Rechtssetzung durch Private, Private Organisationen als Verordnungsgeber, Diss. Zürich 1982

Eine Wende bei den ärztlichen Richtlinien zur Sterbehilfe?

In der Phase der Drucklegung dieses Buches sind die neuen «Medizinisch-ethischen Richtlinien für die ärztliche Betreuung sterbender und zerebral schwerst geschädigter Patienten» der Schweiz. Akademie der medizinischen Wissenschaften vom 24. Februar 1995 publiziert worden («Schweiz. Ärztezeitung» vom 16. Juli 1995).

Hier eine erste summarische Beurteilung:
1. Uns interessiert vor allem die neue Haltung betreffend die Patientenverfügungen. Ich sehe hier einige beachtliche Widersprüche:
   a) (Mündliche oder schriftliche) Patientenverfügungen von noch urteilsfähigen Patienten sollen nach Ziff. 2.1 nur <u>respektiert</u> werden, obschon man gerade hier die Anerkennung als schlicht verbindlich erwartet hätte.
   b) Bei urteils- oder äusserungsunfähigen Patienten sehe ich einen Widerspruch insofern, als die Patientenverfügungen in Ziffer 3/3 nur als «Orientierungshilfen» bewertet werden, während sie dann – und das ist vom <u>Wortlaut</u> her beachtlich – in Ziffer 3/4 als verbindlich anerkannt werden.
   Was nützt aber das schöne Wort verbindlich, wenn die Patientenverfügung nach einer anderen Ziffer der gleichen Richtlinien nur eine «Orientierungshilfe» ist und wenn der Ausdruck verbindlich zudem nachher durch Klauseln verwässert wird, die es leicht machen, die Verbindlichkeit auch aus diesem Grunde doch wieder in Frage zu stellen?
   Auch der an sich erfreuliche Verzicht auf die besonders anstössige Wendung «die letzte Entscheidung liegt allerdings beim Arzt» ist zwar ein Schritt in die richtige Richtung, aber bei näherem Zusehen wird auch durch diese stilistische Änderung der breite Spielraum des Arztes (Ziff. II/2 der früheren Richtlinien) durch die neuen Richtlinien von 1995 kaum eingeschränkt.
2. Leider operieren auch die neuen Richtlinien wieder mit dem mutmasslichen Willen des Patienten, obschon dieser Topos rechtlich unhaltbar ist. Und sie engen die passive Sterbehilfe erneut auf Moribunde ein, was die Anerkennung von Patientenverfügungen nochmals massiv einschränkt.

3. Mit Bezug auf die Einstellung zum Freitod und zur Freitodhilfe hat man den Eindruck, Frau Dr. Cécile Ernst zu lesen – mit den unrichtigen Thesen, Suizide seien mit ganz seltenen Ausnahmen Ausfluss psychisch-pathologischer Zustände und die überwiegende Mehrheit von überlebenden Suizidalen distanziere sich später vom Suizidgedanken; und die meisten Schmerzen könne man ferner mit palliativen Massnahmen beheben, so dass die Angst vor schlimmen terminalen Schmerzen fast unbegründet sei.

4. Die Ausführungen in der Nr. 40 der vorliegenden Sammlung sind also leider in den hier erwähnten Beziehungen durch die Neufassung der ärztlichen Richtlinien von 1995 nicht überholt.

Archiv DGHS. Aus HLHS 2/1993 S. 12
General Franco (Bild) und Marschall Tito waren berüchtigte Beispiele
von Opfern sinnloser lebensverlängernder Massnahmen

Entwurf neuer «Medizinisch-ethischer Richtlinien»

der Schweizerischen Akademie der Medizinischen Wissenschaften für die ärztliche Betreuung sterbender und zerebral schwerst geschädigter Patienten

Ausschreibung zur Vernehmlassung in der Schweizerischen Ärztezeitung Band 74 Heft 39/1993, S. 1490

Diskussionen über Sterbehilfe wurden in den letzten Jahren vor allem in Holland sehr intensiv geführt; in diesem Lande wird z.zt. ein Gesetz vorbereitet, das passive, vor allem aber auch die aktive Sterbehilfe nach neueren Erkenntnissen juristisch absichern soll. – Bei uns entfaltet die Vereinigung «EXIT» einige Aktivität.
Dagegen gibt es keine Hinweise darauf, dass in der Schweiz der Gesetzgeber den Art. 114 des Strafgesetzbuches zu revidieren beabsichtigt. Dieser besagt, dass jede Form der aktiven Sterbehilfe strafbar sei, selbst wenn ein urteilsfähiger Patient ernsthaft darum ersucht.
Die SAMW beauftragte deswegen ihre Zentrale Ethik-Kommission, die früheren «Richtlinien für die Sterbehilfe» vom 5. November 1976 und vom 17. November 1981 unter Beizug von Experten zu überarbeiten und im Hinblick auf die neuaufgetretenen Probleme zu ergänzen. Diese revidierten Richtlinien sind dazu bestimmt, den Schweizer Ärzten die in unserem Lande geltenden Gesetze in Erinnerung zu rufen und ihre Anwendung in der ärztlichen Praxis darzustellen. Sie werden jetzt – nach Genehmigung durch den Senat im Juni 1993 – erstmals publiziert und der Schweizer Ärzteschaft zur Vernehmlassung unterbreitet. Einwände, Kommentare oder Änderungsvorschläge sind zuhanden der Zentralen Ethik-Kommission bis Ende 1993 an das Generalsekretariat der SAMW zu richten.
Prof. A.F. *Müller,* Präsident der SAMW
Prof. W.H. *Hitzig,* Präsident der Zentralen Ethik-Kommission
Mitglieder Subkommission
Dr. Cécile *Ernst-Allemann,* Zürich, Präsidentin
PD Dr. A.G. *Bondolfi,* Zürich
PD Dr. Ch. *Brückner,* Basel
Dr. Sylvia *Käppeli*

Dr. Ch.-H. Rapin, Collonge-Bellerive/Genève
Dr. J. Rey-Bellet, Monthey
Dr. Gertrud Siegenthaler-Zuber, Zürich

I. Geltungsbereich

Diese Richtlinien beziehen sich auf die ärztliche Betreuung von Sterbenden, d.h. von Personen, bei welchen der Arzt auf Grund klinischer Anzeichen zur Überzeugung kommt, dass der Tod innert kurzer Zeit eintreten wird; ferner auf die ärztliche Betreuung schwerst zerebral Geschädigter, d. h. Personen, die an einer irreversiblen, lokalen oder diffusen Hirnschädigung leiden, welche einen chronischen vegetativen Zustand zur Folge hat.
Die Betreuung umfasst Behandlung, Pflege und Begleitung dieser Patienten.

II. Richtlinien

1. Grundsätze

1 1. Grundsätzlich hat der Arzt dem Patienten in jeder Weise beizustehen, sein Leiden zu heilen oder zu lindern und sich um die Erhaltung menschlichen Lebens zu bemühen.

1.2. Ausnahmen sind geboten gegenüber Sterbenden, deren Grundleiden einen unabwendbaren Verlauf zum Tode genommen hat, und bei schwerst zerebral Geschädigten. Hier lindert der Arzt die Beschwerden, ohne das Leiden des Patienten zu verlängern. Er kann auf lebenserhaltende Massnahmen verzichten, und er kann früher eingeleitete Massnahmen dieser Art nach Massgabe von Ziff. 2 und 3 hienach abbrechen.

1.3. Stets hat der Arzt Sterbenden und schwerst zerebral Geschädigten eine angemessene Pflege zuteil werden zu lassen. Er ist verpflichtet, Schmerz, Atemnot, Angst und Verwirrung entgegenzuwirken, insbesondere nach dem Abbruch lebenserhaltender Massnahmen. Er darf palliativmedizinische Techniken anwenden, auch wenn dabei das Risiko einer Lebensverkürzung entstehen sollte.

1.4. Falls die vorgesehenen Massnahmen das Risiko einer Lebensverkürzung beinhalten, sollte der Arzt sich diesbezüglich mit dem Pflegepersonal besprechen.

1.5. Auch gegenüber Sterbenden und schwerst zerebral Geschädigten sind aktive Massnahmen zum Zwecke der Lebensbeendigung nicht statthaft.

2. Urteilsfähige Patienten

2.1. Verlangt ein urteilsfähiger Patient den Verzicht auf Behandlung oder lebenserhaltende Massnahmen oder den Abbruch bereits eingeleiteter Massnahmen, so ist dieser Wille zu respektieren. Der Arzt sorgt dafür, dass der Patient in für ihn verständlicher Weise über die wesentlichen medizinischen Tatsachen und ihre Folgen informiert wird.

2.2. Beihilfe zum Suizid ist kein Teil der ärztlichen Tätigkeit. Der Arzt bemüht sich, die körperlichen und seelischen Leiden, die einen Patienten zu Suizidabsichten führen können, zu lindern und zu ihrer Heilung beizutragen.

3. Urteils- oder äusserungsunfähige Patienten

3.1. Bei urteilsunfähigen, äusserungsunfähigen und bewusstlosen Patienten hat sich das ärztliche Handeln primär nach der Diagnose und der mutmasslichen Prognose zu richten. Der Arzt stellt die Prognose und beurteilt die zu erwartenden Lebensumstände des Patienten nach seinem besten Wissen und in eigener Verantwortung. Er kann sich dieser nicht dadurch entziehen, dass er die Anweisungen Dritter befolgt.

3.2. Intensität und Schwere der dem Patienten zugemuteten Eingriffe und Anstrengungen sollen zum mutmasslichen Behandlungserfolg und zur Lebenserwartung des Patienten in einem vertretbaren Verhältnis stehen.

3.3. Ist die Prognose so unsicher, dass sie grundsätzlich voneinander abweichende Vorgehensweisen zulässt, so orientiert sich der Arzt am mutmasslichen Willen des Patienten. Äussert der Patient Lebenszeichen, die auf einen gegenwärtigen Lebenswillen schliessen lassen, so sind diese entscheidend. Fehlt es an solchen Zeichen, so dienen frühere Äusserungen des Patienten, Angaben von Angehörigen und eine allenfalls vorhandene schriftliche Erklärung des Patienten selber (vgl. Ziff. 3.4. hienach) als Orientierungshilfen.

Ist in Zukunft ein sozialbezogenes Leben zu erwarten, so ist in der Regel ein Wiedererstarken des Lebenswillens vorauszusehen; eine solche Aussicht ist für das ärztliche Vorgehen massgebend.

Der Arzt soll ferner bestrebt sein, ein Vorgehen zu wählen, das von den Angehörigen des Patienten gebilligt werden kann. Bei unmündigen und entmündigten Patienten dürfen unmittelbar lebenserhaltende Massnahmen gegen den Willen der gesetzlichen Vertreter weder abgebrochen, noch darf ihre Aufnahme verweigert werden.

3 4. Liegt dem Arzt eine schriftliche Erklärung vor, worin ein heute nicht mehr urteilsfähiger Patient zu einem früheren Zeitpunkt als Urteilsfä-

higer seinen damaligen Willen dahingehend niedergelegt hat, dass unter bestimmten Umständen auf lebenserhaltende Massnahmen zu verzichten sei, so berücksichtigt der Arzt diese Erklärung im oben (Ziff. 3.-3.3) gesetzten Rahmen. Eine solche Erklärung (Patientenverfügung) ist relevant, aber nicht verbindlich; die Befolgung der darin gegebenen Anweisungen befreit den Arzt weder von seiner rechtlichen noch von seiner ethischen Verantwortung.

III. Kommentar

Zu I (Geltungsbereich)
Der chronische vegetative Zustand besteht im (nach mehrmonatiger Beobachtungszeit wiederholt bestätigten) irreversiblen und definitiven Verlust der kognitiven Fähigkeiten, der Willensäusserungen und der Kommunikation. Er kann nach Schädeltrauma oder Hirnblutung, bei Gefässleiden entzündlicher oder degenerativer Hirnkrankheit, infolge eines Tumors oder einer Anoxie auftreten.

Zu Ziff. 1.2. (Verzicht auf gewisse Massnahmen)
Der Verzicht auf lebenserhaltende Massnahmen oder deren Abbruch in bestimmten Situationen wird als «passive Sterbehilfe» bezeichnet. Zu lebenserhaltenden Massnahmen gehören insbesondere künstliche Wasser- und Nahrungszufuhr, Sauerstoffzufuhr, künstliche Beatmung, Medikation, Bluttransfusion und Dialyse.

Zu Ziff. 1.3. *(Pflicht zur Pflege)*
Sofern der Patient nicht aus persönlicher Überzeugung ein gewisses Mass an Schmerz auf sich nehmen will, hat der Arzt die Schmerzlinderungstechniken der Palliativmedizin anzuwenden. Die Befürchtung schwerer Schmerzzustände am Lebensende, die viele Patienten hegen, wird dadurch gegenstandslos.

Zu Ziff. 1. 4. (Keine Massnahmen zum Zweck der Lebensbeendigung)
Massnahmen mit dem Ziel der Lebensbeendigung bei Sterbenden und schwer Leidenden («aktive Sterbehilfe») sind nach Art. 114 des Strafgesetzbuches selbst dann strafbar, wenn sie auf ernsthaftes und eindringliches Verlangen eines urteilsfähigen Patienten vorgenommen werden.

Zu Ziff. 2.1. (urteilsfähige Patienten)
Bei der Beurteilung der Urteilsfähigkeit des Patienten ist allfälligen psychischen Ausnahmezuständen und depressiven oder panikartigen Reaktionen oder einer vorbestehenden Depression Rechnung zu tragen. Bevor irreversible Schritte eingeleitet werden, soll der Patient dazu veranlasst werden, seinen Entscheid reiflich zu bedenken und sich, wenn möglich, mit einem Arzt und mit Personen seines Vertrauens zu besprechen.

Zu Ziff. 2.2. (keine Anleitung zum Selbstmord)
Suizid und Suizidversuche sind mit überaus seltenen Ausnahmen die Folge von persönlichen Krisen, Sucht oder psychischer Krankheit. Die Katamnesen von überlebenden Suizidalen zeigen, dass die ganz überwiegende Mehrzahl nach Jahrzehnten noch lebt und sich von der damaligen Situation distanziert hat. Die Befürchtungen mancher Menschen, am Lebensende schweren Schmerzzuständen preisgegeben zu sein und der daraus entspringende Gedanke, in diesem Zustand die Selbstmordhilfe Dritter zu benötigen, werden durch korrekt angewandte Palliativmedizin gegenstandslos.

Zu Ziff. 3.3. (urteilsunfähige Patienten)
Beim urteilsunfähigen Patienten sucht der Arzt das Gespräch mit seinen Angehörigen und mit dem Pflegepersonal, bevor er eine irreversible Entscheidung trifft. Dabei klärt er, wenn möglich, im voraus ab, ob das von ihm beabsichtigte Vorgehen von den Angehörigen gebilligt wird.

Zu Ziff. 3.4. (Patientenverfügung)
Eine Patientenverfügung wird meist bei subjektiv guter Gesundheit verfasst unter der stillschweigenden Voraussetzung, dass die betreffende Person ihren Vorstellungen von den Bedingungen eines lebenswerten Lebens treu bleiben werde. Die Erfahrung lehrt aber dass diese Vorstellungen sich unter dem Eindruck einer lebensbedrohenden Krankheit oder eines schweren Unfalles vollständig verändern können. Damit kann ein Patient zum Gefangenen seiner früheren Entscheidung werden.

Genehmigt vom Senat der SAMW am 3. Juni 1993
Prof. *B. Courvoisier,* Genève (Präsident der Zentralen Ethik-Kommission bis 4. 6. 1992)
Prof.*W.H. Hitzig,* Zürich (Präsident der Zentralen Ethik-Kommission ab 5.6.1992)

Literatur
A. Browne: Assisted suicide and active voluntary euthanasia. Bioethics News 1990. 9;9-24
B. Courvoisier: Euthanasie? Praxis 1993. 2;110-111
M.A.M. de Wachter: Active Euthanasia in the Netherlands. JAMA 1989. 269; 3316-3319
H. Doucet: Mourir. Approche bioéthique. Ed. Desclée Paris, Novalis Ottawa 1988

Stellungnahme der Vereinigung «Mea Vita»[1] zum vorstehenden Entwurf neuer Richtlinien (12.1993)

Im Auftrag der Mea Vita von Dr. R. Kehl verfasst

Zu Ziffer II

1.2. Die Beschränkung der Ausnahmen von Ziffer 1.1 auf «Sterbende» (Begriff 1.1.) ist entschieden zu eng, ganz besonders beim Vorliegen von Patientenverfügungen, die die Voraussetzungen der passiven Sterbehilfe fast durchwegs anders formulieren.

2.1. Die Worte «zu respektieren» sind missverständlich und bringen die unbedingte Verbindlichkeit nicht rechtsgenügend zum Ausdruck. Respektieren kann auch heissen «starke Beachtung schenken», ohne daran gebunden zu sein.

2.2. Wir teilen die Ansicht, dass der Arzt nicht zur Beihilfe zum Freitod verpflichtet ist. Die Richtlinien sollten aber nicht wie eine Verpönung einer solchen Hilfe wirken, da eine solche in unserer Rechtsordnung rechtlich und damit auch ethisch anerkannt ist.

3.3. Da der gegenwärtige Wille eines Urteilsunfähigen überhaupt unbeachtlich ist, kann erst recht ein mutmasslicher Wille eines solchen nicht beachtlich sein. Das ist bisher meist übersehen worden.

3.4. Patientenverfügungen, die nicht nachweisbar im Zustand der Unzurechnungsfähigkeit erlassen wurden oder an einem Willensmangel i.S. von Art. 23 ff OR leiden, sind unbedingt verbindlich, auch wenn der Patient nachher bewusstlos, handlungsunfähig, äusserungs- oder entscheidungsunfähig geworden ist.

Ziffer III (Kommentar)

Zu Ziff. I: Diese Formulierung könnte dahin missverstanden werden, dass bei apallischen Zuständen eine passive Sterbehilfe (vielleicht sogar bei Patientenverfügungen) immer erst nach monatelanger Beobachtung zulässig sei.

Zu Ziff. 1.3. (gemeint zu II 1.3.): Nach zahlreichen medizinischen Fachurteilen können auch mit den heutigen Schmerzlinderungstechniken noch lange nicht alle schweren Schmerzzustände

	behoben werden, weshalb die Angst vor solchen Zuständen am Lebensende keineswegs gegenstandslos ist.
Zu Ziff. 2.1.:	Der Passus: «soll der Patient dazu veranlasst werden etc.» (S. 2 unten / 3 oben) wirkt u.E. zu konservativ-paternalistisch. Der Arzt steht dem mündigen Patienten auf Grund seiner Ausbildung als ärztliche(r) Fachfrau/mann und nicht als Experte für ethische Fragen gegenüber.
Zu Ziff. 3.3.	(auch II 3.3.): Niemand wird etwas gegen ein solches Gespräch einwenden. Eine Entscheidung oder auch nur Mitentscheidung anstelle des Patienten (Stellvertretung) steht den Angehörigen und dem Pflegepersonal aber nicht zu; diese ist dem gesetzlichen Vertreter vorbehalten.
Zu Ziff. 3.4.	Das Risiko, dass man seine Entscheidung unter dem Eindruck einer lebensbedrohenden Krankheit evtl. widerrufen würde, wenn man sich noch äussern könnte, nimmt der Verfügende in Kauf, genau wie es auch bei erbrechtlichen Testamenten und anderen Willenserklärungen gilt. Niemand hat das Recht, eine Willenserklärung mit dieser Begründung zu missachten.

---

1 Genauer: des Komitees für die Vorbereitung einer Volksinitiative für die Rechtsverbindlichkeit von Patientenverfügungen, jetzt Vereinigung «Mea Vita».

Der hippokratische Eid –
eine wackelige Grundlage

EXIT-Bulletin Nr. 40, April/Juni 1992

EXIT-Gegner berufen sich für ihr Anliegen gerne auf diesen Eid[1]. Wenn man aber Inhalt und Geschichte dieses Eides kennt, kann man darüber nur staunen. Ja man ist versucht, mit Prof. Hackethal zu sagen, dass einem schier die Tränen der Rührung kommen, wenn mit diesem Dokument heute noch operiert werde.[2]

«Ich schwöre bei Appollo dem Arzt, bei Hygieia und Panacea und bei allen Göttern, dass ich diesen Eid und diese Aufzeichnung erfüllen werde nach meiner Fähigkeit und meinem Urteilsvermögen. Ich werde denjenigen, der mir diese Kunst gelehrt hat, wie meine Eltern halten, mit ihm Gemeinschaft haben, ihm, wenn er bedürftig ist, beistehen und seine Familie meinen Brüdern gleich halten. Ich werde diese Kunst und Lehre und die ganze übrige Erkenntnis meinen und seinen Söhnen, wenn sie dieselbe lernen wollen, ohne Lohn und Verpflichtung vermitteln, ebenso den Schülern, welche unterschrieben und den Arzteid geleistet haben, aber niemand Anderem.»

Die heutige Version des Eides lautet wie folgt:

«Ich werde meine Lebensweise verwenden zum Wohle der Leidenden nach meiner Fähigkeit und meinem Urteilsvermögen und werde Verderben und Unrecht vermeiden. Ich werde weder auf Verlangen ein tödliches Medikament geben, noch einen solchen Rat erteilen. Ich werde in gleicher Weise keiner Frau ein Abtreibungsmittel geben. Ich werde mein Leben und meine Kunst rein und fromm erhalten. Ich werde nicht schneiden (operieren), nicht einmal die an Steinen Leidenden, sondern ich werde dem Platz machen, der dafür Fachmann ist. In wie viele Behausungen ich sehe, werde ich eintreten zum Wohle der Leidenden und werde allem willentlich Unrechttun und aller Verderbnis aus dem Wege gehen, speziell sexuellen Handlungen gegenüber den Körpern von Frauen und Männern, Freien und Sklaven. Was ich im Dienst sehe oder höre oder auch ausser Dienst vom Leben der Menschen, was nicht ausgeplaudert werden sollte, werde ich verschweigen und als geheim behandeln. Wenn ich nun diesen Eid halte und nicht vereitle, möge ich auf alle Zeit bei allen Menschen für mein Leben und meine Kunst Anerkennung haben. Wenn ich den Eid übertrete und meineidig werde, sei das Gegenteil.»

Vom Inhalt her ist einmal festzuhalten, dass in diesem Dokument die familiäre Beziehung zwischen dem Medizindozenten und seinen Schülern im Vordergrund steht. Da wirkt es schon reichlich komisch, sich heute einen Medizinabsolventen vorzustellen, der den Schwur ablegt, für den Lebensunterhalt seines Dozenten aufzukommen, wenn dieser «bedürftig wird»! Oder stellen wir uns vor: Der angehende Chirurg legt vor dem Beginn seiner chirurgischen Tätigkeit den Eid ab, sein Leben lang nie eine Operation vorzunehmen!

Peinlich wird die Berufung auf den hippokratischen Eid aber auch von seiner *Geschichte* her. In der öffentlichen Anhörung vor dem Rechtsausschuss des Deutschen Bundestages vom 15. Mai 1985 hat Prof. Dr. Eduard Seidler aus Freiburg i.Br. von diesem angeblichen hippokratischen Eid erklärt: «*Erstens stammt er nicht von Hippokrates. Zweitens ist er nie in der Antike geschworen worden, möglicherweise von einer kleinen Gruppe von Ärzten. Er hat eine wechselvolle Geschichte. Ich besitze eine Ausgabe aus dem Reichssicherheitshauptamt der SS*» (*Prot. 51, S. 112.*).

Prof. Seidler musste es wissen. Er ist nämlich nicht nur Historiker an sich, sondern Medizinhistoriker!

Es ist längst bekannt, dass es sich beim fraglichen Eid um ein Sektendokument handelt. Es galt nur für eine kleine esoterische Gruppe, nämlich den Orden der Pythagoräer. Das wurde schon wegen der Tatsache angenommen, weil Schwangerschaftsabbruch und Suizid in der Antike sehr verbreitet waren. Es galt im radikalen Gegensatz zum pythagoräischen Eid sogar als Akt der Humanität, wenn ein Arzt einem unheilbaren, schwer leidenden Kranken beim Freitod Beihilfe leistete, ihm also vor allem ein Freitodmittel verschaffte. Allgemeine Bedeutung erhielt der Eid erst längere Zeit nach der Etablierung der christlichen Kirche. Bis zu Augustin war der Freitod in der Kirche kein Ärgernis, sondern er hatte im Gegenteil einen anerkannten Platz in der christlichen religiösen Praxis. Nachdem der Freitod aber im Konzil von Brada vom Jahre 563 zur Todsünde erklärt worden war, wurde der fragliche Eid für die Kirche zu einer willkommenen Hilfe.

Besonders peinlich wird die Sache aber vor allem deshalb, weil der Eid seither *immer neue Fassungen* erlebte, so dass niemand weiss, was an den vorhandenen Fassungen authentisch ist. Man muss praktisch bei jeder Fassung nicht nur mit der Möglichkeit, sondern mit der grössten Wahrscheinlichkeit damit rechnen, dass sie *ein Falsifikat ist.* Wer wird da noch mit gutem Gewissen vom hippokratischen Eid sprechen wollen?[3]

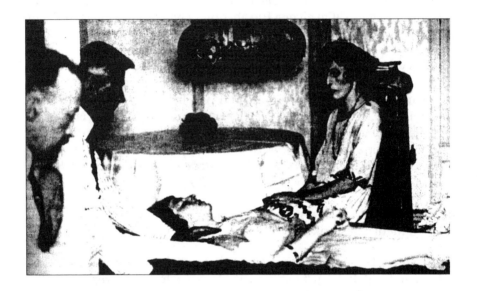

Aus Journal Franz Weber Nr. 24/1993

---

[1] Laut Prof. Pohlmeier ist ein solcher Eidschwur auch gar nicht üblich (HL HS). Gemäss einem Aufruf der Initiative «Aerzte warnen vor einem Atomkrieg» soll heute folgender Eid üblich sein: *«Bei meiner Aufnahme in den ärztlichen Berufsstand gelobe ich feierlich, mein Leben in den Dienst der Menschheit zu stellen.*
Ich werde meinen Beruf mit Gewissenhaftigkeit und Würde ausüben. Die Erhaltung und Wiederherstellung der Gesundeit meiner Patienten soll oberstes Gebot meines Handelns sein.» Laut Richtlinien ist aber die lex suprema die voluntas aegroti.

[2] Prot. Anhörung von Experten vor dem Rechtsausschuss des Deutschen Bundestages vom 15.5.1985 S.103, ein Votum, dem der Medizinhistoriker Prof. Seidler zustimmte mit der Bemerkung, der Hippokrates-Mythos müsse zurechtgerückt werden (S.112).

[3] Literatur:
Ulrich Tröhler. Der hippokratische Eid. In: Der informierte Arzt. 1990, Seite 1857ff.
J. Hackethal. Der Meineid des Hippokrates. Lübbe 1992; Prof. Winau. Das Problem der Sterbehilfe und der hippokratische Eid. ln Kongressbericht 5. europ. Kongress für humanes Sterben, S. 111 ff.

Wissen, was gut und was böse ist

Auszug aus Leserbrief an Senioren-Express zu einem Artikel in Nr. 3, 1995, S. 34

In seinem Artikel «Medikalisierung des Lebens / Eine Antwort auf das Scheitern der Theodizee»[1] spricht Dr. med. Till Bastian unter dem Zwischentitel «Neue Götter für einen verwaisten Thron» von der neuen metaphysischen Rolle der Medizin. Eh und je haben sich die Menschen mit der Frage beschäftigt, warum es denn das Übel, das Böse in der Welt - und der Schmerz steht dabei ganz vorne – geben müsse und wie es mit der Allmacht und Allgüte Gottes zu vereinbaren sei.

Man hat es mit dem «unerforschlichen Ratschluss Gottes» zu «erklären» versucht. Wie ist es aber, wenn immer weniger Menschen an einen persönlichen Gott glauben? Nach Bastian ist diese metaphysische Zuständigkeit (wenigstens was den Schmerz und das Leiden und vor allem das letzte und grösste Leiden, das Sterben und den Tod anbetrifft) auf merkwürdige Weise auf den Arzt übertragen worden. Diese Kompetenz, über Gut und Böse zu befinden, wird aber immer mehr in Frage gestellt, auch innerhalb der Ärzteschaft. Es wird immer lauter geltend gemacht, dass den Ärzten auf diesem Gebiete keine besondere Kompetenz zustehe. Wenn schon, dann seien dafür eher die Philosophen und Theologen zuständig. Den Ärzten braucht aber deshalb um ihre Macht nicht bange zu werden, denn sie werden auch ohne jene metaphysische Rolle in der gesellschaftlichen Rangordnung an der Spitze bleiben. Einmal auf Grund der immer geltenden Maxime «Wissen ist Macht», wobei an diesem Wissen alle Menschen, wie sonst nirgends, interessiert sind; und sodann im Hinblick auf die Tatsache, dass dem Arzt fast immer ein mehr oder weniger ohnmächtiger Patient gegenüber steht. Gerade diese Ohnmacht verlangt aus ethischer Sicht einen Ausgleich durch ein minimales Mass von Zurückhaltung im Machtgebaren.

Zu dieser Bescheidung würde auch etwas mehr Entgegenkommen und Geduld gehören gegenüber Patienten, die Auskünfte wünschen, die sie zwar meist nicht richtig verstehen, aber doch erhalten möchten. Im Senioren-Express 3/1995 S. 34 ist von *Geheimnistuerei* im Krankenhaus die Rede. Dieser Ausdruck ist zwar nicht adäquat, aber ein Problem steckt schon dahinter. Wenn Medizinalpersonen der Patientin / dem Patienten erklären: «Nehmen Sie das! Was es ist und warum Sie es nehmen müssen, brauchen Sie ja nicht zu wissen, Hauptsache, es nützt Ihnen», und wenn es dabei bleibt und sich oft wiederholt, kann sich ein(e) Spitalpatient(in) schon wie ein Kleinkind behandelt fühlen. Einfach zu lösen ist das Problem aber nicht. Und überdies fehlen auch hier Erhebungen. Vielen Ärzten wird nicht zu Unrecht Wortkargheit vorgehalten, die als Überheblichkeit empfunden wird.

Nachtrag

Bei der öffentlichen Anhörung der Experten vor dem Rechtsausschuss des Deutschen Bundestages bemerkte Prof. Hackethal, der Ermessensspielraum des Arztes sei unendlich gross. Er sei eben doch Herr über Leben und Tod. Es sei ein Hirt-Schaf-Verhältnis. Und er fügte hinzu: «Die Ärzteschaft wird freiwillig nichts ändern» (Prot. S. 32).
Das ist menschlich verständlich. Nur Heilige werden auf so enorme Privilegien freiwillig verzichten. Sind die Ärzte Heilige?

Welkes Blatt

Jede Blüte will zur Frucht
Jeder Morgen Abend werden
Ewigkeit ist nicht auf Erden.

Auch der stärkste Sommer will
Einmal Herbst und Welke spüren
Halte Blatt geduldig still
Wenn der Wind dich will entführen.

Spiel Dein Spiel und wehr Dich nicht
Lass es still geschehen
Lass vom Winde, der Dich bricht
Dich nach Hause wehen.

Hermann Hesse

---

1 In: Der informierte Arzt, 10/1993 S. 771f.
Theodizee: theologische Theorien betr. die Rechtfertigung Gottes gegenüber dem Übel in der Welt.

7. Kapitel

Alles klar!

Das sagen die Behörden und Politiker und diejenigen, die am Ist-Zustand ein Interesse haben. Das Gegenteil ist aber der Fall.

Um sich mit dem heiklen Problem nicht näher befassen zu müssen oder um es beim Jetztzustand bewenden zu lassen, wird oft behauptet, mit Bezug auf die Sterbehilfe sei ja alles ziemlich klar und befriedigend geregelt.

Die folgenden Beiträge sollen zeigen, wie abwegig solche Behauptungen sind.

Alles ist Werden und Vergehen,
alles ist Wandlung.

Sterbehilfe - Fragenkatalog

Bisher nicht publizierter Artikel des Buchautors

Es sind hier Fragen bzw. Themen aufgeführt, über die kein oder nur ein (meist sehr) beschränkter Konsens besteht.

Der Katalog soll zeigen, wie abwegig es ist, immer wieder zu behaupten, es bestehe kein Regelungsbedarf, es sei fast alles geregelt und klar.

1. Begriffliches
   1.1. Sterbehilfe im weiteren Sinne
   1.2. Sterbehilfe im engeren Sinne
   1.3. Passive Sterbehilfe
   1.4. Aktive Sterbehilfe
   1.5. Indirekte Sterbehilfe durch Inkaufnahme der Lebensverkürzung bei der Schmerzbekämpfung
   1.6. Freitodbegleitung
      Man stösst immer noch, bis in die obersten Ränge, auf begriffliche Unklarheiten; peinlich wirkt es, wenn bundesrätliche Redaktoren die indirekte Sterbehilfe mit passiver Sterbehilfe verwechseln, wie in der Antwort des Bundesrates auf die Interpellation von Nationalrat Eggly.
2. Ist eine gesetzliche Regelung der Sterbehilfe möglich?
3. Ist eine gesetzliche Regelung der Sterbehilfe nötig?
4. Wie lauten die Ergebnisse bezüglicher Umfragen?
5. Wie ist es zu erklären, dass das Parlament eine gesetzliche Regelung entgegen dem offenbaren Volkswillen (Umfragen) immer wieder ablehnt?
6. Können die «Richtlinien» der SAMW die gesetzliche Regelung ersetzen?
7. Welche Inhalte dieser Richtlinien sind vom Fachgebiet her zu unterscheiden?
8. Wer ist für den Erlass von allgemeinverbindlichen ethischen Normen zuständig?
9. Das Selbstbestimmungsrecht
   9.1. betreffend Behandlung; die bezügliche Praxis
   9.2. Verfügung über das eigene Leben
      Ethische und juristische Beurteilung. Gibt es eine Pflicht zum Leben?
   9.3. Ist passive Sterbehilfe nicht auch eine Verfügung über das Leben?
10. Ist das Leben das höchste Gut, der höchste Rechtswert?
11. Ist das Leben absolut geschützt / zu schützen?

12. Kann ein Mensch, namentlich ein entscheidungsunfähiger Schwerkranker, bzw. ein Sterbender, mit Bezug auf die Entscheidung über Leben und Tod (gefährliche Operationen, passive Sterbehilfe oder gar aktive Sterbehilfe) vertreten werden und wenn ja:
   12.1. durch den Arzt?
   12.2. durch Angehörige?
      12.2.1. Begriff der Angehörigen?
   12.3. durch gesetzliche Vertreter?
   12.4 durch eine Behörde?
   12.5 durch einen Patientenanwalt?
   12.6 durch eine Kommission?
13. Wann ist das Sterben inhuman (präzise Tatbestände)?
14. Warum gilt es als gute Tat, ein todkrankes schwer leidendes Tier durch aktive Sterbehilfe zu erlösen, und als Verbrechen, wenn dasselbe beim Menschen geschieht?
15. Kann es eine Pflicht zur Sterbehilfe geben?
16. Kann je jemand zuständig sein, darüber zu bestimmen, ob das Leben eines anderen noch lebenswert sei?
17. Wie steht es mit der politischen Auseinandersetzung über die Sterbehilfe?
18. Wie lauten die Ergebnisse von Umfragen über Sterbehilfe?
19. Umfragen bei Ärzten und Juristen haben ergeben, dass interdisziplinäre Gespräche über Sterbehilfe für dringlich erachtet werden:
   19.1 Können die öffentlichen Podiumsgespräche, wie sie z.B. in Kirchgemeinden üblich geworden sind, zum Ziele führen, klare Antworten und Lösungen zu erarbeiten und einen grösseren Konsens zu erreichen?
   19.2 Wie sind interdisziplinäre Gespräche zu konzipieren und durchzuführen, um diese Ziele wirklich zu erreichen?
20. Welche Statutenänderung hat die EXIT (deutsche Schweiz) in ihrer Generalversammlung von 1993 vorgenommen? Warum? Worin besteht der Unterschied zwischen der früheren und der jetzigen EXIT? Worin bestehen die Unterschiede zwischen der Freitodanleitung der früheren EXIT und der heutigen EXIT?
21. Begriff des Garanten
   21.1. Die Garantenpflichten. Gesetzliche Grundlage?
   21.2. Können sich diese in besonderen Lagen verändern?
   21.3. Schwerwiegende und viele Unklarheiten bei den einschlägigen Vertragstypen (Arzt/Patient; Arzt/Krankenhaus; Krankenhaus/Patient)

namentlich für den Arzt verbindlich? Auch wenn sie vor Jahren geschrieben wurden? Auch wenn der Patient inzwischen handlungs-, urteilsunfähig oder bewusstlos geworden ist?

26.9. Wie stellen sich Ärzte und Krankenhäuser zu den Patientenverfügungen?

26.10 Darf der Arzt eine Patientenverfügung ignorieren, wenn er sie unvernünftig findet (Vernunfthoheit der Ärzte) oder wenn sie seinen ethischen Anschauungen widerspricht?

26.11 Sollen Krankenkassen Rechnungen für Therapien und Massnahmen bezahlen, die entgegen Patientenverfügungen vorgenommen wurden?

27. B: Wenn keine Patientenverfügung (bzw. keine gültige) vorliegt (eine der vordringlichsten und schwierigsten Fragen)? Was soll dann geschehen? Ist auch dann eine passive Sterbehilfe ethisch und juristisch zulässig?

27.1. Unter welchen Voraussetzungen?

27.2. Wer soll dann entscheiden?

27.3. Soll der Arzt nach eigenem Ermessen entscheiden?

27.4. Soll er unter den entsprechenden Voraussetzungen zur passiven Sterbehilfe nur berechtigt oder auch verpflichtet sein?

27.5. Begriff des Moribundus

27.6. Soll der Arzt nach dem mutmasslichen Willen des Patienten entscheiden? Wie ist dieser festzustellen (Verfahren)?

27.7. Ist Sterbehilfe nur bei Moribunden zulässig?

28. Kann je ein Mensch legitimiert sein, darüber zu entscheiden,
- welches Mass an Leiden ein anderer zu tragen verpflichtet sei,
- ob ein Leben oder eine Massnahme noch einen Sinn habe,
- ob eine Entscheidung eines Patienten vernünftig sei?

28 a. Wie ist der Entscheid eines Allgemeinpraktikers zu qualifizieren, der einen hoffnungslos Kranken nicht mehr ins Spital einweist?

29. Stimmt es, dass heute jeder Patient immer schmerzfrei gehalten werden kann?

30. Indirekte Sterbehilfe:
Darf ethisch und rechtlich eine Schmerzmitteldosis verabreicht werden, mit der man eine Lebensverkürzung in Kauf nimmt? Unter welchen Voraussetzungen?

31. Ethische und rechtliche Beurteilung der passiven oder aktiven Sterbehilfe bei schwer missbildeten oder in den vitalen Lebensfunktionen schwer behinderten Neugeborenen? (Infanticide)

32. Freitod
32.1. Ethische und juristische Beurteilung
32.2. Die Einstellung dazu im Volke?
32.3. Wie ist es zu erklären, dass die Sprachgewohnheiten mit Bezug auf den Freitod noch so negativ sind und dass ein Suizident wie ein Gespenst gemieden wird?
32.4. Ist der Freitod wirklich immer ein "Unglücksfall"?
32.5. Stimmt es, dass ein Suizident bei seinem Entschluss nie frei ist?
32.6. Ist es nicht ein Unrecht, den Suizidenten quasi a priori als psychisch angeschlagen, als psychisch krank zu taxieren und ihn deshalb sogar ohne seine Zustimmung psychiatrisch zu behandeln und bei "Uneinsichtigkeit" gar zu internieren?
32.7. Ist es nicht eine tendenziöse Unterstellung, zu behaupten, ein Suizidversuch sei in der Regel bloss ein Appell an die Mitmenschen um Zuwendung? Ist es nicht abwegig, auch bei Bilanzsuiziden so etwas zu behaupten? Ist nicht ein Suizidentschluss in vielen Fällen sogar eine sehr vernünftige Entscheidung?
32.8. Warum tun unsere Behörden (tut der Staat) alles, um Selbsterlösungen zu verhindern, wenn das Gesetz doch den Freitod für legal erklärt und das Selbstbestimmungsrecht des Menschen über sein Leben oberstes Menschenrecht ist?
32.9. Muss der Staat Selbsttötungen wirklich zu verhindern suchen?
32.10. Soll der Staat mündige Menschen vor sich selber schützen?
32.11. Wie ist das Interventionsverbot des Suizidenten (unzutreffend oft als "Rettungsverbot" bezeichnet) zu beurteilen? Ist es für jedermann, im besonderen auch für die Polizei und den Arzt verbindlich?
33. Was ist von den Freitodanleitungen zu halten? Können sie nicht ein Akt der Nächstenliebe und staatlicher Wohlfahrt sein?
34. Wie steht es mit dem Zugang zu den rasch und sicher wirkenden Freitodmitteln? [Kein Mensch wird uns weis machen können, dass es sie nicht gebe.]
35. Beihilfe bei und Anstiftung zum Freitod
35.1. Ethische und juristische Beurteilung.
35.2. Kann es eine Pflicht dazu geben?
35.3. Kann im besonderen ein Arzt verpflichtet sein, die Freitodmittel zu verschreiben und je nach den Umständen auch andere Beihilfe zu leisten?

35.4. Wie ist z. B. das Vorgehen des amerikanischen Arztes Dr. Jack Kevorkian zu beurteilen?

36. Ist es richtig, in Verordnungen die Vermutung aufzustellen, der Patient (der Verstorbene) sei mit einer Obduktion und/oder mit einer Organentnahme einverstanden (gewesen)?

37. Wie kann festgestellt werden, ob ein bezügliches Verbot des Patienten (des Verstorbenen) oder seiner Angehörigen befolgt worden ist?

Nicht lange leben sondern genug leben ist unser Anliegen.

(Seneca)

Vier Beispiele

Das Zeitalter der lebenden Leichen –
Wenn man nicht mehr weiss, wann der Mensch tot ist

Journal Franz Weber, Nr. 24, April/Mai/Juni 1993

Seit Menschengedenken wurde aus dem Herzstillstand und dem letzten Atemzug (Kreislaufstillstand) geschlossen, der betreffende Mensch sei tot. Das war allgemein bekannt und allgemein anerkannt. 1968 ist diesbezüglich eine erstaunliche Wendung eingetreten. Damals wurde in den USA von einem ärztlichen Gremium ein neuer Todesbegriff kreiert, der Begriff des Hirntods. Jenes Gremium ist zum Schluss gelangt, ein Mensch könne auch dann tot sein, wenn das Herz noch schlägt und die Lunge noch atmet. Das sei nämlich dann der Fall, wenn das Gehirn, das Zentrum des Lebens, als Ganzes nicht mehr funktioniere, gleichgültig, ob Herz und Lunge mit künstlichen Mitteln noch arbeiten. Die Schweiz. Akademie der Medizinischen Wissenschaften (SAMW) hat diese neue Todesdefinition in ihren Richtlinien von 1969 übernommen und die Voraussetzungen für die Feststellung eines Hirntodes und das bezügliche Vorgehen genau definiert. Inzwischen sind die Richtlinien wiederholt überarbeitet worden.

Neu definierter Todesbegriff

Und das Bundesgericht hat am 28. Juni 1972 festgestellt, dass der Todesbegriff, wie er in den genannten Richtlinien neu definiert worden sei, gegen keine Grundsätze der Schweizer Bundesverfassung verstosse. Immerhin muss der Hirntod nach den genannten Richtlinien beim Gesamthirn und sicher festgestellt sein.[1]

Zwei Befunde

Wie in den Richtlinien ausgeführt wird, führt der vollständige und irreversible Funktionsausfall des Gehirns zwangsläufig zum Tode des gesamten Organismus. Deshalb sei dieser Funktionsausfall dem Tod gleichzusetzen. Entsprechend stellen die Richtlinien fest, dass es zwei Befunde gebe, die dazu führen, den betreffenden Menschen als tot zu betrachten, bzw. den Tod des betreffenden Menschen festzustellen, nämlich:

a. (nach der bisherigen Praxis) irreversibler Herzstillstand;
b. vollständiger irreversibler Funktionsausfall des Gehirns.
Der Tod im Sinne des Hirntodes ist nach den Richtlinien bei folgenden Feststellungen eingetreten:

«5. *Der vollständige und irreversible Funktionsausfall des Gehirns, einschliesslich des Hirnstamms, trotz vorhandener Herzaktion, ist anzunehmen beim normo- oder hypothermen menschlichen Organismus, wenn jeglicher Einfluss von muskelrelaxierenden oder zentralnervös dämpfenden Substanzen, jegliche Vergiftung und jegliches Koma metabolischer Ursache mit Sicherheit ausgeschlossen und die nachfolgenden Todeszeichen gleichzeitig und während mindestens 6 Stunden vorhanden sind:*

5.1. Tiefe Bewusstlosigkeit genau bekannter Ursache.

5.2. Beide Pupillen weit und lichtstarr.

5.3. Fehlen des okulo-zephalen Reflexes (Fehlen von Bulbusbewegungen bei rascher passiver Kopfrotation).

5.4. Fehlen des Kornealreflexes.

5.5. Fehlen jeglicher Reaktion auf schmerzhafte Trigeminusreizung (starker Druck auf die Austrittsstelle des zweiten Astes, unterhalb des Orbita-Unterrandes).

5.6. Fehlen des Hustenreflexes (beim Absaugen in den Bronchien) und des Pharyngealreflexes (beim Berühren der Pharynxhinterwand).

5.7. Fehlen der Spontanatmung: Apnoe (siehe Spezielle Anmerkung lit a).

5.8. Das Weiterbestehen rein rückenmarksbedingter Reflexe und Rückzugsbewegungen der Gliedmassen bei schmerzhafter Reizung ist mit der Diagnose des Hirntodes vereinbar.

6. Die unter 5.1. bis 5.8. erwähnten klinischen Zeichen genügen zur Erhärtung der Hirntoddiagnose, wenn eine eindeutige primäre Hirnschädigung vorliegt.

7. Im Falle einer Hirnschädigung durch Anorexie oder schwere metabolische Störungen müssen die unter 5.1. bis 5.8. erwähnten Zeichen während mehr als 48 Stunden nachweisbar sein. Im Falle einer Vergiftung muss die Ausscheidung des Giftes bewiesen sein.

Noch weitere Kriterien

8. Weitere Kriterien des Hirntodes sind:

8.1. Totaler intrakranieller Kreislaufunterbruch, nachgewiesen durch Kontrast-Arteriographie der 4 Hirnarterien oder Radioisotopen-Angiographie.

8.2. Ein intrakranieller Druck, der bei fortlaufender Messung den systolischen Blutdruck während mehr als 20 Minuten übersteigt
9. Als Zeitpunkt des Todes gilt derjenige der Diagnose des Todes.
10. Nur ein Arzt ist befähigt, den Tod festzustellen.
11. Da der Hirntod dem Tod gleichgesetzt ist,
a) ist der Arzt befugt, die künstliche Beatmung und die Kreislaufunterstützung endgültig abzusetzen;
b) ist die Entnahme überlebender Organe zulässig.
12. Ist bei primärem Hirntod die Entnahme von Organen vorgesehen, so muss er durch einen für die Diagnose zuständigen, vom Transplantationsteam unabhängigen Arzt bestätigt werden».

Das Elektroenzephalogramm (EEG) wird in den Richtlinien nur als ergänzende (vervollständigende) Methode erwähnt.

Veranlasst wurde die neue Todesdefinition, bzw. die Qualifikation des Gehirnausfalls als Tod wegen der Möglichkeit der künstlichen Bewirkung der Herz- und Lungentätigkeit und wegen der Organtransplantation. Letztere wäre nämlich Tötung, wenn sie vorgenommen würde, solange der Mensch noch als lebend (als moribundus) zu qualifizieren wäre. Anderseits kann das zu entnehmende und zu transplantierende Organ beim Ausfall auch des Kreislaufes (Durchblutungsstopp) so geschädigt werden, dass der Erfolg der Transplantation enorm verringert wird oder ganz entfällt. Deshalb war es für das ganze neue Heilverfahren durch Transplantation nach fast allgemeiner Ansicht fast schicksalshaft, den Tod neu zu definieren, d.h. eben schon den definitiven Funktionsausfall des Gehirns als Tod deklarieren zu können.

Dieser völlig neue Todesbegriff ist in der nichtmedizinischen Oeffentlichkeit noch bei weitem nicht überall richtig bekannt, obschon ihm eine geradezu kopernikanische Tragweite zukommt.

Der Gedanke, dass ein Mensch für tot erklärt wird, dessen Herz, wenn auch künstlich, noch schlägt oder der noch atmet, wird fast jedermann irgendwie unheimlich anmuten und ihn erschrecken. Anfänglich haben sich darum medizinische Hilfspersonen nicht selten geweigert, bei einer Transplantation an Wesen mitzuwirken, die sie noch als lebend empfunden haben. Eine Krankenschwester erklärte, sie habe bei diesen künstlich atmenden Wesen immer das Gefühl, sie müsste mit ihnen reden.

Hier geht es um den tiefgründigen weltanschaulichen und mehr gefühlsmässigen Aspekt des Problems. Es geht um das Wesen Mensch, um das Menschenverständnis. Bei der Diskussion um den Hirntod begegnet man immer wieder dem Gedanken, der Mensch sei Mensch wegen seiner geistigen Fähigkeiten (Denken, Gedächtnis, Bewusstsein, Begriffsbildung, usw.); und wenn diese Fähigkeiten definitiv erloschen seien, sei er eben nicht mehr Mensch, nicht mehr eine Person und deshalb könne er für tot erklärt werden, auch wenn die übrigen körperlichen Funktionen noch ganz oder teilweise erhalten seien. Gerd Geilen erklärte z.b.: Mit Sicherheit ist es der menschliche Geist, der die Einzigartigkeit des menschlichen Individuums bedingt, ein Produkt des Gehirns und nicht des Herzens.[2] Dieser Satz scheint mir nicht unproblematisch zu sein, denn in fast der gesamten Weltliteratur gelangt immer wieder der Gedanke zum Vorschein, die Menschlichkeit habe ihren Sitz im Herzen und nicht im Gehirn.

Wo ist der Sitz der Seele?

Ich glaube, die meisten Menschen neigen dazu, den Sitz der Seele im Herzen zu sehen (die Griechen sprechen vom Zwerchfell, die Römer von den Eingeweiden), jedenfalls nicht im Gehirn. Im Herzen liege der Ursprung der seelischen Regungen, auch der spezifisch menschlichen Regungen, die zum menschlichen Geist gerechnet werden, wie Barmherzigkeit, Gerechtigkeit, Wahrheitsliebe, das Kalòn-Kagathòn etc. Sicher benötigen diese Regungen zu ihrer Aktualisierung das Bewusstsein und dieses wird im Gehirn erzeugt. Dem Herzen, eventuell auch anderen Organen, die für die Seele, was immer man darunter verstehen mag, wichtig sind, kommt aber so existentielle Bedeutung zu, dass es ein Unbehagen auslöst, den Menschen als tot zu erklären, bevor auch bei diesen anderen Organen ein totaler Funktionsausfall eingetreten ist. Ist ein Herz kein menschliches Herz mehr, nur weil es künstlich weiterschlägt? Schliesslich will man ja ein lebendes, ein «lebendfrisches» Herz transplantieren. Natürlich würde es mit grösster Wahrscheinlichkeit nicht mehr weiter schlagen, wenn es nicht künstlich in Gang gehalten würde; aber solange es schlägt, ist es doch ein menschliches Herz.

Die biologischen Funktionen

Jörg P. Müller sprach aber wohl vielen aus dem Herzen, die nicht nur auf den menschlichen Geist und die menschliche Seele abstellen, sondern darauf, ob es sich um ein menschliches Lebewesen handle, weshalb auch die biologischen Funktionen ihn noch Mensch sein lassen (S. 463). Er wehrt sich deshalb vehement gegen die Anschauung, dass ein Mensch nicht mehr geschützt sein müsse, wenn der Körper nur noch als biologische Einheit weiter existiere. Man spricht in solchen Fällen oft despektierlich davon, dass es sich nur noch um ein vegetatives Wesen handle, oder um ein Organpräparat, oder um einen lebenden Leichnam oder eine «massa carnis». Mit der Beschränkung des Wesens des Menschen auf Geist und Seele nimmt man eine anthropologische Wertung vor, die verfassungsmässig sehr problematisch und wohl auch gefährlich ist.

Skeptische Juristen

Auch besonders den Juristen hat der revolutionierende neue Todes-Begriff immer zu denken gegeben, seit mit ihm gearbeitet wird.

1. Schon der Todesbegriff an sich (der bestimmt, ob jemand tot sei) hat bekanntlich einschneidende Wirkungen im Rechtsleben:
So geht sofort (automatisch) mit dem Tod das Eigentum am Nachlass (z.b. Häuser und Wertgegenstände und damit z.b. auch das Aktionärsrecht) auf jemand anders über; oder es gibt personelle Aenderungen z.b. in Vorständen und Aemtern, viele Verträge werden automatisch aufgelöst; die AHV oder die Pension hört auf, die elterliche Gewalt über Kinder konzentriert sich auf den Partner oder muss durch eine Vormundschaft ersetzt werden; Vollmachten erlöschen in der Regel; die Ehe wird aufgelöst, Witwen- und Waisenrenten beginnen mit dem Augenblick des Todes, usw.

Dehnbarer Todeszeitpunkt

2. Das juristisch Aufregendere am neuen Todesbegriff ist aber, dass er für die Bestimmung des Todeszeitpunktes eine Unsicherheit in sich birgt, wie sie beim traditionellen Todesbegriff bei weitem nicht bestanden hat. Der Todeszeitpunkt ist nämlich, wie wir sehen werden, beim Hirntod dehnbar und damit eben unsicher geworden. Das kann aber wieder weittragende Folgen haben:
Beim neuen Todesbegriff hat der Arzt, der den Tod feststellt, ein weit grösseres Ermessen. Je nach Ueberzeugung des zuständigen Arztes kann er den Tod schon am 1. Januar oder erst einige Tage oder gar Wochen oder gar Monate später feststellen. Und in dieser Zeit kann sich einiges ereignen, was für den Nachlass des für tot Erklärten von grosser Bedeutung sein kann:
War X, um nur ein Beispiel zu nennen, gesetzlicher oder eingesetzter Erbe

des Y und stirbt Y am 2. Januar, so fällt die Erbschaft des Y in den Nachlass von X, wenn dieser am 3. Januar tot erklärt wird. Ist X aber schon am 1. Januar tot erklärt worden, so fällt der Nachlass des Y an andere Personen.

Strafrechtliche Probleme

3. Gälte rechtlich nach wie vor allein der traditionelle Todesbegriff, so läge bei einer Herzentnahme bei künstlicher Aufrechterhaltung des Kreislaufes trotz dem Vorliegen der Voraussetzungen des Hirntodes Tötung vor. Angesichts der noch zu erwähnenden Unsicherheiten bei der Feststellung des Hirntodes könnten auch trotz rechtlicher Anerkennung der neuen Todesdefinitionen strafrechtliche Probleme entstehen, auch wenn man von Art. 262 Ziff. 2 StGB absieht.

Die Rechtssicherheit

4. In der Rechtspolitik und im Legislativprogramm steht das Problem des Hirntodes immer wieder unter dem Gesichtspunkt der Rechtssicherheit, an der namentlich auch die Ärzte sehr interessiert sein müssen, auf der Traktandenliste. Das für den Juristen besonders Beunruhigende an der spektakulären Neuerung liegt nämlich im Umstand, dass der neue Begriff im Gegensatz zum bisherigen mit Bezug auf den Zeitpunkt des Todeseintritts zu erheblichen Unsicherheiten geführt hat. Das Bedürfnis nach Rechtssicherheit ist naturgemäss besonders gross, wenn man bedenkt, dass es hier um Leben und Tod, um Sein und Nichtsein geht, wo niemand gerne vom Ermessen irgend einer anderen Person abhängig sein möchte, weshalb auch der Ruf nach einer gesetzlichen Regelung, nach jener unpersönlichen Macht (dem Gesetz) hier besonders vernehmbar ist.

Aus diesen Gründen verlangen alle Autoren, die sich mit dem Thema befasst haben, aber auch das Bundesgericht, eine unbedingte Sicherheit bei der Feststellung des Hirntodes. Das Bundesgericht verlangt «Sicherheit» und «jede Gewähr»[3] ; H. Schultz – damals Rechtskonsulant der Schweiz. Ärztegesellschaft «unumstössliche Gewissheit»[4] ; Jörg P. Müller «unumstössliche Sicherheit» bzw. die «völlige, auch geringe Zweifel ausschliessende Gewissheit»[5]; und Gunzinger «absolute Gewissheit»[6]; Luternauer eine «absolut sichere Bestimmung des Hirntodes»[7] .

Wenn man nun die Literatur über den Hirntod konsultiert, ist man nicht wenig überrascht, immer wieder zu lesen, dass diese absolute Sicherheit bei der Feststellung des Hirntodes **eben gerade nicht besteht**.

So konnte schon das Bundesgericht im erwähnten Entscheid nur erklären, dass die Richtlinien der SAMW dem gegenwärtigen Stand der Wissenschaft zu entsprechen **scheinen** (S. 517), und es sprach weiter von «gewissen Schwierigkeiten» und von der «Problematik» mit Bezug auf die Feststellung des Hirntodes (S. 516). Mehr noch: Es rechnete mit der Möglichkeit, dass ein Arzt zufällig auf Erkenntnisse stiesse, die ihn zu Zweifeln an der Zuverlässigkeit einzelner der erwähnten Methoden führen könnten (S. 518).

Zwischen Mensch und Leichnam

Und im Lehrbuch Arzt / Weber wurde bemerkt, mit Bezug auf die Kriterien für den Hirntod bestände «ein beachtlicher und **bedenklicher Spielraum**». Und in diesem Lehrbuch liest man auch die beunruhigende Bemerkung, auf die Frage, wann man es noch mit einem Menschen oder schon mit einem Leichnam zu tun habe, gebe es **weder eine evidente noch eine empirisch eindeutige Antwort** (S. 96-97). Jörg P. Müller sprach von «diagnostischen Problemen», und er stellte fest, die Frage der zuverlässigen Diagnose des Hirntodes sei «**noch nicht völlig geklärt**» (S. 466 und dort auch N .29). Gunzinger sprach von «**ungelösten Problemen**», und er gelangte zum Schluss, der Aussagewert der verschiedenen Methoden könne kein absoluter sein (S. 104). Hinzuweisen ist hier aber besonders auch auf Gerd Geilen, Med. Fortschritt, passim.

Komplexe Abklärungsmethoden

Man wird schon stutzig, wenn man feststellt, wie komplex und vielfältig die Kriterien und Abklärungsmethoden sind, die von den Richtlinien für die sichere Feststellung des Hirntodes verlangt werden (siehe oben). Das Bundesgericht sprach denn auch nicht umsonst von einem "umfangreichen Katalog" (S. 517). Und wenn man sich diesen genauer ansieht, stellt man fest, dass bei einzelnen Methoden noch komplizietere zusätzliche Kriterien und Massnahmen verlangt werden, z.B. bei der Apnoe-Feststellung. Oder es wird verlangt, dass der Arzt den genauen Ursachen einer tiefen Bewusstlosigkeit nachgehe oder dass jeglicher Einfluss von muskelrelaxierenden oder zentralnervös dämpfenden Substanzen, jede Vergiftung und jegliches Koma metabolischer Ursache mit Sicherheit auszuschliessen seien.
Auffällig für den Laien ist es auch, dass just jene Methoden, bei denen ein Laie geneigt ist, besondere Sicherheit zu vermuten, nur eventuell als zusätzliche angeführt werden. Hier besteht offenbar eine besondere Unsicherheit.

Die erheblichen Unsicherheiten bei der Feststellung des Hirntodes brachte Luternauer auf den Punkt, wenn er wiederholt (z.B. S. 85, 109 und 111) erklärt, es gebe zur Zeit keine allgemein anerkannte medizinische Methode, die für sich beanspruchen könnte, den Zeitpunkt des Eintritts des irreversiblen zerebralen Funktionsverlustes (in allen Fällen) **auch nur annähernd zu bestimmen.** Von einer Methode zur absolut sicheren Hirntodfeststellung sei man noch weit entfernt (S. 86). **Möglich sei bloss die Feststellung einer gewissen Schwebezeit,** innerhalb der der Hirntod sicher eintreten werde (S. 85 und 110ff).

Luternauer und andere Autoren weisen auf eine ganze Menge von Unsicherheiten und offenen Fragen mit Bezug auf die Feststellung des Hirntodes hin:

Tote, die wieder aufleben

Schon die Irreversibilität ist kein sicheres Datum. Hier besteht zunächst einmal ein grosser Unterschied zwischen den verschiedenen Hirnteilen. Beim Grosshirn ist sie viel sicherer als beim Stammhirn; und die Zerfallszeit ist in den beiden Hirnteilen offenbar ebenfalls recht verschieden. Das Stammhirn kann noch längere Zeit weiter funktionieren, wenn das Grosshirn schon irreversibel ausgefallen ist. Erhebliche Unsicherheit dürfte es verursacht haben, als festgestellt wurde, dass auch beim Grosshirn diesbezüglich Unregelmässigkeiten vorkommen können, indem bei einzelnen Partien ein Wiederaufleben eintreten, ja sogar der Kortextod überhaupt ausnahmsweise einmal reversibel sein kann[8]. Bei Appallikern verlangen die Richtlinien sogar monatelange Beobachtungen, um die Irreversibilität festzustellen. Fälle des apallischen Syndroms sind häufig. Das sind auch jene beunruhigenden Fälle, in denen der Mensch kaum mehr als Person erlebt wird. In diesem Zusammenhang ist die sehr grundsätzliche Streitfrage anzuführen, ob ein Hirntod schon beim blossen irreversiblen Ausfall des Grosshirns vorliege, oder ob auch das Stammhirn oder gar das gesamte Zentralnervensystem definitiv ausgefallen sein muss[9]. Bei dieser Frage scheiden sich die Geister schon in anthropologischer Hinsicht, indem die einen der Ansicht sind, der Mensch sei schon tot, wenn er nicht im Besitze der geistigen oder geistig-seelischen Fähigkeiten sei, was bekanntlich wieder zu einer Bewertung der Lebenswertigkeit eines bestimmten Lebens und damit auf eine abschüssige Bahn führt.

Verschiedene Richtlinien von Land zu Land

Die verschiedenen Richtlinien betreffend die Diagnose des Hirntodes im In- und Ausland sind auch keineswegs einheitlich. Die Uneinigkeit betrifft zum einen schon die klinischen Symptome. Sie stimmen zum Teil nicht überein mit Bezug auf die Frage, ob Arreflexie, Atonie, Pupillenerweiterung und Pupillenstarre oder rascher Blutdruckabfall für die Diagnose des Hirntodes unbedingt nötig seien[10]. Und uneinheitlich sind sie auch hinsichtlich der Notwendigkeit einer Anwendung der Hilfsmethoden EEG oder Angiographie usw.[11] Die schweizerischen Richtlinien zählen das EEG im Gegensatz zu den meisten anderen Richtlinien nicht zu den obligaten Hilfsmethoden; und soweit es zum Zug komme, müsse ein Spezialarzt zugezogen werden. Mit Bezug auf das EEG bestehen nach Luternauer eine ganze Anzahl von Problemen. Oft sollen in den Krankenhäusern auch geeignete Geräte fehlen; und deren Bedienung ist offenbar recht kompliziert und schwierig. Aehnliches gilt für die Angiographie.

Nach dem Gesagten kann also keine Rede davon sein, dass der Hirntod «mit jeder Gewähr» oder «mit absoluter Sicherheit» festzustellen sei, wie es alle Autoren verlangen. Und wenn Prof. Schultz auch noch verlangt hat, dass der Hirntod leicht festzustellen sei, so wirkt das bei der Lektüre der einschlägigen Literatur schon fast ironisch.

Tote, die noch leben

Die Schlussfolgerung aus unseren Ausführungen liegen auf der Hand:
Wenn der neue Todesbegriff des Hirntodes nur anerkannt werden kann, sofern der Hirntod nach den heutigen medizinischen Möglichkeiten mit absoluter Gewissheit festgestellt werden kann,

dies aber nach dem Gesagten nicht möglich ist,

so würde man doch meinen, dass das Recht, wie es auch Luternauer mit Recht feststellt (S. 111), diesen neuen Todesbegriff nicht oder noch nicht anerkennen dürfe.

Nun haben wir aber die **paradoxe Situation**, dass dieser neue Todesbegriff auf Grund der bundesgerichtlichen Praxis und kantonalen Verordnungen in der Praxis trotzdem immer wieder Anwendung findet, d.h. dass also immer wieder Menschen (Wesen) für tot erklärt werden, deren Herz noch schlägt und die noch atmen, weshalb sie nach dem bisher anerkannten Todesbegriff eben noch nicht tot wären.

Die genannten Grundlagen dieser Praxis sind indessen rechtsstaatlich nicht ausreichend. Nur das förmliche Gesetz kann eine solche Entscheidung treffen.[12] Unser Gesetzgeber wäre schon längst verpflichtet gewesen, die überfällige Entscheidung selber zu treffen, und er darf das Problem nicht, weil es heikel ist, immer wieder auf den St. Nimmerleinstag verschieben[13]. Die Aerzteschaft plädiert mehrheitlich für eine gesetzliche Regelung[14]. Das gilt noch mehr für die Juristen. Aerzte und Patienten haben einen Anspruch auf gesetzliche Regelung. Wenn Luternauer (S. 112) findet, eine gesetzliche Regelung sei noch nicht möglich, weil die medizinischen Voraussetzungen für eine Anerkennung des neuen Todesbegriffes noch nicht gegeben seien, so beruht das m.e. auf einem Gedankenfehler. Bekanntlich kann ein Gesetz auch «Nein» oder «Noch nicht» sagen.

Passive Sterbehilfe?

Es stellt sich die Frage, ob die richtige Lösung nicht einfach in der gesetzlichen Regelung der passiven Sterbehilfe läge. Es ist ein durchaus zu bejahender Gedanke, dass jedermann die Möglichkeit haben soll, in einer schriftlichen Erklärung zu bestimmen, dass die künstliche Erhaltung des Kreislaufes gerade zum Zweck der sofortigen Entnahme noch lebensfrischer Organe eingestellt werden dürfe. Damit würde die Grundlage des Vorgehens im verfassungsrechtlich anerkannten Selbstbestimmungsrecht jedes Menschen bestehen.

Angesichts der Tatsache, dass der Hirntodbegriff (nach einigen Autoren) nicht zuletzt wegen der Organtransplantation ins Spiel gekommen ist, an Organspendern aber Mangel[15] und zudem oft eine zeitliche Dringlichkeit besteht, ist man nach übereinstimmender Ansicht meist mit erheblicher Interessenkollision und Befangenheit konfrontiert, die mit der Empfehlung der blossen Funktionstrennung nicht genügend gebannt ist. Deshalb ist es dringend nötig, dass der Gesetzgeber endlich in Funktion tritt. Dabei ist auch zu beachten, dass wegen der vielen Unsicherheiten ein beträchtlicher, und wie oben erwähnt wurde, auch gefährlicher Ermessensspielraum bei der Begutachtung vorliegt.

Literaturnachweis

Arzt G. und U. Weber, Lehrbuch des Strafrechts, bes. Teil, Bielefeld 1988
Bernhard Roberto, Herzverpflanzungen, St. Galler Tagblatt 19.4.1969
Bundesgerichtsentscheid i.s. Gross vom 28.6.1972 BGE 98 1a 508ff
Geilen Gerd, Neue juristisch-medizinische Grenzprobleme, DJZ 8.3.68 Medizinischer Fortschritt und juristischer Todesbegriff, Festschrift für Heinitz 1972
Gunzinger Pierre André, Sterbehilfe und Strafgesetz, Diss., Bern 1987
Kehl Robert, Rechtsstaat und Sterbehilfe, in «Sterbehilfe in der Gegenwart», Roderer Verlag, Regensburg 1990
Luternauer Paul, Die ärztliche Pflicht zur Lebenserhaltung unter besonderer Berücksichtigung des Hirntodes. Diss. Basel 1971
Müller Jörg, Recht auf Leben, ZStrR 90, 1971, S. 457ff
Schultz Hans, Organtransplantation, Schweizerische Ärztezeitung, 14.8.1968.

Das glaube mir – so sagte er –
Die Welt ist mir zuwider,
Und wenn die Grübelei nicht wär,
So schöss ich mich darnieder.

Was aber wird nach diesem Knall
Sich späterhin begeben?
Warum ist mir mein Todesfall
So eklig wie mein Leben?

Mir wäre doch, potzsapperlot,
Der ganze Spass verdorben,
Wenn man am Ende gar nicht tot,
Nachdem, dass man gestorben.

Wilhelm Busch

---

1 BGE 98 la 508ff.

2 AJZ 1968 S. 151.

3 BGE 98 la 516 und 517.

4 S. 880.

5 S. 466.

6 S. 102.

7 3.A. S. 83.

8 Gunzinger S. 101.

9 Luternauer S. 86f.

10 Luternauer S. 90f.

11 a.a.O. S. 94ff.

12 Kehl, Rechtsstaat und Sterbehilfe, S. 66 Ziff. l.l.

13 Kehl, a.a.O. S. 66 Ziff. 1.4.

14 Luternauer S. 112 N. 137.

15 Vgl. J. Frey, Organhandel: Altruismus oder Markt, SGGP-Schriftenreihe Band 39

Nachtrag zu Nr. 45a

Wie der Zeitschrift «Humanes Leben, Humanes Sterben»[1] zu entnehmen ist, steht der Autor der vorliegenden Sammlung mit seinen Bedenken gegen den Hirntod gar nicht allein auf weiter Flur. In dem im Rowohlt-Verlag erschienenen Werke von J. Hoff und J. In der Schmitten «Wann ist der Mensch tot?»[2] lassen sich auch prominente Mediziner zum Hirntodbegriff recht kritisch vernehmen. Selbst das Deutsche Ärzteblatt kann die Problematik dieses Begriffes nicht ignorieren[3].

Hier zeigt sich einmal mehr, wohin es führt, wenn (wie es in der Schweiz zunehmend der Fall ist) der Rechtsstaat in Vergessenheit gerät, bzw. ignoriert wird. Wenn nämlich der Hirntodbegriff falsch war, dann wurden in den letzten Jahrzehnten Tausende von Menschen rechtswidrig getötet!

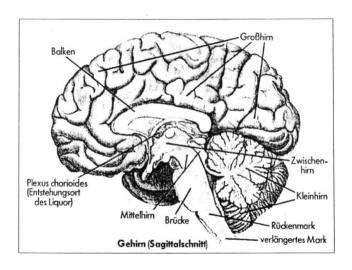

Aus «Journal Franz Weber», Nr. 24/1993, S. 27

---

1 Humanes Leben, Humanes Sterben Nr. 4/1994 S. 8.
2 J. Hoff und J. In der Schmitten «Wann ist der Mensch tot?» Hamburg 1994, 412 Seiten
3 Deutsches Ärzteblatt 19.8.1994.

Die Vertretung Schwerkranker und Sterbender

Bisher nicht publizierter Artikel des Buchautors

Den Juristen wird gerne nachgesagt, sie sähen Probleme, wo keine seien. Mir fällt demgegenüber auf, dass sie ein Problem, das von weitem in die Augen sticht, nicht sehen, oder nicht sehen wollen, jedenfalls nicht öffentlich (konsensfördernd) behandeln, das seit eh und je allgegenwärtig, juristisch hochinteressant und auch von grösster Tragweite ist.

Im schweizerischen Recht ist es ein allgemein anerkannter Grundsatz, dass bei der Ausübung höchstpersönlicher Rechte, also in höchstpersönlichen Belangen, keine Vertretung möglich ist.

Anderseits wird niemand in Abrede stellen, dass das Rechtsgut *Leben* und die Entscheidungen über lebensverlängernde Massnahmen in der Rangordnung der höchstpersönlichen Rechte und Güter zusammen mit dem Rechtsgut der persönlichen Freiheit den obersten Rang einnehmen. Damit sollte geradezu selbstverständlich sein, dass es in diesem Bereiche keine Vertretung geben kann.

Trotzdem verhält man sich hier in der Praxis so, wie wenn es den erwähnten Grundsatz nicht gäbe und wie wenn hier umgekehrt Vertretungen eine Selbstverständlichkeit wären.

Wenn ich oben erklärt habe, dass die Juristen das Problem nicht sehen oder sehen wollen, so bedeutet das nicht, dass das Problem in der Wissenschaft bzw. in den Publikationen nie zur Sprache gekommen wäre. Es seien hier besonders die Dissertationen von Ursula Gontersweiler-Lüchinger[1] und die Gegenposition der Dissertation Jaccard[2] erwähnt. In den Kommentaren zum Personen-, Kindes- und Vormundschaftsrecht wird der Fragenkomplex «höchstpersönliche Rechte» selbstverständlich behandelt. Auch in den Fachzeitschriften wird das Problem gelegentlich angetippt. So vertrat H. Schultz den Standpunkt, eine Vertretung sei in diesem Bereiche ausgeschlossen.[3] Auch Brückner, sein Nachfolger als juristischer Berater der SAMW, vertrat in einigen Äusserungen denselben Grundsatz[4]. Sodann haben die Prof. Guignand und Guillod in ihrem Gutachten vom 14.5.1982[5] die Vertretungsmöglichkeit verneint mit dem Satz, eine gewillkürte Vertretung gebe es hier nicht, weil höchstpersönliche Rechte zur Diskussion ständen[6], eine bezügliche Entscheidung aber nicht auf Dritte übertragen werden könne[7]. Spöndlin schloss sich dieser Ansicht an[8].

Im Umgang mit Schwerkranken und Sterbenden geht man aber in der Praxis wie selbstverständlich davon aus, dass andere – und dies ohne vormundschaftliches Verfahren - für die Schwerstkranken und Sterbenden entscheiden können, wenn sie selber dazu nicht mehr imstande sind, namentlich der Arzt oder die Angehörigen oder Vertrauenspersonen oder der Patientenanwalt.

Mir fällt auf, dass die Juristen meines Wissens nie Einspruch dagegen erhoben haben, dass man sich in diesem existentiellen Bereich verhält, wie wenn es sich um einen rechtsfreien Raum handeln würde. Warum?

Mit diesem Problem werden wir uns wirklich befassen müssen, ist es doch unerträglich, dass in einer so wichtigen Frage allgemein anerkannte Rechtsgrundsätze ohne Begründung übergangen werden.

Brückner wollte den gordischen Knoten mit dem Satze lösen, es gebe Situationen, in denen notwendigerweise Dritte bestimmen müssten[9]. Damit hat er zwar das Dilemma aufgezeigt, aber natürlich nicht gelöst. Es ist auch erstaunlich, dass unser Bundesrat angesichts so brennender Fragen erklären konnte, es sei alles geregelt; und dass die Legislative[10] eines Rechtsstaates nicht sofort daran geht, eine Entscheidung zu treffen, sondern es in diesem wichtigen Bereiche der Menschenrechte hinnimmt, dass im Dunkeln getappt wird.

Auch bei der gesetzlichen Vertretung besteht kein Konsens.

---

1 Ursula Gontersweiler-Lüchinger: «Die Wahrung höchstpersönlicher Rechte handlungsunfähiger und beschränkt handlungsunfähiger Personen», Diss. Zürich 1955.

2 Jaccard: «La représentation des incapables privés de discernement dans l'exercice de leur droits strictement personnels». Diss. Lausanne 1955.

3 H. Schultz, in SAeZ 1984 S. 1021.

4 Neue Zürcher Zeitung 22.2.1989 S. 23, wo der Autor von einem unübertragbaren Recht sprach.

5 Vgl. Nr. 22 dieser Sammlung.

6 ZGB Art. 27.

7 Guignand/Guillod S. 23.

8 Spöndlin. Soziale Medizin 9/1989 S. 22. In ähnlichem Sinne haben sich in der Bundesrepublik Fachleute geäussert, z.B. die Professoren Fritzsche und Schreiber laut Protokoll der Anhörung von Fachleuten im Rechtsausschuss des deutschen Bundestages S. 26 und 95, die von unvertretbaren Entscheidungen sprachen. Derek Humphrey sprach im 5. Europäischen Kongress für Humanes Sterben sarkastisch davon, wie erbaulich es sei, wenn Angehörige und Aerzte sich an einen Tisch setzen und den Tod des Patienten «aushandeln» (S. 14).

9 Glarner Nachrichten 9.3.1990

10 In anderen Ländern (z.B. BRD, USA, Australien) bestehen gesetzliche Regelungen mit Zulassung auch der gewillkürten Vertretung.

Die Rolle der Angehörigen

Bisher nicht publizierter Artikel des Buchautors

Wenn Herr/Frau X todkrank ist oder im Sterben liegt, werden plötzlich «die» Angehörigen aktuell, auch solche, die der Patient kaum kannte, oder mit denen er kaum oder keine Beziehungen hatte oder von denen er nichts wissen wollte.

Zum einen kann das bekanntlich mit dem Erben zusammenhängen. Aber etwas völlig anderes ist zunächst wichtiger: Der Arzt ist nach den «Richtlinien der SAMW» *letztlich*, bzw. allein zuständig, wenn es über gefährliche Operationen oder heikle Therapien oder lebensverlängernde Massnahmen zu entscheiden gilt. Er trägt damit auch die volle Verantwortung.

Vielen Ärzten wird es darum recht sein, wenn sie die Verantwortung mit «den Angehörigen» teilen oder sie ihnen übertragen können.

Darum ist in den Richtlinien wiederholt von den Angehörigen oder nahestehenden Personen die Rede; und deshalb sprechen die behördlichen Verordnungen ständig von den Angehörigen. Auch die EXIT will nicht ohne die Zustimmung der Angehörigen handeln.

Dem Juristen, der diese Sache näher ins Auge fasst, kommen dabei allerdings etliche ketzerische Gedanken:

Wer fällt unter den Begriff der «Angehörigen»?[1]

Wie wenn etliche Angehörige vorhanden sind? Sollen sie etwa gemeinsam entscheiden? Oder nur der eine und wenn ja, welcher?

Sind, neben dem legalen Ehegatten, nur Blutsverwandte gemeint? Fallen Verschwägerte darunter? Wie steht es insbesondere mit dem nicht verehelichten Partner? Soll er nicht die erste Stelle einnehmen?

Wie steht es mit den Wahlverwandtschaften?

Oder wie ist es zu halten, wenn die Angehörigen mit der Sache nichts zu tun haben wollen?

Noch weit mehr verwundert es den Juristen, dass jene Legitimation der Angehörigen zu Entscheidungen oder Mitentscheidungen in der Praxis einfach angenommen wird, ohne nach der gesetzlichen Grundlage zu fragen. Grundlage wäre ja eine gesetzliche oder rechtsgeschäftliche Vertretungsmacht bzw. Vollmacht. Ob eine solche zulässig ist, ist aber mehr als fraglich. Sie kann jedenfalls nicht einfach aus der Eigenschaft «Angehöriger» abgeleitet werden. Solches verbietet sich schon deshalb, weil eine Vertretung ein besonderes Vertrauen voraussetzt, es aber lebensfremd wäre, aus der

Eigenschaft als Verwandte(r) ohne weiteres ein entsprechendes Vertrauensverhältnis abzuleiten.

Vermutlich wissen alle Beteiligten, dass die Zuflucht zu den Angehörigen eine Notlösung war, die voller Probleme ist. Wenn schon eine gewillkürte Vertretung in diesem Bereiche überhaupt möglich ist, was sehr fraglich ist, dann kann die Lösung bestenfalls im Vormundschaftsrecht liegen, oder vielleicht noch in einer Verfügung, in der der Sterbende einen Wahlverwandten als Patientenanwalt bestellt hat.

Das Ausweichen auf die Angehörigen war allerdings kein Zufall, sondern beruhte auf der noch nicht ganz überwundenen Tradition des Sippendenkens. Das moderne individualistische Denken in den Kategorien der Wahlverwandtschaft steht dem Sippendenken diametral entgegen. Das ist für Vollmachten allgemein wichtig, weil solche, wie erwähnt, immer Vertrauen voraussetzen. Erst recht für Vertretungen – wenn solche hier überhaupt möglich sind - bei Entscheidungen über Leben und Tod. Hier ist eine Vertretung höchstens denkbar, wenn der Vertreter ähnlich denkt und fühlt wie der Todkranke bzw. der Sterbende.[2] Bei einem Angehörigen besteht dafür keinerlei Gewähr, nur weil er ein Angehöriger ist.

Dazu kommt, dass bei Angehörigen die Gefahr von Interessenskollisionen gross ist.

Was von der fast überall vertretenen Ansicht zu halten ist, *die* Vertrauenspersonen aller Sterbenden und Schwerstkranken seien ihre Angehörigen, mag man schon daran ermessen, dass die gleichen Leute, die so argumentieren, vor Patientenverfügungen und erst recht vor dem Freitod mit der Begründung warnen, der Schwerstkranke könne von den Angehörigen unter Druck gesetzt werden, seinem Elend bald ein Ende zu setzen[3], weil die betreffenden Angehörigen eventuell bald erben oder von den grossen Kosten entlastet werden möchten[4].

Nicht von ungefähr werden Angehörige (und die behandelnden Ärzte) nach einigen USA-Gesetzen von der Funktion als Lebensanwälte ausgeschlossen.[5]

Bemerkenswert ist für die hier behandelte Frage die Dissertation von K. Reusser über die Patientenverfügungen[6], in der den Angehörigen einerseits ebenfalls eine zentrale Bedeutung beigemessen wird[7], dann aber am Schluss doch wegen der hier erwähnten Interessenskonflikte die These vertreten wird, der Sterbende habe Anspruch auf einen unabhängigen Intreressenverteter, analog dem «Totenanwalt» gemäss meinem Buche «Die Rechte der Toten», der einer öffentlichen Kontrolle unterstände, und dessen Entscheidungen nötigenfalls in einem besonderen Beschwerdeverfahren beurteilt werden

könnten.[8]
In der erwähnten Literatur geht es um Entscheidungen über lebensverlängernde Massnahmen. Nicht weniger bedenklich ist es, dass die nämliche Ansicht für die Frage der Organentnahme bei den sogenannten Hirntoten vertreten wird.

Katholischer Katechismus, Benziger-Verlag 1955, S. 259 (Albert Burkhart).

1 Ein Verlobter wurde z.b. in einem Entscheid nicht als Angehöriger anerkannt (Schweiz. Zentralblatt für Staats- und Gemeindeverwaltung 1930 S. 173).

2 So auch: Soziale Medizin (Red. Spöndlin) 9/1989 S. 22.

3 So jetzt auch Neue Zürcher Zeitung 17./18. Dez. 1994 S.16.

4 Vgl. statt vieler weiterer: Prof. Barnard, 5. Europäischer Kongress über Sterbehilfe S. 21ff oder Prof. Dr. med. Hiersche im deutschen Juristentag betr. Sterbehilfe 1986, S. 172.

5 Prof. Winau in «Der informierte Arzt» 1992 S. 1203.

6 Vgl. Nr. 27 dieser Sammlung.

7 Vgl. S. 197 unten, wonach eine medizinische Behandlung nicht gegen den Willen von Angehörigen unterbrochen werden dürfe!

8 S. 253f.; auch S. 44f.

Die Rationierung der medizinischen Leistungen

Auszug davon publiziert im «Senioren-Express» unter dem Titel «Schrille Töne» vom Februar 1993 S. 77.

Dass die Überalterung unserer Bevölkerung für die ganze Gesellschaft schwierige Probleme hervorruft, weiss heute jedermann. Ein besonders aktueller Aspekt dieser Entwicklung ist die ebenfalls allgemein bekannte Tatsache, dass die Krankenbetreuung in den letzten Lebensjahren und schon ab dem 65. Altersjahr die Krankenkassen erdrückend belastet. Man liest horrende Zahlen über die Spitalkosten in den letzten Lebensphasen und schon eines einzigen Tages. Und diese Tage steigen mit zunehmendem Alter[1]. Die GPI berichten immer wieder darüber. Wegen dieser Kosten und weil der Erfolg von Intensivmassnahmen wie Reanimation und Dialysen mit zunehmendem Alter immer geringer wird –, bei über 70-jährigen Patienten sollen nur 1% die Reanimation überleben und dann erst noch schwierige Pflegefälle werden[2] – wurde bald einmal die Frage nach der Rationierung aktuell. Unter anderem wurde immer mehr erörtert, ob auf bestimmte Therapien von einem bestimmten Alter an überhaupt zu verzichten sei.

Die Rationierung der medizinischen Leistungen und der Krankenpflege im allgemeinen (Finanzierung von Medikamenten, Operationen, Therapien, Untersuchungen, Pflege) ist bereits ein Dauerbrenner in der gesundheitspolitischen Diskussion. Dabei wird natürlich vor allem an die Betagten gedacht. Laut GPI 4/1992 Nr. 7205 sind nur schon in den USA bereits sieben aufsehenerregende Bücher zu diesem Thema erschienen. Besonderes Aufsehen erregte das Werk von Daniel Callahan *Setting Limits*. Wir sind Herrn Kocher dafür dankbar, dass er die von sechs kompetenten Autoren verfasste Zurückweisung der Thesen Callahans *Set No Limits* in den GPI etwas eingehender vorgestellt hat. Dr. Kocher empfiehlt auch mit Recht die Publikation von H. Binstock und Stephan C. Post *Too Old for Health Care?*, in welchem das Thema Rationierung auch vom ethisch-philosophischen, sozialen und religionshistorischen Standpunkt aus vertieft behandelt wird.[3]

Bereits war auch das Thema der Rationierung in der Pflege Gegenstand einer in der katholischen Paulusakademie in Zürich durchgeführten Tagung eines Berufsverbandes von Krankenschwestern und Krankenpflegern.[4] GPI orientiert laufend über die bezüglichen Diskussionen und enthält immer wieder Hinweise auf bereits recht alarmierende Vorschläge.

Es fehlt aber nicht an grundsätzlichen ethischen und politischen Einwänden des Inhalts, dass Geld bei medizinischen Leistungen keine Rolle spielen dürfe, was namentlich Prof. van den Enden immer wieder betont, während Opderbecke mit vielen anderen den Standpunkt vertritt, Einschränkungen bzw. ökonomische Grenzen seien nicht zu umgehen.[5] Wie immer man das Problem lösen will[6], gerade hier muss mit allem Nachdruck verlangt werden, dass es nur durch das Gesetz geregelt werden kann und darf. Es ist absolut unerträglich, dass Rationierungsentscheide nach freiem Ermessen durch Einzelpersonen getroffen werden und so auf kaltem Wege über Leben und Tod von Menschen verfügt wird. Die Frage darf aber auch nicht über generelle Regelungen entschieden werden, die von Spitälern oder irgendwelchen Gremien erlassen werden, denen weit und breit keine Gesetzgebungskompetenz zusteht. In solch existentiellen Fragen bietet nur der Rechtsstaat Gewähr für akzeptable Lösungen.

Der Mensch, das vergängliche Wesen
(Gespräch zweier Götter über ihr Verhältnis zum Menschen und über dessen Wesen)

Masslos müsstest Du mich nennen
Wolle ich kämpfen um des Menschen willen
Des vergänglichen Geschlechts,
Das dahinwelkt wie die Blätter des Waldes.

Gleich wie Blätter im Walde, so sind die Geschlechter der Menschen,
Einige streut der Wind auf die Erd' hin, andere wieder
Treibt der knospende Wald, erzeugt in des Frühlings Wärme;
So der Menschen Geschlecht: dies wächst und jenes verschwindet.

Aus: Homer Ilias, übersetzt v.J.H. Voss, Stuttgart 1968
(Reclam U.B. 249-253)
6. Gesang und 21. Gesang

---

1 Vgl. z.B. Medizinrecht 1985 S. 28.

2 GPI, März 1990 Nr. 5508 S. 35, Hinweis auf Annuals of internal medicine 111, 1989 S. 3.

3 GPI a.a.O. Nr. 7206.

4 a.a.O. Nr. 7207.

5 vgl. z.B. Medizinrecht 1985 S. 23-28.

6 Die beste Lösung ist einstweilen die Patientenverfügung.

Abendlied

Augen, meine lieben Fensterlein,
Gebt mir schon so lange holden Schein,
Lasset freundlich Bild um Bild herein:
Einmal werdet ihr verdunkelt sein!

Fallen einst die müden Lider zu,
Löscht ihr aus, dann hat die Seele Ruh!
Tastend streift sie ab die Wanderschuh!
Legt sich auch in ihre finstre Truh!

Noch zwei Fünklein sieht sie glimmend stehn
Wie zwei Sternlein, innerlich zu sehn,
Bis sie schwanken und <u>dann auch vergehn,</u>
Wie von eines Falters Flügelwehn.

Doch noch wandl' ich auf dem Abendfeld,
Nur dem sinkenden Gestirn gesellt;
Trinkt, o Augen, was die Wimper hält,
Von dem goldnen Überfluss der Welt!

Gottfried Keller

8. Kapitel

Wenn sich die Wissenschafter der verschiedenen Fakultäten nicht mehr verstehen

Sterbehilfe interdisziplinär

Für eine befriedigende Lösung der Sterbehilfeprobleme wäre eine Verständigung zwischen den Medizinern, Juristen und Philosophen unterlässlich. Es geht um spezifisch interdisziplinäre Fragenkomplexe. Aber die Vertreter dieser Fakultäten sprechen – jedenfalls hier – nicht die gleiche Sprache. Die Mediziner werfen den Juristen vor, ihre «Einmischung» in diesen Bereich sei eine unglückliche Verrechtlichung rechtsfremder Lebensvorgänge. Die Juristen und Philosophen finden, dass die Mediziner zu Unrecht die volle – oder gar alleinige – Kompetenz für die einschlägigen juristischen und ethischen Fragen in Anspruch nähmen.

Die folgenden Beiträge befassen sich deshalb mit dem hier sehr aktuellen und wichtigen Thema der interdisziplinären Verständigung.

Interdiszipinäre Gespräche über Sterbehilfe

GPI 2/1991 S. 36

An Stoff mangelt es nicht. An die hundert fundamentale Fragen sind noch zum Teil kontrovers oder unbehandelt. In einer Umfrage bei Ärzten, Juristen, Theologen etc. haben fast alle Beantworter solche (interdisziplinäre) Gespräche als nötig oder gar dringlich bezeichnet. Ich bin aber in einer Studie zum Schlusse gelangt, dass die meist von Kirchen, Parteien oder Vereinen durchgeführten Podiumsgespräche zwar für die Sensibilisierung und Information der Öffentlichkeit nötig, aber für die dringliche weitere Konsensbildung nicht geeignet sind; dafür sind fortlaufende systematische Seminarien nötig. Und auch solche können wegen der besonderen Verhältnisse echte Konsensbildung nur gewährleisten, wenn gewisse Grundsätze konsequent und diszipliniert eingehalten werden.

Sie müssen z.b. paritätisch rekrutiert sein, mit wechselndem fakultärem Vorsitz bzw. Moderator. Neben den Hauptfakultäten (Ärzte, Juristen, Philosophen, Theologen und Soziologen) müssen auch die Pflegeberufe und Krankenkassen vertreten sein. Dem Seminar muss ein präzises, logisch aufgebautes Fragenschema zugrunde liegen, und es soll immer erst zu einer anderen Frage übergegangen werden, wenn die eine ausdiskutiert ist. Der Moderator hat darüber zu wachen, dass die Votanten strikte beim Thema bleiben. Ein Protokoll ist unerlässlich, das im besonderen auch die Ergebnisse jeder Sitzung oder Sitzungsserie festzuhalten hat. Der Moderator hat auch streng darauf zu achten, dass nicht unbewusst mit verschiedenen Begriffen operiert wird, eine Gefahr, die hier besonders gross ist. Die Sprache soll einfach, offen, präzis sein. Geschraubte oder verhaltene, ängstlich vorsichtige Formulierungen sind der Konsensbildung abträglich und komplizieren das Gespräch[1].

---

[1] Näheres in Nr. 48 der vorliegenden Sammlung.

Parität bei interdiszipinären Gesprächen über Sterbehilfe

Interdisziplinäre Gespräche über Sterbehilfe sind dringend nötig, da zwischen den Fakultäten diesbezüglich einerseits noch enorme Kontroversen, andererseits aber auch peinliche Verständigungsschwierigkeiten bestehen. Solche Gespräche sind aber nur dann wirklich fruchtbar, wenn sie echt sind. Echt sind sie aber nur, wenn die bezüglichen Gremien paritätisch zusammengesetzt sind.

Die *Zentrale medizinisch-ethische Kommission der Schweizerischen Akademie der Medizinischen Wissenschaften*, welche die Richtlinien der SAMW erarbeitet, ist ein Beispiel dafür, wie sehr die Parität solcher Gremien noch zu wünschen übrig lässt. Sie setzt sich nach der mir vorliegenden Ausgabe der Richtlinien (Seite 5) wie folgt zusammen: 11 Ärzte, 1 Jurist (gewählt von einem ebenfalls medizinischen Gremium) und 2 Vertreter der Pflegeberufe.

Das genannte Gremium ist ein besonders wichtiges Forum für bezügliche Entscheidungen. Prof. Dr. med. Meinrad Schär bezeichnete die SAMW im EXIT-Bulletin Nr. 52, S. 11, neckisch als «Graue Eminenz».

Das dunkle Haus

Schau um dich! Sieh die hellen Blicke,
Der Wangen jugendfrisches Blut,
Und sage dir: in jede Lücke
Ergiesst sich junge Lebensflut.

Es ist gesorgt, brauchst nicht zu sorgen;
Mach Platz, die Menschheit stirbt nicht aus,
Sie feiert ewig neue Morgen,
Du steige fest ins dunkle Haus!

Friedrich Theodor Vischer

Interdisziplinäre Gespräche über Sterbehilfe

[Vollständige Fassung des als Nummer 46 publizierten Artikels]

Wird gekürzt in der Medizinzeitschrift der Universität Zürich «Med-Info» erscheinen (1995).

I

Niemand wird behaupten wollen, es bestände im Bereiche der Sterbehilfe ein auch nur annähernd genügender Konsens. Die Mehrzahl der zahlreichen Haupt- und Nebenfragen sind noch kontrovers und weitgehend ungeklärt (vgl. Nr. 44 der vorliegenden Sammlung). Dabei wäre ein Konsens darüber dringend nötig.

Die Sterbehilfeprobleme müssen auch dann als offen oder kontrovers betrachtet werden, wenn innerhalb der primär zuständigen Fakultät bereits mehr oder weniger einhellige Entscheidungen vorliegen, aber noch kein Konsens unter den Fakultäten besteht. So sind die Juristen über die Verbindlichkeit von Patientenverfügungen mehr oder weniger einig. Solange aber die Mediziner dagegen in grösserem Umfange Einspruch erheben und jene Entscheidung nicht mittragen können, ist auch diese Frage offen. Und eine ähnliche Situation ist bei vielen anderen im erwähnten Katalog aufgeführten Problemen festzustellen.

Was die Medizin anbetrifft, sind die Ärzte zwar am nächsten bei der Sache und fast in allen Fragen aufs Direkteste interessiert, haben doch sie die Entscheidungen meist zu vollziehen, wobei sie erst noch strafrechtlich exponiert sind. Aber hier geht es fast überall um letzte Belange, die auch für Ethik und Recht von grösstem Interesse sind.

Für den Todesbegriff liegt z.B. die Zuständigkeit an sich zunächst bei den Medizinern. Die Entscheidung hat aber normologisch so starke Auswirkungen, dass Ethiker und Juristen unbedingt mitzureden haben[1].

Anderseits ist die heute diskutierte Frage, ob Unterlassungen im Sinne der passiven Sterbehilfe oder des Verzichtes auf Freitodintervention nicht aus dem Nexus der Tötungsdelikte überhaupt herauszunehmen seien, primär juristischer Natur. Doch geht es um so vitale Interessen der Ärzte, dass es unverantwortlich wäre, sie hier nicht massgeblich mitwirken zu lassen.

Podiumsgespräche, Vorträge und Tagungen, wie sie von Parteien, Kirchen und Vereinen, sowie am Radio und Fernsehen mit Laien über Sterbehilfe durchgeführt werden, sind zwar für die Sensibilisierung und Information des Publikums nötig und nützlich, sind aber nicht geeignet, den so dringenden Konsens herbeizuführen. Solche Veranstaltungen sind nicht auf Konsensbildung unter den wissenschaftlichen Fachleuten der verschiedenen Fakultäten ausgerichtet, sondern auf Information (nicht selten auch auf Indoktrination). Die für die Erarbeitung eines Konsenses unerlässlichen wissenschaftlichen Methoden wären hier gar nicht durchführbar. Auf jeden Fall würde die Konsensbildung auf diesem Wege auch viel zu lange dauern.

Jener Konsens kann nur durch interdisziplinäre Gespräche unter den zuständigen Fachleuten herbeigeführt werden (Ärzte, Ethiker, Philosophen, Theologen, Juristen, Pflegepersonal und Soziologen). Da eine konsensbildende Diskursethik anzustreben ist, sollen alle direkt betroffenen Disziplinen, aber auch andere betroffene Kreise und Institutionen, wie Krankenkassen, einbezogen werden. Der Terminus interdisziplinär ist also keinesfalls mit interfakultär gleichzusetzen.

Anfangs 1990 habe ich im Auftrag der EXIT bei rund 1000 Personen, besonders Ärzten, Juristen und Theologen und einer Anzahl Philosophen, eine Umfrage darüber durchgeführt, ob interdisziplinäre Gespräche über Fragen der Sterbehilfe nötig seien. Die meisten Beantworter haben die Frage bejaht, viele solche Gespräche als sogar dringend nötig bezeichnet.

Nach Ansicht des Generalsekretärs der Schweiz. Hochschulkonferenz ist es um die Kommunikation unter den Fakultäten allgemein schlecht bestellt (Radio DRS Mittagsjournal, 19.10.1990).

Auf eine besondere Indikation interdisziplinärer Gespräche weist Prof. Dr. med. Mumenthaler hin (GPI 2/1990 S. 31). Darnach geht über der Fülle des sonstigen Lehrstoffes in der medizinischen Ausbildung «der Blick für das übergeordnete universitäre Ganze» gerne verloren. Dasselbe gilt auch für Juristen.

Interdisziplinäre Gespräche sind auch deshalb nötig, weil sich gerade im Bereiche des Sterbens und der Sterbehilfe ganz allgemein ein neues Denken entwickelt, das nur in einem gesamtuniversitären Kontext richtig erarbeitet werden kann. Wir alle sind Gefangene überkommener Werturteile, die zu korrigieren, mindestens aber neu zu überdenken sind (so Prot. 51 S. 102 und 108).

Die Notwendigkeit interdisziplinärer Gespräche ist auch behördlich anerkannt. Für die Schweiz vgl. Bulletin des Nationalrats vom 25.9.75, S. 1306. Für Deutschland: Anhörung von Experten im Rechtsausschuss vom 15.5.85: Prot. S. 71, 77, 93 u. 119 u. schriftl. Eingaben S. 32.

Das europäische Parlament hat den Mitgliedstaaten in seinen Empfehlungen von 1976 (Recommandation 779) unter Ziffer 10/l die Schaffung interdisziplinärer Gremien empfohlen, womit natürlich offizielle Gremien gemeint sind.

Es sind verschiedene Modelle solcher wissenschaftlicher Gespräche denkbar und zu unterscheiden:
- die institutionalisierten i.S. von permanenten Instituten oder Seminarien an den Universitäten, oder von privaten Akademien;
- die nicht institutionalisierten, ad hoc durchgeführten öffentlichen (Expertenkommissionen) oder privaten (Podiumsgespräche).

Der Anregung, die interdisziplinären Gespräche vermehrt zu fördern, wird etwa entgegengehalten, sie bedeute Wasser in den Rhein tragen. Solche Gespräche würden nämlich schon längst praktiziert. Sicher waren auch die bisherigen, bezüglichen Bemühungen wertvoll, so das erste erfolgreiche Symposium vom 18.1.1991 in Zürich, das auf Grund unserer Umfrage durchgeführt wurde. Das Bisherige genügt aber bei weitem nicht. Es bleibt noch sehr viel zu tun. Bisher sind auch noch wenig Resultate im Sinne eines Konsenses über die vielen noch kontroversen Fragen sichtbar geworden.

Das dürfte auch damit zusammenhängen, dass die bisherigen Disputationen nach meinen Beobachtungen selten paritätisch und neutral konzipiert und organisiert waren.

II

Nun wäre es allerdings eine grosse Illusion, zu glauben, solche interfakultären und interdisziplinären Gespräche würden rasch und _mühelos_ zu Übereinstimmungen führen. Die Verständigungsmöglichkeiten unter den Fakultäten sind ohnehin schon prekär. Sprache und Denkart – um nicht zu sagen, sogar die Logik - der verschiedenen Fakultäten erweisen sich nicht selten als so verschieden, dass zuerst eine gemeinsame Sprache gefunden werden muss[2]. Die Ärzte haben Mühe, die Juristen zu verstehen, und zwischen Theologen und Juristen ist der Gegensatz geradezu eine historische Tradition. Und die Vertreter der exakten Wissenschaften finden die Theorien der Geisteswissenschaften nicht selten nebulös.

Erst recht ist eine vorsichtige Annäherung vonnöten, wenn es um das Thema Sterbehilfe geht. Hier manifestiert sich nicht selten ein peinliches Misstrauen, und hier geht es ja auch um spezifische Berufsinteressen. Nach einem Artikel in der Zeitschrift «Soziale Medizin» (Heft 3 1990 S. 4) haben die Ärzte vielfach das Gefühl, es entgleite ihnen hier eine Domäne, für die

nur sie zuständig seien, weshalb andere Fakultäten nicht dreinzureden hätten.
Angesichts der Interessenlage und der zum Teil radikalen, hier sehr relevanten weltanschaulichen Unterschiede wird der Moderator u.a. auch darauf achten müssen, dass der Verhandlungsstil sachlich bleibe. Das schliesst nicht aus, dass über Vorhalte wie, die Juristen würden die Arbeit der Ärzte nur komplizieren, den Ärztestand diskreditieren und das Vertrauen zwischen Arzt und Patient untergraben, offen gerungen wird. Vorhalte solcher Art waren im Deutschen Juristentag 1986 noch und noch zu hören. Aehnlich Opderbecke in «Medizinrecht» 1985 S. 26, wo ausgeführt wird, die Mediziner seien mit den Entscheidungen der Juristen unzufrieden; man verstehe sich schlecht.

III

Angesichts dieser Schwierigkeiten einerseits und der dringenden Notwendigkeit interdisziplinärer Gespräche ist es ein Gebot der Stunde, präzise und praktikable methodische Grundsätze für die Durchführung entsprechender Seminare und Kolloquien auszuarbeiten und auszubauen. Es versteht sich von selber, dass bei der hier in Frage stehenden wissenschaftlichen Erarbeitung eines Konsenses wissenschaftliche Methoden anzuwenden sind.
Die wissenschaftliche Erarbeitung eines Konsenses in den noch kontroversen Fragen rund um die Sterbehilfe stellt an die Moderation angesichts der erwähnten Komplikationen besonders hohe Anforderungen.
Ich denke, dass etwa folgende Regeln den Erfolg am ehesten gewährleisten könnten:
1. Die Gremien müssen paritätisch zusammengesetzt sein.
2. Der Moderator sollte in einem Turnus bestimmt sein, so dass keine Fakultät sich benachteiligt fühlen kann.
3. Als Moderatoren sollen Mitglieder bestimmt werden, die nicht nur kompetent sind und Erfahrung in der Leitung von Konferenzen besitzen, sondern auch die nötige Autorität, um dafür zu sorgen, dass nicht vom Thema abgeschweift wird.
4. Der Moderator wird im Auge behalten müssen, dass die Teilnehmer möglichst von gleichen Begriffen ausgehen, eine wichtige Voraussetzung für ein erfolgreiches Gespräch (vgl. StellN 45).
5. Die Teilnehmer sollten auf diskrete Art gebeten werden, sich einer einfachen Sprache zu bedienen. Die gelegentlich anzutreffende Manie, sich

in Tagungen literarisch profilieren zu wollen, dient der Sache nicht. Alles Wahre ist einfach.

6. Was die jeweilige Traktandenliste anbetrifft, soll nur über genau abgegrenzte und präzis formulierte Einzelfragen[3] innerhalb eines komplexeren grösseren Themas verhandelt werden, wobei <u>die logische Reihenfolge der Unterfragen</u> zum fraglichen komplexeren Thema in einem Schema aufgelistet vorliegen müsste.

7. Die Gespräche sind selbstverständlich nach wissenschaftlichen Gesichtspunkten und Methoden zu führen, und damit auch sine ira et studio.

8. Wer findet, eine solche wissenschaftliche Arbeitsweise sei zu kompliziert oder gar, sie führe nicht weiter, wird besser an solchen Gesprächen nicht teilnehmen.

9. Was die Teilnehmerzahl anbetrifft, scheint mir, dass für jede Einzelfrage ein kleines Gremium von ca. 5 Personen Anträge ausarbeiten sollte, die nachher in einem grösseren Gremium behandelt werden müssten.

10. Die Gespräche sollten m.E. in der Regel nicht öffentlich durchgeführt werden, weil dies die Spontaneität und Offenheit beeinträchtigt. Die Gefahr ist gross, dass sonst «ad hominem» gesprochen wird. Gerade Prominente vertragen es oft nicht, dass ihnen in der Oeffentlichkeit widersprochen wird; anders vielleicht in internen Gesprächen.

11. Das Gespräch benötigt viel Zeit. Wer nicht in der Lage ist, diese einzusetzen, wird auf die Dauer nicht mithalten können.

12. Die Fragen sind z.T. so komplex, dass oft länger um die Lösung gerungen werden muss. Etliche erfordern mehrere Sitzungen. Zur nächsten Frage sollte erst weitergeschritten werden,
- wenn die in Angriff genommene wirklich beantwortet ist,
- oder wenn noch Erhebungen nötig sind,
- oder wenn es sich zeigt, dass trotz geduldigem Dialog im Moment keine Chance auf einen Konsens besteht, was aber im Protokoll festgehalten werden sollte, möglichst unter Formulierung der ungelösten Kontroverspunkte.

13. Die Führung eines Protokolls ist dringend zu empfehlen, mindestens eines Beschlussprotokolls.

14. Keine Sitzung soll geschlossen werden, ohne genau festzuhalten, welches das Ergebnis ist.

15. Grosse Bedeutung kommt der Koordination zu. Einigkeit in einem Gremium ist noch lange keine Gewähr für einen allgemeinen Konsens. Die

Ergebnisse müssen ausgetauscht und das Gespräch muss in irgend einer Form von Vertretern der verschiedenen Gesprächskreise weitergeführt werden.

Hans Schwarz, ‚der Tod und das Mädchen' (um 1500)

Aus «Soziale Medizin» 9/1989, S. 14

---

1 So Hinderling SJZ 68 S. 235 FN 4.

2 Vgl. dazu H. Schultz, SAeZ 1984, S. 1014ff; ferner: Van den Enden, Kongressbericht S. 105 u. Prot. 51, S. 113.

3 Es wäre verkehrt, als Thema des Tages z.B. «Sterbehilfe» oder «aktive Sterbehilfe» oder «Freitod» oder «Patientenverfügungen» auf das Programm zu setzen.

Das heisse Eisen Sterbehilfe - Euthanasie

Zürcher Student/in ZS vom 3. Juni 1991 (Redaktor Theo Schmid)

Editorial
Ein konkretes Problem an der Universität ist der mangelnde interdisziplinäre Diskurs. Bestünde ein solcher etwa zum Thema Sterbehilfe, wie dies von Dr. Robert Kehl gefordert wird, dann hätte am vergangenen Freitag in der Universität Irchel eine sachliche Diskussion geführt werden können. Es wundert uns, dass ein Referent zu einem solch umstrittenen Thema provokativ zu Wort kommen konnte, während andere (z.b. Andreas Gross) mit Redeverbot belegt werden. Ein Bericht dazu auf Seite 16.
Caroline Hauger für die Redaktion

Seite 16:
«Niederschreien?
Der australische Philosophieprofessor Peter Singer befasst sich mit Themen, welche viele Menschen tief aufwühlen: Wann ist ein Leben lebenswert, wann nicht? Und er vertritt Thesen, die umstritten sind.
In einer öffentlichen Veranstaltung des Zoologischen Instituts der Universität Zürich wollte Singer am vergangenen Freitag reden. Er wurde niedergeschrien, beleidigt und tätlich am Reden gehindert.
Das ist - im mindesten - eine grobe Verletzung der akademischen Redefreiheit. Es ist, in einem etwas weiteren Zusammenhang gesehen, aber noch mehr, nämlich ein Tagessieg von gewalttätig auftretendem Fundamentalismus gegen argumentativ auftretende Rationalität. Man muss es wohl als Zeichen der Zeit werten, wenn sich ausgerechnet an einer Universität Fundamentalisten gegen zwar umstrittene, aber im Allgemeinverständnis nicht extremistische und rational vorgetragene Thesen mit physischer Gewalt durchsetzen. Gerade die akademische Welt müsste sich gegen ein solches Zeichen der Zeit entschieden wehren. (T.L.)»

Obenstehenden Artikel publizierte der «Tages-Anzeiger» auf der «Hintergrund»-Seite vom Mittwoch 29. Mai 1991. Es ist erfreulich, dass diese Zeitung auf das heikle, kaum diskutierte Thema der Euthanasie eingeht. Wenn dabei die Universität darauf angesprochen wird, sie sollte akademische Redefreiheit pflegen, muss allerdings dieser Gesamtkomplex Universität etwas differenziert aufgeschlüsselt werden.

Betroffen vom Anwurf des «Tages-Anzeiger» ist das Publikum der gescheiterten Veranstaltung vom Freitag, 24. Mai. Redefreiheit wird an der Universität Zürich aber schon vom Rektorat her nicht gewährleistet (Redeverbot für Andreas Gross), so dass man sagen kann: Es fehlen an der Universität Zürich wesentliche Voraussetzungen für Diskussionen in einem guten Klima. Weiter erhellt sich gerade am Thema der Euthanasie eine hoffnungslose Disziplinentrennung. Interdisziplinarität ist an der Universität Zürich bislang über das Schlagwortstadium nicht hinausgekommen. Die wohl hauptsächlich betroffenen ÄrztInnen und JuristInnen operieren auch gerade räumlich getrennt am Irchel und im Zentrum.

Es wäre eine Aufgabe der Universität, Debatten zu führen zu Themen, die öffentlich diskutiert werden – nicht in populistischer Absicht, sondern in Wahrnehmung einer intellektuellen Funktion, die zugunsten bequemerer Selbstisolation vernachlässigt wird.

Im Folgenden zitieren wir aus einem Thesenpapier von Dr. Robert Kehl, Autor des Buches «Sterbehilfe» und [damals noch] Mitglied des Vorstandes der Organisation «EXIT», aus welchem einige universitäre Probleme deutlich werden. Der Text liest sich als schmerzlicher Universitätserfahrungsbericht eines Menschen, dessen Anliegen in den vorhandenen erstarrten Strukturen nicht aufgehoben ist.

«1. Sehr viele Fragen rund um die Sterbehilfe sind noch mehr oder weniger kontrovers. Dabei wäre ein Konsens darüber dringend nötig.

2. Podiumsgespräche, Vorträge und Tagungen, wie sie von Parteien, Kirchen und Vereinen, sowie am Radio und Fernsehen mit Laien über Sterbehilfe durchgeführt werden, sind zwar für die Sensibilisierung und Information des Publikums nötig und nützlich, sind aber nicht geeignet, den so dringlichen Konsens herbeizuführen.

3. Dieser Konsens kann nur durch interdisziplinäre Gespräche unter den zuständigen Fachleuten herbeigeführt werden (Ärzte, Ethiker, Philosophen, Theologen, Juristen, Pflegepersonal und Soziologen).

...

Wenn wir uns hier für interdisziplinäre Gespräche einsetzen, so soll damit keineswegs zum Ausdruck gebracht werden, innerhalb der einzelnen Fakultäten sei bereits ein hinreichender Konsens erreicht. Davon kann keine Rede sein. Auch innerhalb der Fakultäten bleibt in diesem Bereich noch ein vollgerüttelt Mass von Arbeit. Es ist nicht übertrieben, zu erklären, sie

werde auch dort oft arg vernachlässigt. Hier soll lediglich auf eine Beson-
derheit dieser Materie hingewiesen werden: Hier sind - weit mehr als in
anderen Bereichen - mehrere Fakultäten involviert.»

• • •

Robert Kehl gibt nebst einem ausführlichen Fragenkatalog konkrete Vor-
gehensvorschläge für die von ihm postulierten interdisziplinären Gespräche. Als einen Punkt unter vielen schlägt er vor: «Die Teilnehmer sollten
auf diskrete Art gebeten werden, sich einer einfachen Sprache zu bedienen.
Die gelegentlich auftretende Manie, sich in Tagungen literarisch profilieren
zu wollen, dient der Sache nicht.» Vielleicht kann man die schwierige Sprache der Fachleute auch deuten als Symptom ihrer selbstverschuldeten be-
quemen Isolation.

Der Tod ist die natürlichste Sache der Welt. Man kann ihn nicht einfach wegschieben.

Carole Piguet, Text und Bild Senioren-Express 5/1995

Todespessimismus in Ägypten und bei den alten Griechen

Altägyptisch

Lied des Harfners, koptische Hymne

Die keine geraden Gedanken haben, haben gesagt:
Unser Leben ist wenig wert und voller Mühsal,
Es gibt kein Ausruhen in des Menschen Tod.
Wir wissen von niemandem, der aus dem Totenreich herauskam,
Unser Dasein war umsonst;
Hernach werden wir sein wie die, die nie gewesen sind;
Denn der Hauch in unserer Nase ist nur ein Dunst,
Das Wort, das unser Herz bewegt, ist nur ein Funke;
Wenn er erlischt, wird der ganze Körper wie Asche.
Der Geist wird sich verteilen wie ein Lufthauch, der ausströmt:
Unseren Namen wird man vergessen zu unserer eigenen Zeit:
Niemand wird sich unserer Werke erinnern,
Unser Leben wird dahingehen wie der Rausch:
Er wird zergehen wie eine Wolke im Sonnenstrahl.
Unser Leben ist ein Schatten, der vorbeizieht;
Es gibt keine Widerkehr für den Tod.

Aus «Vom Sinn de Todes»
Texte aus drei Jahrtausenden, Altägyptisch

Anakreon
Griechischer Lyriker um 580 v. Chr.

Der Greis

Schon grau sind meine Schläfen
Und altersschwach die Zähne,
Es lichtet sich mein Haupt.
Die holde Jugend schwindet,
Des Lebens süsse Freude
Währt nur noch kurze Zeit,
Oft bangt mir vor dem Tode,
Dann stöhne schwer ich auf.
Denn grausig sind die Tiefen
Des Hades und entsetzlich
Der Weg hinab; von drunten
Kehrt niemand je zurück.

(übersetzt von Rüdiger)

Aus: Griechische Lyrik.
Von den Anfängen bis zu Pindar. Griechisch und
deutsch herausgegeben von Gerhard Wirth, Reinbeck
1963 (RK 140-142)

221

Wahre Probleme unter den Teppich gekehrt

Die einzige Sorge der Parlamentarier
Brückenbauer, 8.2.1995

9. Kapitel

Warum die Volksvertreterinnen und Volksvertreter hier das Volk nicht vertreten

Ein Appell an die Legislative

Aktuelle juristische Praxis (AJP) September 1995

1. *Vom Rechtsstaat aus gesehen,* zu dem wir uns offiziell immer noch be-kennen[1] hätte sich unser Gesetzgeber der Sache schon längst und um-fassend annehmen müssen. Die unbedingte *Herrschaft des Gesetzes,* die allein die Rechtssicherheit garantieren, den Bürger vor Übergrif-fen der Mitmenschen und vor Willkür schützen und die Persönlichkeits- und Freiheitsrechte gewährleisten kann, setzt voraus, dass der Gesetz-geber immer rasch in Funktion tritt, wenn nicht bloss rasch vorüberge-hende schwere Gefährdungen der erwähnten Rechtsgüter auftauchen. Es liegt dann auch nicht etwa im Ermessen des Gesetzgebers, ob er aufkommende schwerwiegende Rechtsprobleme und Rechtsunsicher-heiten gesetzgeberisch angehen wolle, sondern er ist dazu verpflich-tet[2].

   Die Legislative darf diese Aufgabe gemäss dem Prinzip der Gewalten-trennung auch nicht einfach der Rechtsprechung oder Verwaltung oder der Lehre und schon gar nicht besonders interessierten Privaten überlas-sen. Justiz, Verwaltung und Rechtslehre haben nur dort generelle ab-strakte Normen für den konkreten Fall zu entwickeln, wo trotz grund-sätzlicher gesetzlicher Regelung unvermeidbare Lücken und Auslegungs-probleme entstanden sind.

   Gemeint ist dabei selbstverständlich ein *förmliches Gesetz* (nicht etwa blosse Verordnungen), eine Regelung, die vom verfassungsmässigen Ge-setzgeber und im verfassungsmässigen Verfahren getroffen wurde. Das Gesagte gilt hier noch in besonderem Masse, wenn man bedenkt, dass hier fundamentalste, letzte und existentielle Persönlichkeits- und Freiheitsrechte auf dem Spiele stehen, betroffen und erst noch aufs äusserste gefährdet sind.

2. Der dringende Bedarf an einer gesetzlichen Regelung der Sterbehilfe hat denn auch immer wieder zu bezüglichen Vorstössen im Parlament und einmal zu einem bemerkenswerten ausserparlamentarischen Anlauf geführt.

   Dessen Verwirklichung ist nunmehr das Anliegen einer eigenen zu die-sem Zwecke gegründeten Vereinigung «Mea Vita/Das ist mein Leben».

An bisherigen Vorstössen sind zu nennen:
- Die parlamentarische Initiative von Nationalrat ALLGÖWER vom 27. Januar 1975, die aber in der Folge trotz schöner Worte der Kommission, der Parlamentarier und des Bundesrates wegen Aussichtslosigkeit zurückgezogen wurde;
- Am 25. September 1977 hat das Zürcher Volk eine Standesinitiative auf Legalisierung der aktiven Sterbehilfe auf Verlangen gegen den Verwerfungsantrag der Regierung und des Kantonsrates überraschend mit überwältigender Mehrheit angenommen; sie wurde aber vom eidgenössischen Parlament recht eigentlich unter den Tisch gewischt;
- Nationalrat ALLGÖWER erkundigte sich am 5. Mai 1977 in einer «Kleinen Anfrage» beim Bundesrat, wie es mit der bei den Beratungen seiner Initiative in Aussicht gestellten gesetzlichen Regelung des allgemeinen Arzt- und Patientenrechtes stehe. Bundesrat FURGLER hat aber im Parlament in seiner Antwort auf die «Kleine Anfrage» bestritten, eine entsprechende Zusicherung abgegeben zu haben;
- Einen dritten Vorstoss für eine Besserstellung der Patienten unternahm am 10. März 1980 Nationalrat H. BRAUNSCHWEIG. Die Motion wurde in der Folge nach einer Debatte im Nationalrat – wiederum wegen Aussichtslosigkeit – in ein blosses unverbindliches Postulat umgewandelt und als solches zwar dem Bundesrat überwiesen: Es geschah aber wieder nichts.
- Am 16. Dezember 1993 hat eine Gruppe um Nationalrat EGGLY eine Interpellation auf Legalisierung der aktiven Sterbehilfe eingereicht, erwartungsgemäss ohne Erfolg;
- Am 28. September 1994 folgte eine Interpellation von Nationalrat RUFFY,
- Und am 16. Oktober 1994 die bezügliche Motion der Nationalrätin GRENDELMEIER.
Schliesslich sah sich der Bundesrat veranlasst, die Bildung einer Kommission zur Behandlung der Thematik Sterbehilfe in Aussicht zu stellen.
- Daneben wurde die Frage einer gesetzlichen Regelung der Sterbehilfe auch bei der Revision des Strafgesetzbuches behandelt und zwar schon in der grossen Expertenkommission (1973), und dann wieder im Parlament in den Jahren 1988 und 1989, aber erneut negativ beantwortet.
Der Bundesrat befasste sich, abgesehen von seinen Stellungnahmen zur Zürcher Initiative und zu den erwähnten parlamentarischen Vorstössen in seiner Botschaft zur Initiative «Ja zum Leben» und in einem sogenannten Euthanasiebericht vom 21. April 1988 mit der Sterbehilfe.

3. Die Regierungen und Parlamentarier suchen ihre beharrliche Weigerung, sich der Sache anzunehmen, offiziell vor allem mit den Argumenten zu rechtfertigen:

– eine gesetzliche Regelung sei nicht nötig; die Probleme seien mit den ärztlichen Richtlinien über die Sterbehilfe bereits genügend geregelt, und im übrigen böten auch die bestehenden gesetzlichen Normen eine hinreichende Grundlage zur Lösung der evtl. noch entstehenden Rechtsfragen;

– sie dränge sich auch nicht mehr auf, da die Zustände mit Bezug auf das Sterben in den Krankenhäusern kaum mehr zu beanstanden seien;

– eine gesetzliche Regelung sei auch nicht möglich;

– sie sei auch nicht sinnvoll, weil sich die medizinisch-technische Wissenschaft weiter entwickle, so dass eine gesetzliche Regelung bald überholt sein könnte;

– eine Verrechtlichung des Sterbens sei auch eher deplaziert; im Sterbezimmer habe das Recht nichts zu suchen.

3.1 Was das Argument anbelangt, mit den ärztlichen Richtlinien seien die Probleme der Sterbehilfe bereits genügend *«geregelt»*, kann auf Nr. 40 dieser Sammlung verwiesen werden, aus der sich ergibt, dass dieser Rechtfertigungsgrund in keiner Weise stichhaltig ist.

3.2 Aber auch die weitere These, der bestehenden Gesetzgebung liessen sich nötigenfalls befriedigende Lösungen auftretender Fragen entnehmen, ist unverständlich. Wer sich gründlicher mit den Problemen der Sterbehilfe befasst, wird Schritt auf Tritt auf ungelöste oder kontroverse einschlägige Fragen stossen. Übrigens meist auch auf juristisch hochinteressante Fragen, weshalb es doppelt erstaunt, dass sich die schweizerische Juristenwelt – anders als die der BRD – damit einfach nicht befassen will.

3.3 Was die Behauptung anbetrifft, den bestehenden gesetzlichen Bestimmungen liessen sich überzeugende und nicht nur gekünstelte Antworten auf entstehende Rechtsfragen entnehmen, mag auf das in der Generalversammlung der EXIT vom 23. April 1994 gehaltene Referat von Prof. Dr. H. GEIGER[3] hingewiesen werden, das neben anderen bezüglichen Hinweisen, wie:

– das Gesetz lasse uns im Stich;

– dem Gesetz liessen sich keine klaren Direktiven entnehmen;

– oder es bestünden ungeheure Abgrenzungsschwierigkeiten;

die eindrückliche generelle Feststellung enthält:

«Im übrigen weiss auch in der Schweiz niemand mit schlüssiger Sicherheit, was auf diesem Gebiet erlaubt, unerlaubt oder gar strafbar ist.»

Und fast 20 Jahre vorher hiess es im Bericht der nationalrätlichen Kommission SPRENG vom 27. August 1975 zur Initiative ALLGÖWER, der sich direkt an das Parlament richtete, die Mehrheit der Kommission sei der Ansicht, eine gesetzliche Regelung wäre schon heute (1975) angezeigt, werde aber in absehbarer Zeit unvermeidbar sein! Auch diese unmissverständliche Äusserung machte unserem Parlament offenbar keinen Eindruck.

3.4 Die These unserer Legislative, eine gesetzliche Regelung sei nicht nötig, ist schon deshalb unverständlich, weil die Notwendigkeit eines umfassenden Gesetzes über die Sterbehilfe in nicht endenwollenden Umfragen bei der Bevölkerung in vielen Ländern immer wieder mit klaren Mehrheiten bejaht wurde und weil der dringende Gesetzesbedarf nicht nur in unzähligen Zeitungsartikeln, Broschüren und Büchern hervorgehoben, sondern auch in bedeutenden Kongressen von Persönlichkeiten aller Disziplinen nachdrücklich bestätigt worden ist. Im 56. Deutschen Juristentag vom 10./11. September 1986 und in der Anhörung von Experten im Deutschen Bundestag vom 15. Mai 1985 haben etliche Medizinprofessoren und Professoren der Rechtswissenschaft sowie prominente andere Kenner der Materie bei ungefähr gleicher Rechtslage die Notwendigkeit einer gesetzlichen Regelung nachdrücklich bejaht. Es wirkte fast wie ein Notschrei, wenn Ministerialrat GROSS in den Saal rief, es sei bald egal, wie die Regelung laute, wenn man nur endlich eine hätte, weil heute die Beteiligten in ihren Nöten allein gelassen würden.

Das Eingreifen des Gesetzgebers ist umso dringender, als gerade mit Bezug auf das erste Menschenrecht der *Selbstbestimmung* eine rückläufige Bewegung festzustellen ist. In den früheren Statuten der EXIT war das Selbstbestimmungsrecht (das freie Verfügungsrecht des Menschen über sein Leben und das freie Selbstbestimmungsrecht des Patienten) das A und O dieser Bewegung. Und genau diese Grundrechte sind der Rückwärtsreform bei der EXIT zum Opfer gefallen, indem das freie Verfügungsrecht des Menschen über sein Leben bei der Statutenrevision von 1993 ersatzlos gestrichen und das Selbstbestimmungsrecht des Patienten nur noch «soweit als möglich» anerkannt ist. Darüber, wieweit es möglich sei, entscheidet natürlich nicht der Patient, sondern andere, sodass sich EXIT nun heute im Ergebnis für Fremdbestimmung entschieden hat.

Und die SAMW will die Rechtsverbindlichkeit von Patientenverfügungen nach einem Entwurf neuer Richtlinien überhaupt nicht mehr anerkennen, während die beiden Gutachter KELLER und GUILLOD (letzteres im Auftrag der SAMW erstattet) die Rechtsverbindlichkeit auch sogenannter Vorausverfügungen vorbehaltlos anerkannt hatten.

3.5 Kaum ernst zu nehmen ist auch die Ausrede, die Zustände beim Sterben seien heute nicht mehr so unbefriedigend, dass sich deshalb eine gesetzliche Regelung aufdränge.

Zugegeben: Die schlimmsten Zustände um die 60er bis 80er Jahre, als die Zahl der «lebenden Leichen», die in den Spitälern monate- und jahrelang sinnlos gepflegt und mit lebensverlängernden Massnahmen versorgt wurden, bereits so gross war, dass ein Raunen durch die Bevölkerung ging: «Das kann doch nicht der Sinn der Medizin sein», ein Zustand, der zum Pionier-Eclat Prof. HÄMMERLI führte, sind vorbei. Prof. HÄMMERLI hatte den Mut, das alte dogmatische Tabu zu brechen, das den Arzt verpflichtet hatte, das Leben, das keines mehr war, um jeden Preis zu erhalten. Aber zu behaupten, man sterbe heute in unseren Spitälern gut und würdig, vermag schon aufgrund der Umfragen wenig zu überzeugen. Noch immer kann man jeden Tag von unbefriedigenden Zuständen lesen, und jeder kann selber erfahren, wie sehr die Leute auch heute noch vor dem Sterben im Spital bzw. vor den lebensverlängernden Massnahmen Angst haben. Es kommt auch wohl nicht von ungefähr, dass eine Todesanzeige vom 9. August 1994 mit folgendem Wortlaut (Auszug) heute noch möglich war und vom Tages Anzeiger angenommen wurde:

«Unsere liebe M. U. ist heute Nacht nach unsäglichem, künstlich verursachtem Leiden im Triemlispital von ihrer Krankheit erlöst worden. Wir sind traurig, aber auch dankbar, dass sie nun ihre ersehnte Ruhe gefunden hat.»

3.6 Das Argument, eine rechtliche gesetzliche Regelung sei nicht möglich, wird schon durch die Tatsache widerlegt, dass die ärztlichen Richtlinien von den gleichen Behörden als rechtliche Regelung angesehen wurden. Gewiss, diese gesetzgeberische Arbeit ist kein Pappenstiel, zumal es sich um Neuland handelt und um eine komplexe mehrdisziplinäre Materie, also eine anspruchsvolle Aufgabe.

Ich war deshalb der Ansicht, der Einstieg werde den Parlamentariern, deren Überlastung uns allen bekannt ist, etwas erleichtert, wenn ihnen ein Entwurf als Diskussionsgrundlage vorliegt[4].

Es gibt auch andere Vorlagen, und es bestehen bekanntlich schon bezügliche Gesetze in etlichen Staaten.

3.7 Wenn ferner etwa geltend gemacht wird, man müsse vorerst die weitere

Entwicklung der medizinischen Wissenschaften abwarten, so bedeutet das nichts anderes als eine Verschiebung der Regelung ad calendas graecas, denn diese Entwicklung wird ja kaum je abgeschlossen sein.

3.8 Auf den ersten Blick verständlicher ist das Argument, *das Recht habe im Sterbezimmer nichts zu suchen.*

Dieser Einwand übersieht aber, dass auch mit Bezug auf Sterben und Tod in den letzten ca. 100 Jahren und namentlich noch in den letzten 50 Jahren eine radikale Wandlung im Denken stattgefunden hat:

- Bis vor einigen Dezennien wurde das mit dem Sterben verbundene Leiden dem unerforschlichen Ratschluss Gottes oder einem blinden und unerbittlichen Schicksal zugeschrieben. Seit der künstlichen Lebensverlängerung sind diese Vorstellungen naturgemäss ins Wanken gekommen. Es konnte nicht ausbleiben, dass sich die Sterbenden und ihre Angehörigen der anderen Ursächlichkeit bewusst wurden, nämlich dass ein grosser Teil dieser Leiden *von menschlichen Entscheidungen abhängt.* Und dann lag es nahe, sich zu fragen: «Muss ich das einfach hinnehmen?» Damit war aber das *Recht* in das Sterbezimmer getreten.

- Damit im Zusammenhang steht auch eine Wende mit Bezug auf den *Sinn der Leiden.* Der Glaube daran, dass die Leiden der Abbüssung von Sünden dienen, also grössten Wert haben, findet immer weniger Anhänger. Und auch so wurde die Rechtslage aktuell, ob man nicht unbeschränkt Anspruch auf schmerzstillende Mittel besitze, und ob ein solches Recht nicht gesetzlich verankert werden sollte.

- Auch die Einstellung zum Tod hat sich radikal geändert. Stand früher bei den meisten Sterbenden unseres Kulturkreises noch die Angst vor dem Gericht[5] und damit vor der Hölle im Vordergrund, interessiert sich heute eine immer grössere Zahl mehr für ein möglichst schmerzloses und körperlich nicht erniedrigendes Sterben.

- Auch die Lehre der Kirche, der Mensch habe kein Recht, selber über sein Leben zu verfügen, verliert ihre Überzeugungskraft zusehends. Immer mehr Menschen nehmen dieses Recht für sich in Anspruch, was naturgemäss grösste Auswirkungen auf die Einstellung zur Sterbehilfe hat.

- Und dieses Selbstbestimmungsrecht und das Recht, selber über sein Leben zu verfügen, haben einen starken Rückhalt in der rasanten Entwicklung des Persönlichkeitsrechtes und des verfassungsmässigen Rechtes auf persönliche Freiheit.

Da sich die offiziellen Gründe für die beharrliche Weigerung unseres

Gesetzgebers, die Sterbehilfe gesetzlich zu regeln, als nicht stichhaltig erweisen, stellt man sich die Frage, welche unausgesprochenen wirklichen und tieferen Gründe hinter dieser Passivität unserer Legislative stecken könnten, die dafür verantwortlich ist, dass immer noch so viele Menschen vor dem Sterben im Spital eine panische Angst verspüren müssen.

Diese Gründe sind wohl, wie könnte es anders sein, politischer Natur:

– Politiker vermeiden es bekanntlich geflissentlich, anderen einflussreichen Mächten der Gesellschaft in die Quere zu kommen. Hier fallen besonders zwei solcher Mächte in Betracht, die seit eh und je ein Monopol mit Bezug auf das Sterben und den Tod der Mitmenschen besassen und in Anspruch nahmen und sich – menschlich verständlich – energisch gegen jeden Versuch wehren, diese Monopole zu brechen. Nun wird aber ein sinnvolles Gesetz nicht darum herum kommen, hier einiges zurecht zu rücken d.h. solche Monopole anzutasten.

– Eine weitere politische Ursache dürfte die Angst gewesen sein und noch sein, sich dem Naziargument auszusetzen. Die andauernde Pflichtversäumnis zeigt aber eher, dass sich die Parlamentarier nie der Mühe unterzogen haben, sich mit dem Problem wirklich zu beschäftigen. Sie hätten sonst rasch einsehen müssen, dass gerade die gesetzliche Anerkennung des Selbstbestimmungsrechtes, die ja das Herz der Regelung sein muss, naziähnliche Missbräuche verhindert und dass die entsetzlichen Entgleisungen, wie sie auch in den letzten Jahrzehnten immer wieder aufgedeckt wurden, nur durch eine gesetzliche Regelung verhütet werden können.

– Ein anderer Grund könnte darin liegen, dass sich viele Politiker unsicher und der gesetzgeberischen Behandlung dieser Thematik emotional und philosophisch nicht gewachsen fühlen und diese am liebsten verdrängen möchten. Wer beschäftigt sich schon gerne mit Sterben und Tod?

Kürzliche Kontakte mit den Parteien haben ergeben, dass bei diesen immer noch die gleiche Ängstlichkeit und Mutlosigkeit besteht, wenn es um das Thema Sterbehilfe geht, obschon sie, wie sie sagen, die Notwendigkeit einer Regelung einsehen. Dieses Ausweichen wird ihnen aber in der Schweiz zu leicht gemacht. In der BRD werden die Parteien wegen dieser Pflichtvergessenheit viel härter angefasst. Dabei steht der deutsche Gesetzgeber in dieser Beziehung weit besser da als der schweizerische, da mit dem Betreuungsgesetz vom 21. September 1990 ein erster mutiger Schritt Richtung gesetzliche Regelung der Sterbehilfe getan wurde. Trotzdem haben sich in einer neuesten deutschen Umfrage bereits 68% der Befragten für ein umfassendes Gesetz über die Sterbehilfe ausgesprochen[6]. Den Parteien werden, anders als bei uns, harte Vorwürfe gemacht, z.B. sie seien zu feige, das heisse Eisen anzupacken oder sie würden am Volkswillen vorbeiregieren, was mit ein Grund für die Politikverdrossenheit der Bürger sei. Bequemlichkeit und Ängstlichkeit finden in der BRD keine Entschuldigungen.

1 Vergleiche FN 33 in Nr. 40.

2 Hamann, Das Grundgesetz, 1960, 30 ff., Lüchinger, Die Prinzipien des Rechtsstaates, 1960 26; vgl. auch Deutsche Bundesverfassungsgerichtsentscheide 1/105 und 5/264.

3 «Der Tod und das Recht» (EXIT-Bulletin Nr. 19, 1 ff. und Nr. 50, 10 ff.).

4 AJP/PJA 1994, 155 ff.

5 Hebr 9/27.

6 Humanes Leben, Humanes Sterben, 4/94 5, Emnid-Institut.

Rechtsstaat und Sterbehilfe - Der Rechtsstaat verlangt Einlass ins Sterbezimmer

Aus «Sterbehilfe in der Gegenwart», Roderer Verlag, Regensburg 1990 (dort S. 65 bis 86)

I

Ob der Rechtsstaat abschließend definiert werden kann, ist umstritten (verneinend Bericht BV 21; HAMAN S. 28). Dagegen besteht ein weitgehender Konsens über die wichtigsten *Begriffselemente* desselben, und dies gerade auch mit Bezug auf die für das hier besprochene Rechtsgebiet der Sterbehilfe besonders relevanten, zu denen vornehmlich folgende zu rechnen sind.

1. Das A und O des Rechtsstaates ist das *Legalitätsprinzip*, die Herrschaft des Gesetzes. Der leitende Gedanke dieses Grunddogmas des Rechtsstaates liegt in der Neutralisierung der Macht, und zwar jeder Macht, der die Staatseinwohner in jedem Staat zwangsläufig unterworfen werden müssen. Die Neutralisierung geschieht dadurch, daß eine *unpersönliche Gesetzesmacht,* die generelle abstrakte Norm, bei deren Erlaß keinerlei persönliche Rücksichten auf einzelne Adressaten bestimmend waren (und die für jedermann in gleicher Weise Geltung hat und zwar auch für den Gesetzgeber selbst), die Rechtsbeziehung zwischen den Einwohnern unter sich und zwischen ihnen und den Gemeinwesen festschreibt.

Auf diese Weise können die Rechtsgüter der persönlichen Freiheit, Unabhängigkeit, der maximalen Autonomie und der Rechtsgleichheit am ehesten und wirksamsten (ähnliche Wirkungen hatte das aus dem Mittelalter stammende angelsächsische System, das aber auf dem Kontinent durch das Rechtsstaat- und Demokratie-Prinzip abgelöst worden ist) garantiert und der Bürger vor Willkür geschützt werden.

Dieses Legalitätsprinzip ist dabei durch folgende ergänzende Leitsätze präzisiert und konkretisiert

1.1. Es muß sich um *förmliche* Gesetze handeln. Die generellen abstrakten Normen sind durch den *verfassungsmässigen Gesetzgeber* zu erlassen. Dies darf nicht anderen Instanzen («Gewalten») überlassen werden.

1.2. Diese Gesetze müssen *alle* aufkommenden *wichtigen und mittelwichtigen Fragen* (innert nützlicher Frist) regeln.

1.3. Zu den wichtigen zu regelnden Materien gehören immer diejenigen, in denen die Grund-Menschenrechte tangiert werden.

1.4. Es liegt nicht im politischen Ermessen des Gesetzgebers, ob er aufkommende Rechtsprobleme der genannten Art gesetzlich regeln soll, sondern er ist dazu *verpflichtet* (BVerfGE 1/105 und 5/264; LUCHSINGER, S. 26, HAMAN, S. 30ff.). Er darf diese Aufgabe auch nicht der Rechtssprechung und Verwaltung oder der Rechtslehre überlassen, die nur dort selber generelle abstrakte Normen für den speziellen Rechtsfall zu entwickeln haben, wo bei der Behandlung konkreter Fälle vom Gesetzgeber *ungewollte* bzw. *unvermeidbare* Lücken und Auslegungsfragen entstehen.

1.5. Die gesetzliche Regelung muß *echt* sein. Wo *präzise* Normen möglich sind, darf der Gesetzgeber nicht auf *Generalklauseln* (Blankette) ausweichen.

1.6. Eines der Hauptanliegen des Rechtsstaates ist es, die Willkür, soweit irgendwie möglich, auszuschalten. Nun lauert aber hinter jedem Ermessensspielraum die *Willkür*. Deshalb darf der Gesetzgeber den Ermessensspielraum der rechtsanwendenden Instanzen nur soweit ausdehnen, als dies *unerlässlich* ist, um im konkreten Falle sachgerechte Entscheide fällen zu können.

1.7. Die gesetzlichen Normen sollen möglichst widerspruchsfrei und *klar* sein. Nur so entsprechen sie dem weiteren Prinzip des Rechtsstaates, wonach die Rechtsverhältnisse *berechenbar* sein müssen. Die *Rechtssicherheit* ist ein weiteres Hauptanliegen des Rechtsstaates.

1.8. Der Gesetzgeber ist nach heutiger Auffassung mit Bezug auf den Inhalt der Gesetze nicht mehr frei und souverän. Er ist an überpositive Normen gebunden, jedenfalls was die *Grundfreiheit, Grundmenschenrechte, die persönliche Freiheit und Menschenwürde* anbetrifft. Der Gesetzgeber hat im besonderen alle erwachsenen Einwohner im Prinzip als mündige Menschen zu behandeln; er darf sie nicht bevormunden wollen.

1.9. Der Rechtsstaat - und das war historisch ein Primäranliegen – verbietet Sonderrecht.

2. Ein anderes Grundprinzip des Rechtsstaates ist die *Gewaltentrennung.*

3. Eng damit verwandt ist das rechtsstaatliche Anliegen *unabhängiger Gerichte, Beschwerde- und Rekursinstanzen,* die dem Gesetz und nur die-

sem verpflichtet sind. Sie sind es, die die generell-abstrakten Normen nicht selber erlassen dürfen (bekanntlich ist gerade dieses Prinzip weder in der Schweiz noch in Deutschland rein verwirklicht), aber allein anzuwenden haben (vgl. Bericht BV S. 26). Dazu gehört selbstverständlich, daß die Instanz, die entscheidet, *nicht Partei* sein darf, und überhaupt, daß nicht ihre eigenen Interessen auf dem Spiel stehen dürfen.

4. Heute gilt als allgemein anerkannt, daß die Grund-Menschenrechte, die die Verfassung garantiert und an die sich auch der Gesetzgeber zu halten hat, nicht nur dem Staate gegenüber, sondern *auch dem Privaten* gegenüber zu schützen sind (Bericht BV S. 26), und erst recht privaten Institutionen, die öffentliche Aufgaben erfüllen. Solche erfüllt z.B. jeder Arzt von Gesetzes wegen.

Aus diesen Überlegungen heraus wollte auch der Entwurf vom Jahre 1977 zu einer neuen schweizerischen Bundesverfassung garantiert sehen, daß niemand gestützt auf eine besondere Machtstellung die Grundrechte eines Mitmenschen irgendwie schmälern kann, und daß namentlich auch Menschen, die sich bereits in einem besonderen Abhängigkeitsverhältnis befinden, gegen ungerechtfertigte Fremdbestimmung geschützt werden (Art. 2/I und II, Art. 4/I, Art. 8, Art 23-25; vgl. dazu auch HAMAN, S. 29).

II.

Wenn wir uns diese Grundsatze und Begriffselemente des Rechtsstaates vor Augen halten und damit die noch anstehenden, gesetzlich nicht geordneten Probleme der Sterbehilfe und die Rechtslage der Sterbenden in der Bundesrepublik und in der Schweiz vergegenwärtigen, kommen wir nicht um die betrübliche Feststellung herum, daß der Rechtsstaat in diesem äusserst wichtigen, um nicht zu sagen wichtigsten Bereich des menschlichen Daseins zum größeren Teil nicht verwirklicht ist.
Zwar wäre es unrichtig, zu behaupten, dieses Rechtsgebiet sei in diesen Staaten überhaupt nicht geregelt. In beiden gibt es wenigstens bezügliche Strafbestimmungen, nämlich solche über den Freitod und die aktive Sterbehilfe. Und in beiden Staaten bestehen auch zahlreiche Einzelnormen rund um den Bereich, in welchem sich das Sterben abspielt, wie z.B. betreffend die Regelung der sogenannten Rettungspflicht. Aber zu einer systematischen und namentlich gesetzlichen Behandlung des gesamten Fragenkom-

plexes der Sterbehilfe ist es hüben und drüben allen Anläufen zum Trotz
bis heute nicht gekommen.

III.

A. Die Rechtslage in der Schweiz

Nicht umsonst gab es wiederholte Anläufe zwecks systematischer Regelung der Sterbehilfe. Sie wurden aber bisher vom Bundesrat und vom Parlament immer konsequent unter den Teppich gekehrt:

1. Das Postulat COPT wurde zusammen mit der Einzelinitiative
   ALLGÖWER (Ziffer II.) behandelt und mit derselben in der Folge wieder zurückgezogen.

2. Am 27. Januar 1975 reichte auch Nationalrat ALLGÖWER in Form
   einer allgemeinen Anregung eine Einzelinitiative ein mit den Anträ-
   gen:
   2.1 *Es sei das «Recht auf passive Sterbehilfe» oder gar das «Recht auf den
   eigenen Tod» in der Verfassung zu verankern oder mindestens im Strafgesetz positiv zu regeln.*
   2.2 *Es seien die Bedingungen festzulegen, die für die Ausführung und Kontrolle der passiven Sterbehilfe zu gelten haben.*
   2.3 *Es sei ein ärztliches Kollegium von 3 oder 5 Vertrauensärzten vorzuse-
   hen, welches den Entscheid über die Gewährung der Sterbehilfe zu fällen
   hätte.*
   Diese Initiative wurde von einer 15-köpfigen Expertenkommission in
   einem Bericht vom 27.8.1975 mit fadenscheinigen Argumenten abgelehnt. Es wurde u.a. geltend gemacht
   - die bestehenden Normen seien hinreichend;
   - eine gesetzliche Regelung sei nicht möglich;
   - die gesetzlichen Regeln könnten nur Leerformeln sein, die nicht wei-
     terführen würden;
   - der Spielraum des Arztes würde damit zu stark eingeengt;
   - es gehe nicht an, einen Menschen wie ein Tier aus Erbarmen zu tö-
     ten;
   - man dürfe der Tendenz nicht nachgeben, dem Menschen einen An-
     spruch auf schmerzfreies Dasein zuzubilligen.
   Auch im Parlament und beim Bundesrat stiess die Anregung auf fast

einhellige Ablehnung, auch wenn man beteuerte, das Anliegen ernst zu nehmen, wobei übrigens die Sprechzeit rabiat abgekürzt worden war. Der Kommissionspräsidentin ging die Debatte auch so noch zu lange. Gestützt auf die Zusicherung seitens des Bundesrates, er werde alle aufgeworfenen Fragen koordiniert in Angriff nehmen, zog auch dieser Initiant seine Anregung am 25.9.1975 zurück. Geschehen ist aber seither meines Wissens nichts (jedenfalls nichts Wesentliches).

3. Ebenso hat das eidgenössische Parlament einer Standesinitiative der Bevölkerung des Kantons Zürich vom 25.9.1975 keine Folge gegeben, mit der die Legalisierung der aktiven Sterbehilfe (mit strengen Voraussetzungen) verlangt worden war.

4. Die Motion BRAUNSCHWEIG (Nationalrat BRAUNSCHWEIG, mitunterzeichnet von 36 Ratskollegen) vom 10. März 1980 lautete wie folgt:
Der Bundesrat wird eingeladen, die Stellung des Patienten gegenüber dem Arzt und im Spital zu prüfen und gesetzliche Grundlagen für seine rechtliche Besserstellung zu schaffen.
Dabei sind folgende Patientenrechte besonders zu berücksichtigen:
- *Recht auf Aufklärung über Krankheit und vorgesehene Behandlung sowie mögliche Alternativen und entsprechende Prognosen.*
- *Recht auf Zustimmung bei operativen Eingriffen, Recht auf Einsicht und auf Verfügung über die Krankenunterlagen unter Berücksichtigung des Datenschutzes. Ebenso ist die Rechtsstellung von Dritten (Angehörigen, gesetzlichen Vertretern usw.) zu regeln.*
Die Motion hatte nicht ausdrücklich, wohl aber sinngemäss eine umfassende gesetzliche Regelung auch der Sterbehilfe zum Gegenstand.
Sie wurde als Motion (Auftrag) abgelehnt und dem Bundesrat nur als unverbindliches Postulat überwiesen, aber - und das liess eine Ablehnung durch diesen voraussehen - nur zur Prüfung einer Berücksichtigung des Anliegens beim Datenschutzgesetz und bei der Revision des Patientenrechtes.
Die Reduktion zu einem blossen Postulat erfolgte mit folgenden, ebenfalls ausweichenden Begründungen:
- das Rechtsverhältnis Arzt/Patient sei im gesetzlichen Auftragsrecht, ergänzt durch Persönlichkeitsrecht, die Regelung des Schadenersatzes im Obligationenrecht (OR), die Gerichtspraxis, die kantonalen Medizinalgesetze und die Richtlinien privater Organisationen und der Ärzte hinreichend geregelt und geschützt;
- die Probleme liessen sich nur durch Förderung des Vertrauens in den

Arzt lösen, nicht aber mit Reglementierungen, auch wenn der privatrechtliche Rahmen eventuell etwas erweitert werden könne;
- es fehle eine verfassungsrechtliche Grundlage, die aber so wenig nötig sei, wie ein umfassendes Gesetz;
- man dürfe nicht alles «spezialisieren» wollen.

Einmal mehr wurde unter Berufung auf die Praxis im Dritten Reich mit den Gefahren einer Sterbehilfe operiert und mit der angeblichen Unveräusserlichkeit des Lebens.

Ebenso wurden die Argumente ins Feld geführt, die gegen die Verbindlichkeit von Patientenverfügungen und überhaupt gegen solche vorgebracht zu werden pflegten.

Allerdings wurden auch im Parlament Stimmen laut, die eine gesetzliche Regelung weniger kategorisch ablehnten, die Notwendigkeit einer solchen mehr oder weniger bejahten. So wenn ein Bundesrat ausführte, grundlegend sei zwar das Vertrauensverhältnis Arzt/Patient, doch müsse es in einen erweiterten rechtlichen Rahmen gestellt werden; oder wenn er gewisse punktuelle Regelungen in Aussicht stellte (Protokoll NatRat 1980, S. 1390);

oder wenn die Kommission Lerch mehrheitlich zum Schlusse gelangte, in verschiedenen Punkten sei eine gesetzliche Regelung schon jetzt (1975) angezeigt und in absehbarer Zeit sogar unvermeidlich (S. 17).

Nationalrätin THALMANN hat die Situation wohl richtig erfaßt, wenn sie sagte:

«Auch wenn wir heute Nachmittag schnell heimgehen wollen, müssen wir doch wissen, dass es sich hier um ein ganz ungelöstes Problem handelt. Alle Mitglieder der Kommission haben sich eingehend damit befasst und mit Interesse den Fachleuten, die beim Hearing zugegen waren, zugehört. Aufgrund der Überlegungen sind wir grösstenteils zum Schluss gekommen, dass der Arzt einen Ermessensspielraum haben muss, dass eine Normierung nur schwer möglich ist, dass der Beizug eines Arztgremiums im Spital fast eine Selbstverständlichkeit darstellt, während der Beizug eines Arztgremiums durch einen Hausarzt gerade dann hemmend wirken würde, wenn der Arzt schnell handeln sollte.

Wir überzeugten uns, dass man im jetzigen Zeitpunkt auf die Setzung neuen Rechts verzichten sollte, weil man, ehrlich gesagt, unsicher ist, wie sie erfolgen müsste, und gewisse Juristen uns darlegten, dass das geltende Recht den Anforderungen einer umsichtigen Rechtspraxis genüge. Dessen ungeachtet ist das Problem nach wie vor ungelöst. Der gesunde wie der kranke Mensch wird sich dieser Problematik immer mehr bewusst werden. Aber im Moment waren unsere Möglichkeiten beschränkt. Wenn jedoch die Expertenkommission der Schweizerischen Akademie der medizinischen Wissenschaften (SAMW) einen Entwurf zu einem Bundesgesetz über die Verpflanzung von Organen ausgearbeitet hat, sollte unsere Kommission erneut zusammentreten können. Aufgrund dieser Studien sehen wir dann eher, ob Normen, die den Rechtsschutz des Arztes und den Rechtsschutz des Patienten verstärken, aufgestellt werden können oder nicht. Mir scheint die Angelegenheit nicht erledigt, sondern nur auf einen späteren Zeitpunkt verschoben.»

5. Keine Klärung brachte naturgemäß die Initiative «Recht auf Leben» vom 30.6.1980; in dieser war allerdings die Rede davon, dass das Leben mit dem natürlichen Tode ende, was eine passive Sterbehilfe an sich begünstigt hätte, wobei die Initianten aber im Grunde genau das Gegenteil wollten. Der Bundesrat interpretierte den Text in seiner Botschaft dahin, dass damit jede Einwirkung auf die Lebensdauer eines anderen Menschen rechtswidrig gewesen wäre (S. 11). Zur passiven Sterbehilfe bemerkte er noch ausdrücklich (S. 27), eine solche sei verfassungskonform. Doch hatte diese Erklärung juristisch keinerlei rechtliche Wirkung. Einmal mehr liest man in dieser Botschaft, die Rechtslage sei durch die Richtlinien der SAMW genügend geregelt, deshalb erübrige sich eine gesetzliche Regelung (S. 27). Bundesrat und Parlament haben dem Volk die Ablehnung der Initiative empfohlen, und diese ist denn auch verworfen worden. Den Initianten ging es nämlich offensichtlich darum, jede Diskussion um den Schwangerschaftsabbruch gewissermaßen durch das Dogma zu unterbinden, das Leben beginne mit der Zeugung.

6. Auch die Revision des schweizerischen Strafgesetzbuches brachte keinen Durchbruch auf dem Gebiete der Sterbehilfe. Nach dem Ergebnis der über 20jährigen Beratungen – Gesetzesnovelle vom 23. Juni 1989 – hat der Berg nicht einmal ein winziges Mäuschen geboren. Wir haben es nicht mit einer Liberalisierung, sondern eher mit einer Verhärtung zu tun. Die aktive Sterbehilfe wird weiterhin konsequent abgelehnt. Das Mäntelchen der Barmherzigkeit, das über Art. 114 StGB (Tötung auf Verlangen) gelegt worden ist, ist zwar ein Niederschlag des Umdenkens auf diesem Gebiete, erweist sich aber bei genauerem Zusehen nur als eine weitere Voraussetzung – und damit als eine weitere Einschränkung – der milderen Bestrafung.

Die passive Sterbehilfe bleibt weiterhin ungeregelt.

Und in der neuen Fassung von Art. 127/128 StGB (Nothilfe) ist wieder keine Anerkennung der Verbindlichkeit von Interventionsverboten frei-verantwortlicher Suizidenten enthalten. Die neuen Fassungen sind im Grunde eher eine gesamteidgenössische Verankerung der nicht selten grausamen Praxis betreffend die bezüglichen Interventionen. An dem 1973 in der Kommission gefaßten Beschluß, auf eine umfas-sende Regelung der Sterbehilfe zu verzichten, wurde stillschweigend im Sinne der Akzeptanz-Politik (gelegentlich als Akzep-Tanz-Politik bezeichnet) festgehalten. Das Transplantationsgesetz (mit einer Bestim-mung über den Eintritt des Todes) läßt auf sich warten, und die in Aus-sicht gestellte Regelung der Arzt- und Patienten-Rechte bleibt weiter-hin auf der Strecke.

Unverständlich ist namentlich, daß auch einer Regelung der passiven Sterbehilfe mit all den bedrängenden Fragen definitiv ausgewichen werden soll.

Zusammengefaßt werden also in der Schweiz weiterhin gesetzliche Bestim-mungen gerade auch über die allergrundsätzlichsten und fundamentalsten Fragen der Sterbehilfe fehlen:

- offen bliebe z.B. immer noch die stark kontroverse Grundfrage, ob der Mensch das *Recht* habe, *über sein Leben zu verfügen* (vgl. dazu SJZ 1989, S. 399 ff.);
- nicht gesetzlich geregelt wäre die Frage, *wann der Tod eintritt*, obschon sie enorme rechtliche Auswirkungen hat und die neue bezügliche Praxis auch nicht unbestritten ist (dazu BGE 98 la 514 E 4, 5; 520E 8. Das dafür wich-tige Organtransplantationsgesetz steht noch aus);
- offen und (in der Schweiz) nach wie vor nicht einmal gerichtlich ent-schieden ist, ob Patientenverfügungen überhaupt und namentlich auch solche *verbindlich* seien, die der im aktuellen Zeitpunkt bewußtlose oder sonst äußerungsunfähige Patient früher einmal errichtet hat (für die Bundesrepublik: Entscheid des OLG München vom 31.7. 1987);
- über die *Voraussetzungen* der passiven Sterbehilfe (ein Detail: dürfen die Kostenfrage und die Personalknappheit eine Rolle spielen, eine ebenfalls grundsätzliche Frage, s. SCHUBARTH, S. 35) besteht recht eigentlich ein Wirrwarr (dazu R. KEHL in «Der informierte Arzt», 16.7.90, S. 1151ff.);
- ob der Arzt beim Fehlen einer gültigen Patientenverfügung unter be-

stimmten Voraussetzungen berechtigt oder verpflichtet sei, auf lebensverlängernde Maßnahmen zu verzichten;
- ob sich der Arzt dabei auf einen sogenannten *mutmasslichen Willen des Patienten* stützen muß, und wie ein solcher festzustellen sei;
- ob der Arzt mit Bezug auf die passive Sterbehilfe den Patienten *vertreten*, an dessen Stelle entscheiden darf oder gar muß, obschon es sich nach den sonstigen Regeln des Stellvertretungsrechts um eine absolut stellvertretungsfeindliche Rechtssache handelt;
- wie es sich mit dem *Stellvertretungsrecht der Angehörigen* verhält und in welcher Reihenfolge sie allenfalls berechtigt sind, über die passive Sterbehilfe oder über eine Intervention bei Freitodversuch zu entscheiden;
- ob allenfalls in solchen Fällen eine *Behörde* den Entscheid zu treffen hat, und wenn ja, nach was für Verfahrensgrundsätzen;
- ob Freitodanleitungen im Buchhandel frei angeboten werden dürfen;
- ob jeder Mensch *freien Zugang zu den Substanzen haben soll*, mit denen rasch und schmerzlos eine Selbsterlösung möglich ist;
- ob und unter welchen Umständen der *Arzt* zur *Freitodhilfe* berechtigt oder verpflichtet sei;
- ob und unter welchen Umständen eine *Tötung auf Verlangen* straffrei sein solle und wenn ja, dass sie nur vom Arzt vorgenommen werden dürfe;
- auch die zahlreichen Fragen rund um den *Spitalvertrag*, den Vertrag zwischen dem Arzt und dem Spital und den Arzt-Patienten-Vertrag sind zum grossen Teil offen, z.B. die Frage, ob der Arzt verpflichtet sei, den infaust kranken Patienten über seinen Zustand zu informieren.
- Es fehlt auch eine Regelung über die rechtlichen Verhaltensmöglichkeiten von Eltern und Arzt bei *schwer mißgebildeten oder schwerst geschädigten Neugeborenen* (im DJT 86 auf dringenden Vorschlag ausgeklammert, S. 58).

Die Regelung der Rechtsstellung von Geisteskranken und schwer psychopathischen Patienten im Zusammenhang mit der Sterbehilfe und allgemein (GROSS S. 130, 153, 177 ff., 180) ist rudimentär.

Für die Schweiz charakteristisch ist im übrigen auch die *Uneinheitlichkeit*, da die punktuellen gesetzlichen Bestimmungen, soweit es überhaupt solche gibt, in den 26 Kantonen z.T. recht verschieden lauten (eine Auflistung dieser Bestimmungen würde den Rahmen dieser Arbeit bei weitem sprengen), so daß es mit dem rechtsstaatlichen Postulat der *Rechtssicherheit* auch deshalb schlecht bestellt ist. Bei dieser Zersplitterung ist in der schweizerischen

Regelung der Sterbehilfe auch viel *Widersprüchlichkeit* unvermeidlich (siehe. S. 66).

Damit hat der schweizerische Gesetzgeber m.E. den rechtsstaatlichen Auftrag zur Regelung aller wichtigen und mittelwichtigen und erst recht der wichtigsten aller Rechtsfragen bisher zum grössten Teil nicht erfüllt, obschon das Thema schon lange zu den aktuellsten gehört und längst spruchreif wäre.

Und was in Aussicht steht, wird, wenn sich die bisherige Haltung von Bundesrat und Parlament durchsetzt, mit dem Volkswillen kaum konform sein, hat doch das EJPD in seinem Euthanasie-Bericht vom 21.4.1988 selber festgestellt, nach einer Umfrage seien 70% der Schweizerinnen und Schweizer der Ansicht, das Gesetz müsse Ärzten und Krankenpflegepersonal gestatten, einem Kranken beim Beenden seiner Leiden behilflich zu sein, und 76% seien für passive Sterbehilfe (S. 5).

In Aussicht steht also wieder eher ein Legiferieren nicht nur am Volk vorbei, sondern auch an den Realitäten des Lebens und - sit venia verbo - irgendwie sogar an der Menschlichkeit vorbei.

B. Die Rechtslage in der Bundesrepublik

ist derjenigen in der Schweiz naheliegenderweise sehr ähnlich:
- Die strafrechtlichen Bestimmungen über die Tötung auf Verlangen, den Freitod, die Freitodhilfe und die sogenannte Rettungspflicht stimmen in beiden Staaten grundsätzlich überein;
- auch in der Bundesrepublik ist das Selbstbestimmungsrecht des Patienten über die *Behandlung* und die Widerrechtlichkeit von Eingriffen ohne Zustimmung anerkannt;
- auch dort ist ungefähr zur gleichen Zeit ein verbreitetes Mißbehagen über die negativen Auswirkungen der Fortschritte der medizinischen Technik entstanden;
- auch dort ist die öffentliche Diskussion über das Thema seither voll im Gange;
- auch dort gibt es zwar nur allmähliche, aber doch recht klare Zeichen eines Umdenkens;
- auch in der Bundesrepublik gibt es insbesondere Anhaltspunkte dafür, dass im Volk eine Mehrheit für eine Liberalisierung der Sterbehilfegesetzgebung besteht, selbst betreffend die aktive Sterbehilfe (natürlich

unter strengen Voraussetzungen und Kautelen);
- auch dort besteht heute bereits ein fast allgemeiner Konsens darüber, dass die passive Sterbehilfe eine vernünftige Sache ist, während sich Gegner und Befürworter darüber noch vor kurzem ideologische Schlachten geliefert haben (die Zulässigkeit ist durch das Urteil des Oberlandesgerichtes München vom 31. Juli 1987 gedeckt);
- auch dort wurden noch und noch Vorstösse unternommen und regelmässig mit fadenscheinigen Argumenten vom Tisch gefegt;
- auch dort schieben aber die Behörden die Gesetzgebung in diesem Bereiche vor sich hin;
- auch dort wird seitens der Behörden zu Unrecht geltend gemacht, eine gesetzliche Regelung sei nicht nötig (obschon das Volk auch dort offenbar anders denkt (Sterbehilfe in der öffentlichen Meinung, Verlag DGHS, 1987 und diverse Voten im DJT 1986, S. 21 und S. 63 ff.)) und auch nicht möglich;
- auch dort tut man sich schwer mit der Anerkennung des Selbstbestimmungsrechts des Menschen über sein Leben, obschon es das erste und oberste Menschenrecht ist;
- auch dort geistert immer noch - noch mehr als in der Schweiz - die Vorstellung von der Verwerflichkeit eines Freitodes in den Köpfen;
- auch dort werden die Bilanzfreitod-Fälle tendenziös heruntergespielt und sogar fast ignoriert;
- auch dort hat sich die Sprache dem neuen Denken noch nicht angepaßt (vgl. dazu Soziale Medizin, Basel, Nr. 3/1990, S. 25);
- auch dort verhält sich der Staat arg widersprüchlich, wenn er den Freitod für legal (straflos) erklärt, aber die Ausübung dieses Rechts fast in jeder Weise erschwert;
- auch dort ist die Rechtsverbindlichkeit der Patientenverfügungen, namentlich solcher von bewußtlosen und sonst äusserungsunfähigen Patienten, die früher errichtet worden sind, noch mehr oder weniger kontrovers.

Laut Prot. 51 des Rechtsausschusses des Deutschen Bundestages vom 15.5.1985 über die Anhörung von Fachleuten zur Frage einer gesetzlichen Regelung der Sterbehilfe und Stellungnahmen dazu, haben sich die in diesem Bereiche besonders kompetenten Professoren DEUTSCH (S. 96), ESER (S. 18, 101, 115 ff), JÄGER, Sprecher der Humanistischen Union (S. 36 ff., Stellungnahmen zu den Anhörungen S. 145), SCHREIBER (S. 55 ff, 87, 110; Stellungnahmen S. 87 ff, 90, 100 und 102) und SEIDLER (Prot. S. 113) z.T. engagiert für eine gesetzliche Regelung ausgesprochen. Auch

KUTZER, Richter am BGH, hält eine solche, die für Richter und Ärzte vermehrte Rechtssicherheit brächte, offenbar für zweckmässig (Prot. S. 79 und 94); ebenso Oberkirchenrat WINKLER (Stellungnahmen S. 20).

In der Diskussion im DJT 1986 wurde die Notwendigkeit einer gesetzlichen Regelung von den Votanten fast durchwegs bejaht, z.T. sogar als «überfällig» bezeichnet. Wenn das Ergebnis der Abstimmung trotzdem (abgesehen von II/ 5) negativ ausgefallen ist (II/1c und IV/4), so war das bestimmt darauf zurückzuführen, dass bedauerlicherweise fast bei jeder Frage *gleichzeitig* nach einer materiell bestimmten Regelung gefragt wurde, statt einfach danach, ob überhaupt eine Regelung in einem bestimmten Punkte befürwortet werde.

Oberstaatsanwalt Dr. FRANZLINEN hat dem deutschen BMJ schon 1986 vorgehalten, es hätte schon 15 Jahre Zeit gehabt, einen Entwurf von 1971 zu behandeln, es sei aber nichts geschehen. Heute wären es 19 Jahre. Auch der prominente deutsche Fachmann für Sterbehilfe-Recht, Prof. Dr. H. TRÖNDLE, erklärte auf dem gleichen deutschen Juristentag 1986, die arge und viel kritisierte Fehlentwicklung auf diesem Gebiete sei auf die jahrzehntelangen Säumnisse des Gesetzgebers zurückzuführen (DJT S. 44).

Zur Begründung der Notwendigkeit einer gesetzlichen Regelung wurde auf diesem Juristentag noch und noch auf die enorme *Verunsicherung* bei der Ärzteschaft, in den Krankenhäusern und bei den Patienten hingewiesen.

IV.
Einwände sind Ausflüchte

1. Die für das peinliche Gesetzdefizit auf dem Gebiete der Sterbehilfe Verantwortlichen machen, wie gesagt, geltend, eine gesetzliche Regelung sei unpassend, ungeziemend.
   Es ist durchaus denkbar, daß für das beharrliche Ausweichen des Gesetzgebers auf diesem Gebiet beim einen oder anderen Parlamentarier die Überlegung mitspielen kann, beim Sterben handle es sich um einen Vorgang, bei dem das Recht zurückzutreten habe. Psychologisch mag es auf den ersten Blick unpassend erscheinen, im Zusammenhang mit dem Sterben Rechtsprobleme zu erörtern.
   Und doch ist dieses Argument bei genauerem Zusehen äußerst bedenklich. Es läuft irgendwie auf den Satz hinaus: «Über Rechte sprechen wir jetzt nicht mehr.» Und das hinwieder bedeutet im Klartext, der Sterben-

de habe keine Rechte mehr, d.h. er sei rechtlos. Wie abwegig, ja rücksichtslos das ist, mag man schon allein an der grossen Zahl derer ermessen, die Patientenverfügungen errichten, mit denen sie bekunden, wie sehr ihnen daran gelegen ist, daß auch gerade in *jenem Zeitpunkt* ihre Rechte gewahrt werden.

Letztlich wird der Sterbende bei einer solchen Haltung generell wie ein rechtloses Mündel behandelt, während es just eines der Hauptanliegen des Rechtsstaates ist, den Menschen in jeder Lage als freien und mündigen und autonomen Menschen zu behandeln.

2. Wenn einige Ärzte eine gesetzliche Regelung mit dem Hinweis darauf ablehnen, eine *Verrechtlichung des Sterbens* sei unerwünscht, so ist damit etwas anderes gemeint als mit dem Argument 1. Angesprochen ist damit nämlich *die ärztliche Autonomie,* ein Anliegen, das gerade heute auch bei anderen gesellschaftlichen Gruppen bestens bekannt ist.

Indessen kann der Rechtsstaat *in keinem Rechtsraum* eine solche Autonomie anerkennen, wenn er sich nicht aufgeben will, da solches immer ein teilweiser Rückfall in die Zeit vor dem Rechtsstaat wäre. Einen *rechtsfreien Raum* darf es im Rechtsstaat nicht geben, schon gar nicht in einem so existenziellen Bereich. Im Rechtsverhältnis Arzt/Patient wäre das rechtsstaatlich umso weniger zulässig, als es zum primären Sinn des Rechtsstaates gehört, *Macht einzuschränken,* auch private und halbprivate Macht, der Arzt sich aber im Verhalten zum Patienten ohnehin schon, mit oder ohne Gesetz, in einer übermächtigen Stellung befindet. Autonomie kann es in einem Rechtsstaat nur im *eigenen* höchstpersönlichen Raum der Privatsphäre geben.

Das hier behandelte Argument darf übrigens nicht mit dem der wissenschaftlichen Autonomie im Sinne der lex artis verwechselt werden.

3. Fast immer wird von den Gegnern einer gesetzlichen Regelung geltend gemacht, eine solche sei gar *nicht möglich.*
Dieses Argument ist rasch widerlegt:
Wenn nämlich eine gesetzliche Regelung nicht möglich wäre, dann wäre auch die Erarbeitung von generell abstrakten Richtlinien, welche die gleichen Parlamentarier als Gesetzesersatz ansehen, nicht möglich gewesen.
Dann hätten auch die verschiedenen Staaten der USA (es sind heute 39) ihre Sterbehilfegesetze, die sich bewährt haben, nicht erlassen können.
Im übrigen weiß jeder Politiker, daß es keinen für das Zusammenleben

relevanten Lebensbereich gibt, der sich nicht gesetzlich regeln liesse. Die sich sperrenden Parlamentarier meinen mit den Worten «nicht möglich» wohl auch eher etwas anderes, nämlich die gesetzliche Regelung sei
- einerseits schwierig und
- andererseits sei ein Konsens angesichts der Beharrlichkeit, Mächtigkeit und Entschlossenheit der Gegner schwer zu erreichen.
Kein Politiker wird aber im Ernst und mit gutem Gewissen geltend machen wollen, dass man aus solchen Gründen die besonders Schutzbedürftigen schutzlos lassen dürfe.
Und als ob es nie gesetzliche Knacknüsse gegeben hätte! Aber solche haben sich mit gutem Willen noch immer knacken lassen.
Sie sagen aber, jeder Fall sei anders; das Leben sei gerade auch hier zu vielfältig, als dass sich generelle Regeln aufstellen liessen. Es ist klar, daß auch damit nicht operiert werden kann, denn sonst ließen sich überhaupt keine generell abstrakten Normen aufstellen. Der gleiche Einwand könnte nämlich sonst jedem Bemühen, eine generell abstrakte Norm aufzustellen, entgegengehalten werden.
Und was die Akzeptanz anbetrifft: solche Rücksichten dürfen selbstverständlich nicht genommen werden. Das wäre schlicht Pflichtverletzung aus Bequemlichkeit.

4. Besonders häufig wird mit dem Argument operiert, eine gesetzliche Regelung sei gar nicht nötig, weil
   - vieles in Rechtsverordnungen geregelt sei,
   - man die Normierung getrost der Rechtssprechung und Lehre überlassen könne,
   - private Organisationen, wie namentlich die Ärztegesellschaften und die Patientenorganisationen, den Fragenkomplex bereits befriedigend gelöst hätten,
   - in den Krankenhäusern schon längst nicht mehr sinnlose Sterbensverlängerungen praktiziert würden.
   Auch diesem Argument ist zu widersprechen:
   4.1 Wie eingangs ausgeführt, wird man dem Legalitätsprinzip nur gerecht mit *förmlichen* Gesetzen, zumal in einem demokratischen Staat nur das förmliche Gesetzesverfahren Gewähr bietet, daß das Volk direkt oder über seine Vertreter wirklich mitbestimmen kann. In der Schweiz z.B. wird allzuoft in dieser Weise gegen das Legalitätsprinzip verstossen (vgl. Bericht BV S. 172 ff.), und zwar gerade auch

im Gebiet des Sanitätswesens. Immer dort, wo das Gesetz besonders nötig wäre; bei ausgesprochen heißen Themen.

4.2 Dem Legalitätsprinzip widerspricht es auch, den Erlaß der generell-abstrakten Normen auf einem erst noch so existenziellen Rechtsgebiet fast umfassend der *Praxis und Lehre zu überlassen*, wie es nach dem Gesagten sowohl in der Bundesrepublik wie auch in der Schweiz zur Zeit noch der Fall ist. Gerade in diesem Bereich dürfen Rechtssprechung und Lehre das Gesetz nicht ersetzen. Auch Lückenfüllungen durch Praxis und Lehre müssen im Rechtsstaat schon prinzipiell die grosse Ausnahme bilden. Erst recht sind solche für ein ganzes derartiges Gebiet in einem Rechtsstaat unakzeptabel.

Die Berufung auf die Rechtssprechung wirkt in der Bundesrepublik besonders peinlich, wenn man sich vergegenwärtigt, wie oft und wie harsch im Juristentag (vgl. z.B. S. 10, 25 und 158) und in der Literatur just die Praxis auf dem Gebiet der Sterbehilfe angefochten wurde und wird.

Und wenn man z.B. die Praxis und Lehren zu § 323 StGB (oder die Thesen über die Zwangsernährung oder über die Freiverantwortlichkeit von Suiziden oder die mannigfaltigen Lehrmeinungen über die Voraussetzungen der passiven Sterbehilfe (vgl. «Der informierte Arzt», 16.7.1990, S. 1151 ff.)) auf sich wirken lässt, kann man darüber nur staunen, woher die Gegner einer gesetzlichen Regelung ihr Vertrauen in die Klarheit und Widerspruchslosigkeit von Rechtssprechung und Lehre beziehen. Rechtssprechung und Lehre sind just hier mangels einer gesetzlichen Grundlage bzw. einer gesetzlichen Bewältigung der neu entstandenen, zugegebenermassen schwierigen, Probleme überfordert.

Im ominösen Wittig-Urteil sagte denn auch der BGH selber, Widerspruchslosigkeit sei mangels einer gesetzlichen Grundlage unvermeidbar (DJT S. 163).

4.3 Am umfassendsten wird das Gesetz auf dem Gebiet der Sterbehilfe sowohl in der Bundesrepublik als auch in der Schweiz faktisch durch die Richtlinien der Ärzteverbände (in der Schweiz der «Schweizerischen Akademie der Medizinischen Wissenschaften», SAMW; in der Bundesrepublik z.B. der «Deutschen Gesellschaft für Chirurgie») ersetzt, indem - jedenfalls in der Schweiz – Gesetze, Verordnungen und Reglemente, Gerichts- und Verwaltungsbehörden und die Rechtslehre subsidiär und global kurzerhand auf sie verweisen.

Es ist klar, dass es vom rechtsstaatlichen Denken her nicht dabei bleiben darf. Das ist rechtsstaatlich auch dann nicht vertretbar, wenn dieser blosse Verweis in einem förmlichen Gesetz enthalten ist, denn ein solches Vorgehen würde letztlich doch auf eine rechtsstaatlich nicht akzeptable démission du législateur hinauslaufen, es sei denn, die Bestimmungen solcher Richtlinien würden einzeln durchberaten und zum Gesetz erhoben.

Jegliches eine erhebliche (und erst recht existentielle) Interessensphäre eines anderen Menschen tangierende Tätigwerden oder Verhalten bedarf rechtlicher und damit staatlicher Normierung. Das ist für rechtsstaatliches Denken im Grunde eine Selbstverständlichkeit. Dass Bestimmungen dieser Art in der Form staatlicher Gesetze zu erlassen sind, hat auch der Europa-Rat verlangt. Wenn es in den Richtlinien der SAMW heisst, trotz dieser Empfehlung des Europarates «dürfte es genügen, sie auf nationaler Ebene durch nichtstaatliche Organe zu geben», so denkt man unwillkürlich an das Bonmot: «Sit pro ratione voluntas».

Bei der Argumentation mit den ärztlichen Richtlinien wird gerne von der «lex artis» gesprochen. Nur diese könnte, so wird gesagt, für das Verhalten der Ärzte maßgebend sein. Hier stiftet nun das Wort **«lex»** gerne Verwirrung. Es kann nach einem derzeitigen unscharf gewordenen Sprachgebrauch

- moralische oder rechtliche Verhaltensnormen bedeuten (gelegentlich auch bloß als Ehrenkodex verstanden);
- es bedeutet auch hier *Kunstregel*, das, was nach übereinstimmender Ansicht medizinisch-wissenschaftlich richtig ist.

Diese beiden Bestandteile, die ärztlichen (fachlichen) Kunstregeln und die moralisch rechtlichen Aussagen bzw. Auffassungen, können jedenfalls in den Richtlinien der SAMW und der deutschen Ärztekammern ohne Mühe unterschieden werden.

Wir haben es mit zwei nicht immer konzentrischen Kreisen zu tun, wie folgendes Beispiel zeigt: Nach der lex artis (Kunstregel) *müsste* der Arzt vielleicht eine Operation vornehmen. Nach der lex im Rechtssinn *darf* er es eventuell nicht, weil der Patient sie verweigert.

Für den Erlaß der rechtlichen Normen sind die staatlichen Instanzen zuständig, wobei dafür die vorgesehenen Legislativen und demokratischen Verfahrensnormen massgebend sind. Für diese sind dabei übrigens nicht die Juristen zuständig, sondern der Gesetzgeber, der sich bekanntlich mehrheitlich nicht aus Juristen zusammensetzt, sondern aus den Volksvertretern aller Schichten und Berufe (vgl. dazu auch DJT S. 21, 62, 63, 81, 91-91 und 134). In der Schweiz kann es das Volk selber sein.

Vom altbewährten Begriff her sollten und können leges artis keine rechtlichen Normen enthalten.

4.4 Und wenn immer wieder geltend gemacht wird, die Vereinigungen für humanes Sterben (EXIT-Vereinigungen) würden offene Türen einrennen, da heute in keinem Krankenhaus mehr sinnlose Lebensverlängerung praktiziert würde, so mag als Antwort das Ergebnis einer Umfrage dienen, die nicht bei irgend jemandem, sondern beim Pflegepersonal durchgeführt wurde und das nicht in irgend einem Boulevardblatt publiziert wurde, sondern in der Deutschen Ärztezeitung vom 3.10.1989. Danach wurde von 75 % der Mitarbeiter von Kliniken die Ansicht vertreten, das Sterben im Krankenhaus sei menschenunwürdig und belastend, und 62% der Befragten glauben, bei hoffnungslos Kranken würden immer noch zu oft lebensverlängernde Massnahmen ergriffen (Gesundheitspolitische Informationen, Dez. 1989, S. 29).

4.5 Zum vornherein nicht ernst zu nehmen sind folgende Argumente, die sich eher als Rückzugsgefechte, Alibiübungen und Ausflüchte des Gesetzgebers erweisen, nämlich

- *ein Gesetz brächte neue Auslegungsschwierigkeiten:*
Wie wenn das je ein Grund gegen den Erlaß eines Gesetzes sein könnte! Es gäbe mit Sicherheit weniger Lehrmeinungen und Kontroversen als heute;

- *es gäbe neue Verunsicherungen:*
im DJT wurde mit Recht gesagt: Nur das Gesetz kann die heutigen Verunsicherungen beheben oder wenigstens stark abbauen (S . 158);

- *es sei den Ärzten nicht zuzumuten, bei der Behandlung von Moribunden noch Gesetzesparagraphen zu lesen:*
Ist es vielleicht einfacher, zuerst die widersprüchlichen Gerichtsurteile oder gar die endlosen Lehrkontroversen zu studieren?

- *das Gesetz würde bei den Ärzten nur Ängste hervorrufen:*
das Gegenteil ist der Fall: erst das Gesetz kann sie vor Anzeigen wirklich schützen.

- *Gesetze seien zu starr:*

Eine gewisse Starrheit ist nicht auszuschliessen; aber das ist der Preis für die dadurch gewonnene Rechtssicherheit, die in der Abwägung der Interessen weit vorne liegt;
- *ein Gesetz wäre verfrüht,*
wird etwa gesagt, es sei weitere Forschung nötig, man dürfe ein solches Gesetz nicht unter Zeitdruck erlassen.
Als ob 20 Jahre nicht ausgereicht hätten!

Während unsere Behörden die Erfüllung ihrer Pflicht immer wieder hinausschieben, stöhnen Tausende von Moribunden nach dem erlösenden Tod. In den USA sollen lt. «Oltener Tagblatt» vom 12.4.1990 jährlich 10'000 Personen (unter künstlicher Lebensverlängerung) im Koma liegen, weil sich in vielen Staaten niemand für befugt hält, eine Entscheidung zu treffen.
Die gleichen Ausflüchte verwenden unsere Regierungen, wenn es darum geht, sich für den mangelnden Mut zu griffigen Umweltschutzgesetzen zu rechtfertigen.
Ich kann zu all diesen Ausflüchten nur festhalten:
Wer kein Vertrauen in das Gesetz hat, hat auch das Vertrauen in den Rechtsstaat verloren, und eine solche Feststellung läßt aufhorchen.
Mir scheint, unsere europäischen Gesetzgeber hätten sich von den Idealen des Rechtsstaates bedenklich entfernt, indem sie der gesetzlichen Regelung gerade der wichtigsten Lebensfragen mit Delegationen, Leerformeln und Blanketten ausweichen.
Nach Prof. SCHREIBER (DJT S. 65) hängt dies mit einer «strukturellen Unfähigkeit unserer Gesetzgeber zusammen, grundlegende Fragen überhaupt zu entscheiden». Vielleicht hat dies auch mit der Staatskrise zu tun, von der in letzter Zeit oft die Rede war, die auch eine moralische Krise ist, welche naturgemäß mit der Einstellung zum Rechtsstaat zusammenhängt.

5. Natürlich fehlt es in den Argumenten der Gesetzgeber auch nicht am obligaten Kassandra-Ruf, indem auf die Dammbruchwirkung eines solchen Gesetzes hingewiesen wird.
Mit Recht hat im DJT ein anderer Votant bemerkt, wenn die Dammbruchpropheten, die bei fast jedem neuen Gesetz auf den Plan treten, recht hätten, wäre Deutschland schon längst unter Wasser.
Im Ernst: Wenn die Grundsätze, die die DGHS und die EXIT vertreten, im Gesetz verankert werden, ist genau die Gefahr gebannt, welche die Kassandra zu beschwören pflegen. Die Gefahr einer Drittes-Reich-

Euthanasie gibt es nämlich dann nicht, weil unser oberstes Anliegen das Selbstbestimmungsrecht ist.

Und was die befürchtete Freitod-Epidemie angetrifft: Wir alle leben nur zu gerne. Nur keine Angst, daß uns das Kanonenfutter ausgehe.

6. Der Einwand einer Gesetzesinflation ist unbegründet. Eine solche ist nämlich nicht zu befürchten, wenn sich unsere Gesetzgeber vom rechtsstaatlichen Denken leiten lassen. Nach diesem soll sich der Gesetzgeber auf das Grundsätzliche beschränken, diesem aber auch nicht ausweichen.

Thesen

1. Die Gesetzgeber unserer beiden Staaten sollten sofort daran gehen, die seit mindestens 20 Jahren versäumte Gesetzgebung mit Bezug auf die lebensverlängernden Maßnahmen und die Sterbehilfe im allgemeinen durch ein umfassendes Gesetz (aus pragmatischen Gründen wird man sich vielleicht darauf beschränken müssen, zunächst auf eine gesetzliche Regelung der Hauptprobleme zu drängen) nachzuholen, um die grosse bezügliche Verunsicherung der Ärzte und des Volkes zu beheben.

2. Es ist tragisch, dass in beiden Staaten, die sich so sehr ihrer Rechtsstaatlichkeit rühmen, der Rechtsstaat genau dort noch nicht verwirklicht ist, wo seine Herrschaft besonders nötig wäre, nämlich
   - wo die Schutzlosigkeit der Menschen ganz allgemein am größten ist,
   - wo die denkbar wichtigsten Belange auf dem Spiele stehen und äusserst gefährdet sind,
   - wo existenzielle Ängste so vieler, besonders der Sterbenden selber, gerade durch ein klares Gesetz wesentlich abgebaut werden könnten.

3. Allem voran muss endlich entsprechend den Hauptanliegen des Rechtsstaates dessen elementarster Grundsatz, wonach jeder Mensch das unabdingbare Recht hat, frei über sein Leben zu verfügen, gesetzlich festgeschrieben werden (vgl. dazu DJT S. 43 und 60).

4. Es stimmt nicht, dass dieses Rechtsgebiet einer gesetzlichen Regelung nicht zugänglich wäre. Es ist ohne weiteres möglich, diese Rechtsverhältnisse klar zu regeln. An Vorbildern und Entwürfen fehlt es übrigens nicht, die gewiß noch verbesserungsbedürftig, aber auch verbesserungsfähig sind.

5. Es stimmt auch nicht, dass bereits eine (rechtsstaatlich einwandfreie)

genügende Regelung vorliegt.

6. Der Gesetzgeber darf diese Regelung nicht den rechtsanwendenden Behörden oder privaten Organisationen überlassen.

7. Die Richtlinien der Ärzteschaft sind verdienstvolle Entscheidungshilfen von hohem Wert, müssen aber, soweit sie sich als Rechtssätze verstehen, unter den Gesichtspunkten rechtsstaatlicher und demokratischer Normierungsgrundsätze formell und zum Teil auch materiell (mit Bezug auf den wichtigsten oft erhobenen materiellen Einwand kann ich auf S. 65 ff. und 112 meines Buches «Sterbehilfe» verweisen) neu überdacht und, soweit sie Bestand haben können, in das förmliche staatliche Gesetzesrecht übergeführt werden.

Literatur

1 ARZT, G. u. U. WEBER: Strafrecht (deutsches), Bes. Teil. Bielefeld, 1988.
2 Bericht der Expertenkommission des schweiz. Nationalrates zur Initiative Allgöwer 27.8.75, zit. Bericht Lerch.
3 Bericht der Expertenkommission zur Vorbereitung einer Totalrevision der Bundesverfassung, Zit. Bericht BV.
4 Botschaft des schweiz. Bundesrates zur Revision des Strafgesetzbuches vom 26.6.1985. Bundesblatt, 1985, 11, 1009.
5 56. Deutscher Juristentag: Recht auf den eigenen Tod? Sitzungsbericht, C.H. Beck-Verlag, München. 1986.
6 GROSS, J.: Die persönliche Freiheit des Patienten, Abhandlungen zum schweiz. Recht. NF, Heft 446, 1977.
7 HAMAN, A.: Das Grundgesetz, 1960.
8 KEHL, R.: Sterbehilfe, Ethische und juristische Grundlagen. Zytglogge Verlag, 1989.
9 KEHL, R.: Das Verfügungsrecht des Menschen über sein Leben. SJZ 1989. S. 399 ff.
10 LÜCHINGER, M.: Die Prinzipien des Rechtsstaates, Diss., Zürich, 1960.
11 SCHUBARTH, M.: Kommentar zum schweiz. Strafrecht. Bes. Teil, 1982.
12 VAN DEN ENDEN, H.: Ethische Aspekte des Selbstbestimmungsrechts. Kongressbericht des 5. Europäischen Kongresses für Humanes Sterben, Augsburg. 1986.

Der Kehl'sche Gesetzesentwurf betreffend Patientenrechte und Sterbehilfe

(mit redaktionellen Änderungen in den Art. 1, 8, l0, 20 u. 31 des Gesetzesentwurfes)

Aktuelle juristische Praxis 2/94

Inhaltsübersicht

Ergänzung der Bundesverfassung Art. 52 (Entwurf)

Jedermann hat ein Recht auf Leben, körperliche und geistige Unversehrtheit, Bewegungsfreiheit, persönliche Sicherheit und auf ein würdiges Sterben.
Kein Mensch hat aber eine Pflicht zu leben. Niemand kann verpflichtet werden, Leid zu ertragen.
Die freie Verfügung über das eigene Leben und das Selbstbestimmungsrecht des Kranken sind gewährleistet. Das Nähere betreffend Lebens- und Sterbehilfe regelt das Gesetz. Patientenverfügungen sind für jedermann verbindlich.

Die Zuständigkeit der Kantone im Sanitätswesen bleibt im übrigen gewahrt.

Entwurf eines Bundesgesetzes betreffend Patientenrechte und Sterbehilfe gestützt auf Art. 52BV

I. Allgemeines

Art. 1 Das freie Verfügungsrecht über das eigene Leben und das freie Selbstbestimmungsrecht des Kranken beginnen mit der Urteilsfähigkeit, die für die Ausübung dieser Rechte mit 16 Jahren vermutet wird.

Art. 2 Der Patient entscheidet frei darüber,
- ob er einen Arzt aufsuchen will und welchen,
- ob er sich einer vom Arzt vorgeschlagenen Untersuchung, Behandlung oder einem Eingriff unterziehen will,
- ob er in ein Krankenhaus eintreten will.
Einschränkungen bei der Wahl des Arztes, des Krankenhauses und von Behandlungen aufgrund von Verträgen mit den Krankenkassen bleiben vorbehalten. Die Einwilligung zu üblichen, nicht schwerwiegenden Untersuchungen und Behandlungen wird vermutet.

Art. 3 Zwangseinweisungen und Zwangsuntersuchungen sind nur aufgrund einer speziellen gesetzlichen Grundlage auf Anordnung der darin bezeichneten zuständigen Behörde zulässig. Der Patient darf gegen seinen Willen nur unter denselben Voraussetzungen im Krankenhaus zurückbehalten werden.

Art. 4 Urteilsfähige Patienten dürfen nur mit schriftlicher Zustimmung für den Unterricht oder die Forschung herangezogen werden und nur, wenn ihnen daraus kein Nachteil erwächst. Eine Zustimmung des gesetzlichen Vertreters fällt ausser Betracht.

Art. 5 Bei einem zustimmungsunfähigen Patienten (urteilsunfähige Unmündige, urteilsunfähige, bewusstlose oder äusserungsunfähige Bevormundete ohne gültige Patientenverfügung) entscheidet der gesetzliche Vertreter über die Einlieferung, Untersuchung, Behandlung oder einen Eingriff.

Art. 6 Bei einem nicht bevormundeten. aber zustimmungsunfähigen (bewusstlosen oder äusserungsunfähigen) erwachsenen Patienten ist die Vormundschaftsbehörde sofort um Bestellung eines gesetzlichen Vertreters (Beistandes oder Vormundes) oder um eine eigene Entscheidung anzugehen, wenn über Einlieferung, Entlassung, Untersuchung, Massnahme oder Eingriff zu entscheiden ist und keine gültige Patientenverfügung vorliegt.

Art. 7 Ärzte und Krankenhausleitungen können, falls keine Patientenverfügung vorliegt, nur im Notfall, wenn die sofortige Bestellung eines gesetzlichen Vertreters durch die Vormundschaftsbehörde innert der zur Verfügung stehenden Zeit nicht möglich ist, anstelle des Patienten entscheiden. Sie haben die Vormundschaftsbehörde aber unverzüglich mit einem Protokoll zu verständigen.

Art. 8 Angehörige können, abgesehen von Eltern Neugeborener, als solche nicht anstelle eines Patienten über medizinische Massnahmen oder über den Verzicht auf solche entscheiden. Sie sind aber berechtigt und verpflichtet, bei einem Unfall oder bei plötzlicher Erkrankung und Entscheidungsunfähigkeit des Patienten auf seinen Wunsch oder mit seiner Zustimmung Anordnungen und Entscheidungen zu treffen. Ohne solche Zustimmung sind sie berechtigt und verpflichtet, die Einlieferung in ein Krankenhaus durchzuführen und den gesetzlichen Vertreter oder die Vormundschaftsbehörde zu mobilisieren.

Art. 9 Liegt keine gültige Patientenverfügung vor, so entscheidet das Vormundschaftsgericht oder die vom Kanton bezeichnete Gerichtsinstanz über eine passive Sterbehilfe oder eine Massnahme, bei der das Leben auf dem Spiele steht oder bei der wahrscheinlich mit dauernder Bewusstlosigkeit oder schwerster Behinderung oder damit zu rechnen ist, dass der Patient nachher nur noch vegetieren wird.
In solchen Fällen sind auch die Angehörigen anzuhören. Ihnen steht aber keine Entscheidungsbefugnis zu.
Das Verfahren wird von den Kantonen geregelt.

Art. 10 Der Patient hat Anspruch auf Beachtung seiner Würde als Person. Der Wille des mündigen Patienten ist verbindlich.

Art. 11 Alle Patienten haben das gleiche Recht auf Anwendung der medizinischen Einrichtungen und Mittel. Diese darf nicht von der finanziellen Leistungsfähigkeit oder vom Ansehen des Patienten abhängig gemacht werden.
Können mangels ausreichender Einrichtungen oder wegen ungenügender Medikamente oder mangels Personal nicht alle Patienten behandelt werden und ist ein Ausweichen auf andere Krankenhäuser nicht möglich, so haben Patienten den Vorrang, deren Lebens- und Gesundheitschancen of-

fensichtlich besser sind. Im Zweifelsfalle entscheidet die von der behördlichen Spitalaufsicht bestellte Spitalkommission, welcher zwei Ärzte, zwei Mitglieder des Pflegepersonals und je ein Vertreter der behandlungsbedürftigen Patienten angehören.

Art. 12 Der Patient hat das Recht, dass ihm, sobald er es wünscht, genügend wirksame Schmerzmittel verabreicht werden, auch wenn dadurch sein Bewusstsein getrübt und eventuell der Tod beschleunigt wird. Vorbehalten bleibt eine im Rahmen einer Therapie bei echten Heilungschancen gebotene Einschränkung.

Art. 13 Der Patient hat das Recht auf umfassende lnformationen über
- die Diagnose,
- die Prognose,
- die Therapien, deren Vor- und Nachteile und die verschiedenen diesbezüglichen Möglichkeiten,
- die Dauer des Krankenhausaufenthaltes,
- die Namen der Ärzte und des Pflegepersonals,
- den Tagesablauf,
- die Namen der im gleichen Krankenzimmer untergebrachten Patienten.

Art. 14 Der Patient hat das Recht, mit dem Arzt Besprechungen unter vier Augen zu führen.

Art. 15 Der Patient hat das Recht, eine beliebige Person zu bezeichnen, die berechtigt ist, sich jederzeit über seinen Zustand, die Behandlung und Pflege zu erkundigen und sich für die Durchsetzung der Patientenrechte und im besonderen der Patientenverfügung einzusetzen.

Art. 16 Der Patient hat Anspruch auf Wahrung seiner Geheimsphäre durch strikte Beachtung des Arztgeheimnisses und der Geheimhaltungsverpflichtung des sonstigen Personals.
Auskünfte an Dritte, auch an Behörden, andere Ärzte oder Institutionen (wie AHV, Krankenkassc etc.) sind nur in den vom Gesetz vorgesehenen Fällen zulässig.

Art. 17 Der Patient hat das Recht auf Einsichtnahme in:
- die Untersuchungs- und Operationsergebnisse und -berichte,

- die Röntgenbilder,
- die Krankengeschichte,
- die Aufnahme- und Entlassungsberichte,
- die Korrespondenz zwischen dem Hausarzt und den Krankenhausärzten und alle anderen ihn betreffenden Unterlagen.

Art. 18 Nach der Entlassung hat er auch Anrecht auf Herausgabe der genannten Berichte, der Röntgenbilder und Unterlagen.

Art. 19 Der Patient hat Anspruch auf Empfang von Besuchern, kann aber Besuche auch allgemein oder in einzelnen Fällen ablehnen.

II. Patientenverfügung[1]

Art. 20 Schriftliche oder mündliche Patientenverfügungen, in denen ein Patient medizinische Massnahmen, wie künstliche Ernährung oder Beatmung, Operationen, Chemotherapien, Eingriffe etc., untersagt, sind für jedermann verbindlich.
Das gilt auch für wesentlich früher und vor der Krankheit errichtete Patientenverfügungen und auch bei andauernder Urteilsunfähigkeit, Bewusstlosigkeit oder sonstiger Äusserungsunfähigkeit des Patienten.
Ob eine Verfügung vernünftig sei, wird nicht geprüft. Der Arzt prüft einzig, ob die vom Patienten genannten gesundheitlichen Voraussetzungen erfüllt sind.

Art. 21 Die Patientenverfügung ist an keine Form gebunden.

Art. 22 Patientenverfügungen können jederzeit formlos widerrufen werden. Es darf dabei nicht auf blosse Mutmassungen abgestellt werden.

Art. 23 Jedes Krankenhaus, Alters- und Pflegeheim hat Neueintretende auf die Möglichkeit hinzuweisen, eine Patientenverfügung zu erstellen: es stellt ihnen dafür Muster zur Verfügung, die aber andere Fassungen nicht ausschliessen.

Art. 24 Die Kantone haben Amtsstellen zu bezeichnen oder zu schaffen, bei denen Patientenverfügungen zu hinterlegen sind, und die darüber wachen, dass sie befolgt werden. Ihnen ist jeder Eintritt eines akut Kranken oder schwer Verunfallten in ein Krankenhaus oder Pflegeheim zu melden.

Art. 25 Wer ein Schriftstück z. B. in der Wohnung des oder beim Patienten findet, das nicht eigens für ihn als Bevollmächtigten oder Kontrollperson bestimmt ist und das eine Patientenverfügung beinhaltet, hat es, wenn eine Rückgabe an den Patienten nicht mehr möglich ist, unverzüglich der in Art. 24 genannten Amtsstelle abzuliefern.

Art. 26 Aus Leistungen für lebensverlängernde oder andere Massnahmen, die unter Ignorierung einer den Leistenden bekannten Patientenverfügung oder sonst gegen den Willen des Patienten durchgeführt worden sind, entsteht keine Forderung.

III. Selbsttötung

Art. 27 Freitod und Freitodhilfe sind rechtmässige Handlungen. Art. 115 des Strafgesetzbuches bleibt vorbehalten.

Art. 28 Jede Diskriminierung des Freitodes oder eines Freitodwilligen oder eines durch Freitod Verschiedenen ist rechtswidrig.

Art. 29 Wer wegen einer schweren unheilbaren Krankheit, namentlich wenn sie mit ungenügend beeinflussbaren Schmerzen verbunden ist, oder wegen entwürdigender Zustände (wie Entstellung, üble Gerüche) oder wegen schwerster körperlicher Behinderung oder wegen immer wiederkehrender schwerer Depressionen sich zum Freitod entschliesst, darf nicht allein deshalb als unzurechnungsfähig angesehen werden.

Art. 30 Es soll vermieden werden, dass Freitodwillige keinen anderen Ausweg finden, als sich durch brutale und gewalttätige Art zu töten. Sicher, rasch und schmerzlos wirkende Mittel dürfen nicht wegen möglichen Gebrauchs als Freitodmittel aus dem Handel gezogen werden.

Art. 31 Jede Hinderung oder Intervention bei einem versuchten Freitod eines mündigen Menschen (z. B. Magenauspumpung oder Reanimation) ist rechtswidrig, wenn der Suizident die Intervention verboten hat.

Art. 32 Ärzte sind zur Freitodhilfe berechtigt, aber nicht verpflichtet. Wenn sie die Hilfe, namentlich das Verschreiben von Medikamenten, ablehnen, sind sie gehalten, dem Patienten einen Arzt zu nennen, von dem sie wissen, dass er zur Freitodhilfe bereit ist.

Art. 33 Wer nach einem Attest zweier Ärzte i. S. von Art. 29 krank ist, hat gegen Vorweisung des genannten Attestes gegenüber jeder Apotheke Anspruch auf Aushändigung genügender sicher, rasch und schmerzlos wirkender Freitodmittel[2]. Er hat sich in der Apotheke in ein offizielles Register einzutragen.

Das Bundesamt für Gesundheitswesen bezeichnet die (einfach anzuwendenden) sicher, rasch und schmerzlos zum Tode führenden Medikamente[3].

Art. 34 Freitod und Freitodhilfe sind in allen Krankenhäusern, Pflege- und Altersheimen zulässig. Eine Behinderung z. B. durch Zwangsernährung, Anbinden, Zwangspsychiatrisierung, Wegweisungsdrohung ist unzulässig, wenn der Patient in einfühlbarer Weise beharrlich sein Leben nur noch als seelische und/oder körperliche Belastung und Qual und als sinnlos empfindet.

Art. 35
Art. 114 StGB wird durch folgende Bestimmungen ersetzt:
Die Tötung auf Verlangen ist rechtmässig, wenn:
1. der Patient an einer schweren unheilbaren Krankheit mit ungenügend behebbaren Schmerzen oder mit unwürdigem äusseren Zustand leidet oder sehr stark behindert ist oder immer wieder sehr starke Depressionszustände erlebt;
2. der behandelnde Arzt und ein zweiter, nicht im gleichen Krankenhaus tätiger und mit dem ersten nicht verwandter oder befreundeter Arzt, den betreffenden Zustand in einem schriftlichen Befund attestieren;
3. der Patient die Tötung vor einem Notar und zwei unbefangenen Zeugen eindringlich verlangt und diesen Wunsch nach 72 Stunden nochmals vor den beiden Ärzten bestätigt, die darüber ein von beiden unterschriebenes Protokoll auszustellen haben; Art. 22 des vorliegenden Gesetzes ist sinngemäss anwendbar;
4. der Patient in den Zeitpunkten der Zustimmung die Bedeutung seiner Erklärung genügend beurteilen kann und keinerlei Druck auf ihn ausgeübt worden ist;

5. der Patient nicht in der Lage ist, sich selber zu töten;
6. die Vormundschaftsbehörde nach Vorlage der Unterlagen ihre Zustimmung erteilt hat.

Art. 36 Die Tötung muss durch einen vom Patienten gewählten Arzt im Beisein des erwähnten zweiten Arztes erfolgen und mit einem anerkannten, sicher, sofort und schmerzlos wirkenden Mittel durchgeführt werden.

Art. 37 Die beiden Ärzte haben unmittelbar nach dem Vollzug ein Protokoll zuhanden der Sanitätsdirektion zu erstellen.

Art. 38 Die Angehörigen sollen sofort nach dem Vollzug unter Vorlage der Unterlagen informiert werden.

V. Strafbestimmungen

Art. 39 Wer eine Patientenverfügung, die nicht für ihn selber bestimmt ist, nicht sofort der zuständigen Stelle abliefert, wird mit Gefängnis bis zu fünf Monaten bestraft.

Art. 40 Wer als Arzt oder Angestellter eines Krankenhauses oder als gesetzlicher Vertreter eines Patienten eine Patientenverfügung bewusst ganz oder teilweise ignoriert, wird mit Gefängnis bis zu fünf Jahren bestraft.

Art. 41 Wer eine Patientenverfügung unterdrückt, vernichtet, beschädigt oder verändert, wird mit Gefängnis nicht unter drei Jahren bestraft.

VI

Der Vollzug dieses Gesetzes ist Sache der Kantone.

VII

(Evtl. noch eine besondere Bestimmung über Reanimation.)

VIII

(Evtl. auch eine solche über Organverpflanzungen, Todesbegriff [Hirntod] und Todesfeststellung [Verfahren].)

Bemerkungen zu den Entwürfen

I. Verfassung

1. Da es sich um Grundrechte im höchsten Sinne des Wortes handelt, die in der Praxis noch und noch nicht als solche behandelt und im Gegenteil permanent missachtet werden, ist es dringend nötig, sie in der Verfassung selber festzuschreiben, schon um deren Grundrechts-Charakter wieder besser bewusst zu machen und ihnen grössere Autorität zu verleihen.

2. Persönlich würde ich es begrüssen, wenn man die Gelegenheit benutzen würde, die bloss in der Praxis des Bundesgerichtes anerkannten Freiheits- und Grundrechte endlich in geschriebenes Verfassungsrecht überzuführen, denn mit dem Grundgedanken des Rechtsstaates ist es unvereinbar, dass sie nur auf der Gerichtspraxis fundiert sind. Sie könnten bei dieser Gelegenheit auch präzisiert und ergänzt werden.

3. Die Verfassung soll aber wirklich nur das Grundsätzlichste enthalten und das Nähere der zweiten Rechtssetzungsstufe überlassen. Heute ist es bei uns so, dass in völliger Verkennung des Rechtsstaates sogar die Satzung von Grundrechten sehr oft nicht einmal dem Gesetz vorbehalten bleibt, sondern oft in der dritten Stufe, der Verordnung, erfolgt, ja zum ganz grossen Teil sogar nur der Rechtsprechung und der Lehre, wenn nicht gar blossen Reglementen von Instituten überlassen wird. Nirgends ist das so schlimm wie auf dem Gebiete der Behandlung der Kranken, die besonders des Schutzes bedürften. Die Verbindlichkeit von Patienten- verfügungen ist in der Schweiz nirgends gesetzlich oder auch justizmässig statuiert worden.

II. Das Gesetz

A. Allgemeines:

1. «Das Nähere» ist, wie gesagt, nach den Grundsätzen des Rechtsstaates im *Gesetz* zu regeln. Aber auch hier gilt: Das Gesetz soll nur Grundsätz- liches, nämlich insbesondere Normen enthalten, mit denen im Rahmen eben der Verfassung konkret in die Freiheiten der Bürger eingegriffen, diese tangiert werden. Es ist genau das Wesen des Rechtsstaates. dass die

Verfassung die Grundrechte statuiert, das Gesetz aber die notwendigen Eingriffe in jene Grundrechte erlaubt und regelt, bzw. dass Eingriffe in die Grundrechte nur *durch Gesetz* zulässig sind, was leider gerade auf diesem Gebiete meist übersehen wird.

2. Ich habe auch die Regelung der Patientenrechte in den Entwurf aufgenommen, da es sich hier um die Grundrechtsstellung des Menschen im Falle der Krankheit handelt, zumal er dann des Schutzes des Staates vor Übergriffen seitens von Mitmenschen besonders bedarf. Es ist dringend nötig, diesen Bereich des menschlichen Lebens endlich gesetzlich zu regeln, da hier viel Willkür herrscht und noch viel "gewurstelt" wird. Nur eine verfassungsmässige Verankerung und eine präzise gesetzliche Regelung jener Grundrechte, allem voran des Selbstbestimmungsrechtes, bieten (namentlich auch den besonders gefährdeten Gruppen: Alten, Schwerkranken und Invaliden) eine optimale Gewähr, dass sie respektiert werden, wenn es darauf ankommt. Deklarativ wird das Selbstbestimmungsrecht heute fast durchwegs anerkannt. Im konkreten Falle erweist es sich aber zu Hauf als Illusion. Dies vor allem wegen des immer noch aufrechterhaltenen konservativen *Paternalismus*, der fixen Idee, man müsse jeden Menschen, auch den mündigen, vor sich selber schützen. Aufgrund dieser paternalistischen Haltung befinden auch heute noch in kritischen Situationen in der wohl sogar überwiegenden Zahl der Fälle andere im Sinne ihrer eigenen persönlichen Vorstellungen darüber, ob die Entscheidungen des betroffenen, auch mündigen Patienten vernünftig seien und ob es sinnvoll sei, sie zu beachten. Der vorliegende Entwurf soll nicht zuletzt auch verhindern, dass sich dieser Paternalismus in eine gesetzliche Regelung einnistet, wie es im neuen deutschen Betreuungsgesetz vom 12.9.1990 geschehen ist. Deshalb der Satz 1 von Art. 20/III. Der Legislator des in Fussnote 1 erwähnten kalifornischen Gesetzes sah sich nicht umsonst veranlasst, folgende Feststellung, die auch bei uns weitgehend zutrifft, sogar in das Gesetz selber aufzunehmen: «Die Absicht dieses Abschnitts ist, anzuerkennen, dass manche Patienten in Pflegeheimen durch die bevormundende Art ihrer Pflege so abgeschlossen von der Möglichkeit sind, einen freiwilligen Entschluss zu fassen, dass eine besondere Sicherheit erforderlich ist, damit sie in der Lage sind, eine Verfügung vorsätzlich und freiwillig zu treffen».

3. Es ist mir aber bewusst, dass heute eine gewisse Gesetzesscheu besteht und man mit dem Phänomen der Gesetzesinflation konfrontiert ist. Dieses Missbehagen darf aber nicht dazu führen, wie es heute noch und noch

geschieht, dass man der gesetzlichen Regelung besonders heikler Gebiete *ausweicht*, sondern dadurch, dass man die *Gesetzgebungsmethoden ändert*, indem man die Gesetze vor allem von Dingen entlastet, die der Bürger, dem evtl. ein Referendumsrecht und nachher ein Abstimmungsrecht zusteht, gar nicht verstehen kann.

B. Zu einzelnen Artikeln:

Bei den Artikeln Gesetz 1/6-9 geht es um einen Systemwechsel. Das bisher mehr oder weniger anerkannte System beruhte auf der Annahme, dass namentlich über eine passive Sterbehilfe der Arzt zu entscheiden habe, allerdings zu seinem Schutz nach Anhörung der Angehörigen, aber immer in der Meinung, «letztlich» entscheide der Arzt, wie es in den Richtlinien der SAMW wiederholt hervorgehoben wird. Diese Lösung ist aber rechtlich unhaltbar. Wenn sich diese Praxis so lange halten konnte, so findet das seine Erklärung in der Überlegung, es handle sich doch um eine ärztliche Angelegenheit, und darum könne nur der Arzt zuständig sein. Doch beruht gerade diese Auffassung auf einem Gedankenfehler. Bei der passiven Sterbehilfe (wie natürlich auch bei der Selbsttötungsentscheidung und der aktiven Sterbehilfe) geht es im entscheidenden Punkte nicht um eine ärztliche Frage, sondern um eine rein menschlich-persönliche, ethische und seelische Angelegenheit. Für diese Entscheidung kann nur der Patient selber (oder wenn er entscheidungsunfähig ist, evtl. sein gesetzlicher Vertreter und/oder die Vormundschaftsbehörde) zuständig sein. So sieht man es heute bei gleicher Verfassungs- und Gesetzesgrundlage auch im deutschen Recht (vgl. Komm. STAUDINGER, 11. A., N 26 zu §677 BGB; jetzt auch Betreuungsgesetz vom 21.9.90, bes. §1904, und dazu z. B. Komm. BIENWALD N 39 i.f.). Die bisherige Praxis ist aber auch aus anderen rechtlichen Überlegungen abzulehnen.

Wenn der Arzt für sich beansprucht, anstelle des Sterbenden zu entscheiden, so handelt er rechtlich als dessen Vertreter. Nun kann er sich aber bei näherem Zusehen auf keine bezügliche Stellvertretungsmacht berufen: Die bisher übliche Konstruktion auf der Basis von Art. 419 OR (Geschäftsführung ohne Auftrag) war eine Fehlentscheidung. M. E. ist es geradezu geschmacklos, bei der Entscheidung darüber, ob man sterben wolle, von «Geschäftsführung» zu reden. Die unglücklich formulierte Bestimmung von Art. 419 OR kann in den hier besonders aktuellen Fällen der absoluten Handlungsunfähigkeit ohnehin nicht angewendet werden. Denn auch bei der Geschäftsführung ohne Auftrag ist nach der Intention des Gesetzes der *Wille* des «Geschäftsherrn» (diese Terminologie offenbart allein schon die Taktlosigkeit der Konstruktion), also des Patienten[4], massgebend, wenn auch bloss der mutmassliche. Nun ist aber ein Wille des Urteilsunfähigen schlicht *unbeachtlich* (vgl. obiges Zitat STAUDINGER, N 26 zu §677 BGB), sodass die Grundlage für eine Geschäftsführung ohne Auftrag zum vorneherein fehlt.

Noch weniger fällt eine Vertretung im gewöhnlichen rechtsgeschäftlichen Sinne in Betracht. In der schweizerischen Lehre und Rechtssprechung ist fast durchwegs anerkannt, dass es eine Vertretung in *höchstpersönlichen Angelegenheiten überhaupt nicht geben kann* (vgl. EUGEN HUBER, System und Geschichte des schweizerischen Privatrechtes 1886, 98 f.; EGGER, Komm. Personenrecht 1930, 182 ff. und zu Art. 407, 439; HAFTER, Kommentar Personenrecht 1919, 126 f.; KAUFMANN, Komm. 1924 zu Art. 407 ZGB, 328; ROSSEL et MENTHA, Manuel de Droit Suisse 1912, Bd. l, 566; CURTI FORRER, Komm. 1912, 21 und neuere Autoren, wie U. GONTENSWEILER, Wahrung höchstpersönlicher Rechte, Diss. Zürich 1955). *Nun wird aber wohl niemand behaupten, die Entscheidung darüber, ob man sterben wolle oder nicht, gehöre nicht zu den höchstpersönlichen Angelegenheiten.*

Dieser fundamentale Grundsatz ist in unserer Rechtsordnung in den letzten Jahrzehnten kaltblütig einfach im grossen Stil ignoriert worden.

Aber auch ein anderes ebenso grundlegendes Prinzip unserer Rechtsordnung ist in der Praxis betreffend Sterbehilfe und medizinischer Betreuung handlungsunfähig gewordener kranker Menschen einfach ignoriert worden. Nämlich der Rechtssatz, dass für handlungsunfähige Menschen andere nur Entscheidungen treffen können, wenn sie dafür in einem eigens geschaffenen rechtsstaatlichen Verfahren als ausdrücklich zuständig erklärt worden sind, nämlich die gesetzlichen bzw. behördlich bestellten Vertreter und allenfalls die vormundschaftlichen Behörden selber.

Es ist erstaunlich, wie formlos und «cool» die Juristen die Verletzung dieser Grundsätze immer wieder zur Kenntnis nehmen und darüber hinweggehen.

Der Grund liegt offenbar darin, dass die medizinische Technik *eine Eigendynamik* entwickelt hat, welche die Anwendung der genannten Grundsätze irgendwie als nicht mehr durchführbar erscheinen liess. «Bekanntlich hat die an sich so segensreiche, aber noch ungebremste moderne Lebensverlängerungstechnik auch zu qualvollen Leidensverlängerungen und zu sinnwidrigen monate-, ja jahrelangen Anwendungen auch bei Hirntoten und irreversibel Bewusstlosen geführt. Als sich diese Fälle so summierten, dass sie bald in allen grösseren Bekanntenkreisen ruchbar wurden, ging ein missbilligendes Raunen und Kopfschütteln durch die Bevölkerung: ‹Das kann doch nicht der Sinn des medizintechnischen Fortschrittes sein!› Die Reaktion der Ärzteschaft war: ‹Wir dürfen auch in diesen Fällen nicht abstellen; das wäre ja Mord!› Ein Zürcher Chefarzt wurde wegen passiver Sterbehilfe einige Tage vom Dienst suspendiert. Doch der gesunde Menschenverstand war bald wieder einmal stärker als das Dogma. Durch allen Wertpluralismus hindurch siegte der immer noch gültige Satz der Alten: ‹Sit modus in rebus, sunt certi denique fines ...› Heute hat sich die Idee der passiven Sterbehilfe im Prinzip durchgesetzt. Und die Kreise, die Patiententestamente anfänglich kriminalisierten, propagieren sie heute eifrig» (aus: «Der Allgemeinarzt» 11/1992, Editorial KEHL).

Dass sich die passive Sterbehilfe sukzessive durchgesetzt hat, war sicher ein Schritt in die richtige Richtung. Aber – und dieses «aber» ist sehr zu betonen –: Das Recht hat mit dieser Entwicklung nicht Schritt gehalten. Und dies hängt mit der Tatsache zusammen, dass der Rechtsstaat bei unseren Politikern und Behörden in ganz bedenklicher Weise an Wertschätzung verloren hat; ja dass er als Grundidee unserer Rechts- und Staatsordnung irgendwie abhanden zu kommen droht. Deshalb macht sich ja auch eine so tragische Unsicherheit in der Bevölkerung breit. Denn ohne Rechststaat gibt es keine Rechtssicherheit.

Kaum irgendwo haben die Juristen in der Schweiz so versagt wie gerade auf dem Gebiete der Sterbehilfe. In Deutschland wurden schon wiederholt juristische Kongresse dieser Thematik gewidmet. In der Schweiz gab es nicht einmal eine Reaktion bei den Verbandsexponenten, als dort wiederholt angeregt wurde, das Thema bei Juristen- oder Anwaltstagungen auf die Traktandenliste zu setzen. Und auf eine Umfrage in der Juristenzeitung, woher es komme, dass die schweizerischen Kollegen gerade hier so *abseits* stünden (SJZ 1992), haben nur gerade zwei Kollegen geantwortet und übereinstimmend erklärt, die Juristen hätten eben Angst vor der Thematik. Sie hätten längst Gesetzesentwürfe ausarbeiten und vorschlagen sollen.

Der vorliegende Entwurf soll nun diesbezüglich etwas in Bewegung bringen. Dass eine gesetzliche Regelung der Sterbehilfe dringend nötig ist, wird von den Ärzten und Juristen im Hinblick auf die grosse bezügliche Verunsicherung oft betont. In den überall in der Welt durchgeführten Umfragen wurde die Notwendigkeit einer gesetzlichen Regelung meist mit grosser Mehrheit bejaht.

Inzwischen sind auch immer mehr Staaten dazu übergegangen, die Sterbehilfe gesetzlich zu regeln. In der Bundesrepublik haben sich die Befürworter einer gesetzlichen Regelung ebenfalls z.T. durchgesetzt (Betreuungsgesetz vom 12. September 1990). In den USA sind es bereits 36 Staaten, die die Sterbehilfe gesetzlich geregelt haben.

In der Schweiz finden einige immer noch, eine gesetzliche Regelung sei weder nötig noch möglich. Für die Widerlegung dieser unhaltbaren Thesen kann ich der Einfachheit halber auf meinen Aufsatz «Rechtsstaat und Sterbehilfe» in «Sterbehilfe in der Gegenwart», Roderer Verlag, 1990, 65ff. verweisen.

---

1 Vielleicht ist es richtig, einen Verfügungstext in das Gesetz aufzunehmen, wie es im kalifornischen Natural Death Act vom 30.9.1976 gemacht worden ist.

2 Vgl. Guillon und Le Bonniec, Gebrauchsanleitung 1982

3 Vgl. auch Nr. 59 dieser Sammlung, Frage 11 am Schluss.

4 Dabei dürfen aber nicht einfach die eigenen Überlegungen und Wertungen des Arztes als mutmasslicher Wille des Patienten gelten (vgl. z. B. STAUDINGER, Komm. zum BGB, 11. A . N 10 zu § 683 BGB).

Aus dem Tod blüht immer neues Leben.
Aus dem Leben blüht immer neuer Tod.
Beklagenswert der, den nur jenes tröstet,
nicht auch dieses.
                                    Alfred Polgar

Damit es kein Eigengoal wird!

Die gesetzliche Regelung der unbedingten Verbindlichkeit von Patientenverfügungen ist nicht nur überfällig.

Sie ist auch das vorrangige Anliegen der Verfechter des Selbstbestimmungsrechtes.

Ich muss Sie aber darauf aufmerksam machen, dass es nicht genügt, eine
gesetzliche Regelung in Gang zu setzen. Die Sache hat nämlich einen Ha-
ken. Die Gesetzesinitiative birgt auch eine Gefahr in sich, wenn wir nicht
sehr wachsam sind und nicht taktisch klug vorgehen.

Die Gegner des Selbstbestimmungsrechtes werden nämlich auch dabei sein,
wenn es gilt, die rechtliche Verbindlichkeit von Patientenverfügungen gesetzlich zu regeln. Und wenn es ihnen, was sie sicher vehement anstreben
werden, gelingen sollte, die gesetzliche «Verbindlichkeit» mit ähnlichen
Klauseln zu versehen, wie es beim Zweckartikel der neuen EXIT geschehen-
hen ist (vgl. nachstehende Nummern 57 und 58), dann wird genau das Gegenteil von dem geschehen, was wir mit einer gesetzlichen Regelung anstreben. Dann wird die Fremdbestimmung noch <u>gesetzlich</u> festgeschrieben
sein.

Deshalb: «Hütet Euch am Morgarten...!»

Widerspüchliche Politik
Zur Problematik der Sterbehilfe und Selbsttötungen

Aargauer Tagblatt, 18. Februar 1995

«Dramatischer Anstieg der Zahl der Selbsttötungen»; Tagblatt vom 17. Februar und: «Drei Vorstösse sind im Parlament hängig betreffend gesetzliche Regelung der Sterbehilfe.»

Nehmen wir folgenden Fall (in welchem die Namen geändert wurden): Hans ist Todeskandidat, auch seine Frau Yvonne weiss es: Aids im dritten bis vierten Stadium. Eine Behandlung mit Medikamenten hat die Sache nur verschlimmert.

Hans möchte keine weiteren Therapien und ist auch nicht gewillt, bis zum bitteren Ende durchzuhalten. Yvonne weiss es und sagt, sie würde ebenso entscheiden, wenn es sie treffen würde.

Sie beraten seit langem nur noch über das Wie der Selbsterlösung. Beide haben ihren Hausarzt darauf hin angesprochen, ob er Hans die Freitod-Medikamente verschreiben würde.

Die Arzte aber reagierten gereizt: Das würden ihnen die Standesregeln nicht erlauben. Man werde dann mit den nötigen Schmerzmitteln und anderen palliativen Massnahmen die Beschwerden auf ein Minimum reduzieren können. Und oft würden die Schmerzmittel auch die Leiden abkürzen, auch wenn die Lebensverkürzung damit nicht beabsichtigt werde.

Hans und Yvonne schwebt aber etwas anderes vor, und sie können es einfach nicht glauben, dass das nicht möglich sein soll: <u>Der rasche, sanfte, selbstgewählte Tod.</u>

Man sagt dem Paar allgemein, dies müssten sie vergessen, das gebe es einfach nicht. Das sei nicht oder noch nicht möglich. Sogar Funktionäre von Euthanasie-Vereinigungen sprächen vom «<u>Mythos</u> der Pille für den sanften Tod».

Aber Hans und Yvonne finden sich damit nicht ab. Sie glauben an die Nullkommaplötzlich-Pille und denken an eine Manipulation seitens derjenigen, die sich prinzipiell gegen einen Freitod, gegen das Selbstbestimmungsrecht der Menschen wenden.

Besonders enttäuscht ist das Paar über den Staat, die Politiker, das Parlament. Die beiden haben gelesen, dass der Freitod in der Schweiz ein legales Verhalten, ein verfassungsmässiges Recht ist. Sie sind verärgert darüber,

sagen sie, dass der Staat mit der linken Hand das einem Bürger wieder weg-
nehme, was er ihm mit der rechten Hand gegeben hat. Denn mit der rechten Hand erkläre er den Freitod und die Freitodhilfe für legal. Mit der anderen hingegen tue er alles, um einen Freitod sogar auch dort zu verhindern, wo die Erschwerung, Hintertreibung und Vereitelung ausgesprochen
unmenschlich sei.

Dass die Menschen früher oft zu brutalen Methoden der Selbsttötung Zuflucht nehmen mussten, versteht sich. Doch schon die Römer suchten – wenn
möglich – den sanften Tod (z.B. Aufschneiden der Venen bei einem Bad im
warmen Wasser, wohl unter Zuzug des Bacchus).

Doch im Zeitalter der hoch entwickelten pharmazeutischen Industrie sollte
solches nicht mehr vorkommen.

Heute scheine es eher so zu sein, dass brutal und gewaltsam erfolgen soll,
was auch mit sanften und friedlichen Mitteln gelänge. In Lausanne musste
sich eine 93jährige Frau verbrennen, weil sie sterben wollte, aber keinen
Zugang zu den nötigen Medikamenten hatte.

Kann man von einer zivilisierten Welt reden, solange die Selbsterlösung,
wie der Fachpresse zu entnehmen ist, immer noch weit zur Hauptsache in
der Weise erfolgen muss, dass sich die Suizidenten aus einem hohen Stockwerk auf die Strasse stürzen oder sich erhängen oder unter einen Zug oder
ins Wasser werfen oder sich erschiessen müssen?

Ich habe Hans und Yvonne, den beiden Eheleuten erklärt, dass ich ihre
Ansichten voll und ganz teile, dass ich ihnen aber auch nicht helfen könne.
Es sei jetzt an den Politikern, dafür zu sorgen, dass der Bürger die Rechte,
die ihm der Staat selber eingeräumt habe, auch wirklich ausüben könne.
Einstweilen tue er nämlich das Gegenteil, verhindere deren Ausübung geflissentlich (wer sich zum Freitod entschlossen hat, muss ihn vorbereiten,
wie wenn er ein Verbrechen vorhätte).

Es ist ein dringendes Postulat der Humanität, dass man namentlich solchen
Menschen, die an einer unheilbaren Krankheit leiden und denen nur noch
ein menschenunwürdiges – anders lässt es sich kaum sagen – «Krepieren»
bevorsteht (wobei meist auch die Angehörigen finden, dass man sie von
ihren Qualen erlösen sollte), ermöglicht, sich durch rasch, sicher und
schmerzlos wirkende Mittel friedlich und würdig zu erlösen.

Die Behauptung, es gebe diese Mittel nicht, ist mit Sicherheit unwahr. Und
der Zugang zu diesen Mitteln lässt sich durchaus so regeln, dass keine besondere Gefahr für andere entsteht.

Zu fragen ist, ob es Behörden und Politikern noch wohl sein kann, wenn sie
feierlich die Menschenrechte proklamieren, zu denen ganz besonders auch das

freie Verfügungsrecht des Menschen über sein Leben gehört, aber demjenigen, der dieses Recht ausüben will, geflissentlich Steine in den Weg legen, indem sie zulassen, dass Suizidenten generell als geistig gestört taxiert und behandelt werden, obschon namentlich der Bilanzfreitod eine ausgesprochen besonnene und vernünftige Handlung ist? Wenn sie des weiteren zulassen, dass Suizidenten sogar durch Internierungen, Anbinden, Zwangsbehandlungen am Freitod verhindert werden, und wenn bei einem Versuch «ertappte» Freitodwillige reanimiert und so in ihr Elend zurückgestossen werden, nicht selten sogar wiederholt? Dies dann noch als «Rettung» zu bezeichnen, wirkt eher zynisch.

Nachtrag nach Publikation

Laut einer Meldung der Neuen Zürcher Zeitung vom 29./ 30.Mai 1993 hat ein holländischer Richter zwei Ärzte freigesprochen, die einer 50jährigen Sozialarbeiterin in einer ausweglosen Situation bei einem Medikamentenfreitod assistiert hatten, und zwar mit der Begründung, die Frau hätte sonst zu einer **grauenvollen** Art des Selbstmords (Freitod) Zuflucht nehmen müssen. Genau das meinten die Eheleute Hans und Yvonne, und genau um das geht es bei der Humanisierung von Selbsterlösungen und beim Postulat, einfühlbar Freitodwilligen den Zugang zu rasch, sicher und schmerzlos wirkenden Freitodmedikamenten zu sichern (vgl. Nr. 52 der vorliegenden Sammlung, dortiger Art. 33). Offenbar genügt es aber einfach nicht, starke Worte zu gebrauchen, wie das Wort grauenvoll, um namentlich auch bei Politikern und Behörden die dringende Notwendigkeit einer humanen gesetzlichen Regelung bewusst zu machen. Deshalb erlaube ich mir noch, etwas anschaulicher zu werden und das Anliegen am Schluss dieser Nummer noch mit zwei etwas makabren Bildern zu illustrieren. Vielleicht macht das mehr Eindruck.

Warum zwang unsere Gesellschaft diesen Menschen, zu dieser grauenvollen Methode der Selbsterlösung Zuflucht zu nehmen?

Wollen unsere Behörden und Politiker hier nicht endlich Abhilfe schaffen und menschenwürdige Lösungen ermöglichen, die ja ohne weiteres möglich wären?

Eine Patientin hatte sich die pharmazeutischen Mittel zur Selbsterlösung selber beschafft. Sie wurden ihr bei Entdeckung des Suizidversuchs abgenommen; gleichzeitig wurde sie in eine psychiatrische Klinik eingewiesen. Dort führte sie den Suizid mit eine Abschleppseil aus. So human ist unsere Gesellschaft!

Gesetzliche Regelung?[1]

Humanes Leben – Humanes Sterben, Nr. 4/1994

Wieder geht eine Legislaturperiode im Bundestag zu Ende, ohne daß es den Parteien gelungen ist, einen Konsens in Fragen der gesetzlichen Regelung einer humanen Sterbehilfe herbeizuführen. Die DGHS und andere internationale Gesellschaften drängen seit Jahren darauf, daß dieses existentiell so wichtige Thema gesetzlich im Interesse des Selbstbestimmungsrechts des Patienten geregelt wird. Wie sehr auch im demokratischen Rechtsstaat - an der Meinung der Bevölkerung – «vorbeiregiert» wird, zeigt die folgende aktuelle Umfrage des EMNID-Instituts Bielefeld:

Gesetzliche Regelung für Sterbehilfe
Sollte es Ihrer Meinung nach ein Gesetz geben, das regelt, unter welchen Bedingungen Sterbehilfe geleistet werden darf - oder sollte dies nicht gesetzlich geregelt werden?

	Sollte ein Gesetz geben	Sollte nicht gesetzlich geregelt werden	Weiss nicht
Total	68	31	0
Parteipräferenz:			
CDU/CSU	66	34	0
SPD	70	30	1
FDP	62	38	0
B'90/Grüne	70	30	0
Republikaner Sonst.	77	23	0
keine	69	30	1
Konfession:			
Evangelisch	67	33	0
Katholisch	68	31	1
Sonst. Keine	71	28	1

Quelle: EMNID, Bielefeld, Auftragsforschung der DGHS

---

[1] Diese Information betrifft an sich die Bundesrepublik Deutschland. Sie gilt aber noch mehr für die Schweiz, denn die BRD kennt mit dem Betreuungsgesetz vom 12. September 1990 wenigstens eine Teilregelung, während in der Schweiz bloss staatsrechtlich fragwürdige kantonale Bestimmungen vorhanden sind. Dr. Kurt F. Schobert, Geschäftsführer der DGHS, sprach in einem Brief an den Autor dieser Sammlung von einem Gesetzesnotstand auf dem Gebiete der Sterbehilfe. Die beiden hier abgedruckten Nummern 54 und 55 sollen die analoge politische Situation in der BRD illustrieren.

Erklärung des DFW[1] zum humanen Sterben

Weltanschauung Ohne Dogmen 6/1994

Die Grundwerte menschlichen Lebens wie Selbstbestimmung und Menschenwürde sind die maßgeblichen Werte, die auch den letzten Lebensabschnitt eines Menschen kennzeichnen.
Sterbehilfe muß mit den Grundwerten vereinbar sein. Sie beginnt und endet mit Mitmenschlichkeit und muss Sterbebegleitung für den Betroffenen und Trauerbegleitung für die Hinterbliebenen beinhalten. Das Recht auf selbstbestimmten Freitod wird respektiert.

• • •

Es gehört nicht zu den Pflichten eines Arztes, das Sterben zu verlängern. Hilfsorganisationen, die sich auf diesem Sektor betätigen, bedürfen der besonderen staatlichen und privaten Unterstützung.
Kommerzielle Interessen im Zusammhang mit dem selbstbestimmten Tod werden abgelehnt.
Eine gesetzliche Regelung der Sterbehilfe, die auch eine bewußt herbeigeführte Beendigung des individuellen Lebens beinhalten kann, würde die Sterbehilfe aus der Grauzone der Illegalität herausführen.
Eine rechtlich abgesicherte Form der Patientenverfügung ist unverzichtbar. Der Dachverband Freier Weltanschauungsgemeinschaften (DFW) fordert, die gesetzliche Lücke für die Sterbehilfe umgehend zu schließen.
Als Handlungsempfehlung für den Gesetzgeber im Sinne einer Harmonisierung europäischer Initiativen kann die niederländische Vorgehensweise[2] dienen.

---

[1] Dachverband freier Weltanschauungsgemeinschaften.

[2] Diesbezüglich würde ich Vorbehalte anbringen.

Ludwig van Beethoven
1770-1827, deutscher Komponist

...Mit Freuden eil ich dem Tod entgegen. – Kommt er früher, als ich Gelegenheit gehabt habe, noch alle meine Kunstfähigkeiten zu entfalten, so wird er mir trotz meinem harten Schicksal doch noch zu frühe kommen, und ich würde ihn wohl später wünschen. Doch auch dann bin ich zufrieden: befreit er mich nicht von einem endlosen leidenden Zustande? – Komm, wann du willst: ich gehe dir mutig entgegen.

Aus: «Beethovens persönliche Aufzeichnungen»,
gesammelt und herausgegeben von Albert Leitzmann,
Leipzig o.J. (Inselbücherei Nr. 241)

Beethoven auf dem Totenbett
Bleistiftzeichnung von J. Teltscher

Aus Willi Reich, Beethoven.
Seine geistige Persönlichkeit im eigenen Wort, Manesse Verlag

10. Kapitel

Wo sich die Geister scheiden und warum

Die aktive Sterbehilfe ohne Zustimmung des Patienten

Die meisten Menschen reagieren beim Ansehen eines Toten verwirrt und konsterniert und werden zunächst sprachlos. Das führt gern zu falschen Reaktionen: Zur raschen Beseitigung des Toten; oder man lenkt sich durch Betriebsamkeit ab. Oder man flüchtet in Pompe, unwahres Getue und heuchlerische Reden, nicht selten gefolgt von lauten Leichenmählern. Wir müssten wieder einen besseren Umgang mit den Toten lernen. Sie möchten uns doch etwas mitgeben von ihrer «ewigen Ruhe», Stille und ihrem Frieden.

Aus Hans Witzig, «Die graue Strasse»

Wo sich die Geister scheiden und warum

Die aktive Sterbehilfe <u>ohne</u> Zustimmung des Patienten

Wird - voraussichtlich im Sommer 1995 - in der Zeitschrift «Ars medici», Neuhausen, erscheinen

Wir unterscheiden bei der Sterbehilfe i.s. der Hilfe <u>zum</u> Sterben zwischen
1. der passiven Sterbehilfe (Verzicht auf sinnlos gewordene künstliche lebensverlängernde medizintechnische Massnahmen);
2. der sogenannten indirekten Sterbehilfe (nicht beabsichtigte, aber in Kauf genommene Lebensverkürzung bei der Schmerzbekämpfung);
3. der Beihilfe zum Freitod;
4. der aktiven Sterbehilfe auf Verlangen des Patienten;
5. der aktiven Sterbehilfe ohne Zustimmung des Patienten.[1]

Ad 1: Mit Bezug auf die passive Sterbehilfe besteht eine fast allgemeine Akzeptanz, da sie heute – nach anfänglichem Zögern – auch von jenen Kreisen anerkannt ist, die am Prinzip festhalten, wonach der Mensch kein Recht habe, über sein Leben zu verfügen. Sie sind heute der Ansicht, dass mit der passiven Sterbehilfe nur dem natürlichen Sterben der Lauf gelassen, aber nicht direkt in das Leben eingegriffen werde.
Ad 2: Die indirekte Sterbehilfe stösst heute nirgends auf ausdrücklichen Widerstand, weil sie intentionell nichts anderes sei als Erfüllung einer ärztlichen Berufspflicht. Bei Christen traditioneller Observanz wird hier die Akzeptanz allerdings etwas getrübt durch den christlichen Grundsatz, dass alles Leiden geduldig zu ertragen sei, weil es dem unerforschlichen Ratschluss der gütigen Vorsehung Gottes entspreche und letzten Endes Gnade sei.

<u>Ab hier aber schieden sich die Geister</u>
Ad 3-5: Jede andere Sterbehilfe(3-5) wird von den Kreisen, die das freie Verfügungsrecht des Menschen über sein Leben verneinen, mit wenigen Ausnahmen[2] strikte abgelehnt, weil sie ein Eingriff in das Gott allein zustehende Verfügungsrecht über das Leben darstelle.
Anders die Einstellung vieler moderner säkularisierter Menschen. Wegen seines grundsätzlichen Wandels in weltanschaulicher Beziehung (Abkehr von der kirchlichen Autorität), wegen der rasantem Entwicklung des Per-

sönlichkeitsrechtes und der Menschenrechte mit der Betonung des Selbstbestimmungsrechtes und der Anerkennung der Menschenwürde als höchstem Rechtswert, aber auch wegen des Wandels mit Bezug auf die Beziehung Arzt/Patient (vgl. Nr. 40 der vorliegenden Sammlung) sind heute viele der Ansicht, der Freitod und damit die Beihilfe dazu, aber auch die aktive Sterbehilfe auf Verlangen des Patienten seien nicht nur kein Unrecht, sondern bei den entsprechenden Voraussetzungen unter den Gesichtspunkten der Humanität und der Menschenwürde eine sittliche Pflicht, und erst recht ein unbedingtes Menschenrecht. Hier also scheiden sich die Geister zum Teil immer noch, aber doch weit weniger engagiert als im folgenden Punkt.

Die aktive Sterbehilfe – Ein ziemlich allgemeines Skandalon

Auch unter den säkularisierten modernen Menschen scheiden sich aber die Geister, wenn es um die aktive Sterbehilfe ohne Zustimmung des Patienten geht. Die Ärzteschaft wäre auch und gerade an dieser Sterbehilfe interessiert. Und das ist an sich von ihrem Beruf her, aber auch rational und menschlich verständlich, gibt es doch Patienten in höchst bedauernswerten Zuständen, die ohne diese Erlösungsmöglichkeit anderen gegenüber benachteiligt wären. Deshalb stösst man bei Ärzten immer wieder auf das mehr oder weniger verhaltene Postulat der aktiven Sterbehilfe mit <u>und</u> ohne Zustimmung des Patienten.

Auch in der EXIT zeichnet sich in Weiterführung der Statutenänderung von 1993 die Tendenz ab, eine gesetzliche Anerkennung der «aktiven Sterbehilfe» zu befürworten (Bulletin Nr. 46 S. 5 und Nr. 51 S. 1ff.)[3].

In der BRD wird erstaunlicherweise sogar darüber diskutiert, ob das holländische Modell nicht übernommen werden könnte (HLHS 2/1994 S.9). Präsident der DGHS ist Prof. Dr. med. E. Pohlmeier.

Gemäss einer Entschliessung der Parlamentskommision der EG vom 14. April 1991 sollte die aktive Sterbehilfe künftig nicht mehr strafbar sein, allerdings offenbar nur diejenige mit Zustimmung bzw. auf Ersuchen des Patienten (Bericht von R. E. Schneider und ein Kommentar von Ch. Reimer in «Der informierte Arzt» 14/1992 S. 1203f).

Für die Verfechter der aktiven Sterbehilfe ist Holland – wie es Dr. Admiraal auch ausdrücklich sagt - das ideale **Vorbild**[4]. Tatsächlich wird die aktive Sterbehilfe in Holland seit langem als einzige Sterbehilfe (man kenne dort die passive Sterbehilfe nicht, erklärt Dr. Admiraal) ganz offiziell praktiziert). (Prof. Admiraal in HL. HS 4/1994 S. 11f; auch die «Information der Botschaft der BRD aus dem Haag vom 4.2.1994» HLHS 2/1994 S. 9.)

Für das holländische System wird heute ziemlich systematisch Propaganda gemacht, so auch in dem auch im schweizerischen Fernsehen ausgestrahlten Film «Tod auf Verlangen, holländische Euthanasie» (19.1.1995, 22h20).

Dabei wird aber meist übersehen, dass in Holland nicht nur aktive Sterbehilfe auf Verlangen oder mit Zustimmung des Patienten praktiziert wird, sondern in grossem Umfang auch ohne Zustimmung[5], wie sich aus den eben zitierten Nummern der Zeitung HLHS ergibt. Im «Beschluss vom 17.12.1993 betreffend die Festlegung des Formulars gemäss Art. 10 (1) des Gesetzes über die Leichenbestattung» wird diese Möglichkeit nicht nur offiziell anerkannt, sondern sogar unter der lit. B ausführlich behördlich geregelt(!). Aktive Sterbehilfe ohne Zustimmung des Patienten erfolgt dabei in einem hohen Prozentsatz der Fälle (vgl. Frankfurter Allgemeine Zeitung vom 18.11.1993 und z.B. auch den Remmelink-Bericht von 1991).

Gegen eine aktive Sterbehilfe ohne Zustimmung des Patienten und ohne gerichtliche Ermächtigung bestehen aber grösste Bedenken. Mit Recht wird von vielen Seiten eingewendet, wenn irgendwann die beschworene Dammbruchgefahr bestehe, dann sicher bei einer aktiven Sterbehilfe ohne Zustimmung des Patienten. Sie birgt unbestreitbar eine ganz besondere Gefahr des Missbrauchs.

Prof. van den Enden[6], ein sonst engagierter Verfechter der Sterbehilfe und des Selbstbestimmungsrechtes äusserte sich dazu wie folgt:

«Niemand ist ja ethisch dazu berechtigt, unter dem Vorwand, ‹es sei im Interesse des Patienten› ein Todesurteil über ihn zu verhängen. Niemand hat darüber zu urteilen, ob der Tod in jemands Interesse ist oder nicht. In diesem Urteil lässt sich der Träger des Lebens selbst nicht ersetzen.

...

Das unerbetene ‹Töten aus Erbarmen›, ohne Willensentscheidung des Patienten, muss deshalb aus diesen Gründen grundsätzlich abgelehnt werden und darf unter keinen Umständen in die Rubrik ‹Euthanasie› eingeordnet werden.

...

Ob die ungewollte Verkürzung eines Lebens auf Anregung oder auf Verlangen der Ärzte, des Pflegepersonals oder der Angehörigen vollzogen wird, spielt keine Rolle.
Diese sogenannte ‹Tötung aus Erbarmen› oder ‹Tötung im Interesse des Patienten› ist und bleibt eine moralisch äusserst bedenkliche Praktik, da man sich dabei über die grundsätzlich autonome Willensentscheidung des Patienten hinwegsetzt. Sie soll deshalb auch in Zukunft sowohl rechtlich wie ethisch

als ‹Totschlag› bewertet bleiben.

...

In diesem Zusammenhang sollte es zugleich auch jedem klar sein, dass unmöglich von Euthanasie die Rede sein kann, wenn auf Grund wirtschaftlicher oder finanzieller Erwägungen oder Gegenüberstellungen von Aufwendung und Ertrag selektiv über Menschenleben entschieden wird.
Was im Schrifttum manchmal mit einem empörenden Euphemismus als ‹wirtschaftliche Euthanasie› bezeichnet wird, hat weder mit dem Streben des Patienten nach einem humanen und würdigen Sterbevorgang, noch mit Progression in der Richtung einer Erweiterung der persönlichen Selbstbestimmung zu tun. Es hat dagegen alles mit einer unmoralischen Unterordnung des Lebens- und Gesundheitsrechtes der Menschen unter finanzielle, wirtschaftliche, soziale oder politische Brauchbarkeitmassstäbe oder Prioritäten zu tun, und zwar in einer Gesellschaft, in der die humanitär erforderlichen Mittel offenbar nicht, die destruktiven Mittel hingegen wohl im Überfluss vorhanden sind...
Es ist, meine Damen und Herren, eines der tragikomischen Paradoxe der Euthanasie-Diskussion, und hiermit möchte ich meinen Vortrag beenden, dass die Gegner der freiwilligen Sterbehilfe derartige Verletzungen der Menschen - und Patientenrechte mehrmals heimlich in den Begriff ‹Euthanasie› einordnen und sich dabei stillschweigend über das Wesentliche der Freiwilligkeit hinwegsetzen, damit sich demagogisch der Eindruck erwecken lässt, wir seien die Befürworter der unverlangten oder unfreiwilligen Verkürzung des Lebens allerhand wehrloser Menschen, wir seien die Befürworter derjenigen Praktiken, von denen uns die sich hinter der furchtbaren betrügerischen Marke der Euthanasie verbergenden Nazis ein schaudererregendes Beispiel gegeben haben.»

Vor allem - und das scheint mir zunächst das Wichtigste zu sein – muss der Öffentlichkeit bewusst gemacht werden, dass unter «aktiver Stebehilfe», wie es auch im Artikel im EXIT-Bulletin Nr. 51 S. 1ff. der Fall ist, sowohl eine solche <u>mit</u> als auch auch eine solche <u>ohne</u> Zustimmung des Patienten verstanden werden kann (in den vier Kernfragen S. 3-4 ist bald vom einen und bald vom anderen die Rede). Vielleicht sollte der Ausdruck künftig nur noch für aktive Sterbehilfe ohne Zustimmung des Patienten verwendet werden, da wir ja für die aktive Sterbehilfe mit Zustimmung bzw. auf Verlangen bereits einen eingebürgerten offiziellen Terminus besitzen, nämlich «Tötung auf Verlangen».

Solange diese terminologische Unterscheidung sich nicht durchsetzt, ist es unerlässlich, in Abhandlungen über aktive Sterbehilfe zu Beginn zu erklären, von welchem Begriff der Autor in seinem Aufsatz ausgeht. Nur so können nen Missverständnisse ausgeschlossen werden, die hier zu verhängnisvoll sind, als dass sie in Kauf genommen werden können.

---

1 Diese beiden Formen der aktiven Sterbehilfe sind so radikal verschieden, dass sie auch getrennt aufzuführen sind.

2 Wie z.B. Prof. Holderegger, Prof. Neidhart und etliche andere Theologen.

3 Der Rapport im Bulletin 51 über die Umfragen bei EXIT-Mitgliedern und bei Ärzten befriedigt nicht. Die zustimmenden Antworten können wegen der Art der Fragenformulierung unglücklicherweise fast durchwegs im Sinne einer Zustimmung zu einer aktiven Sterbehilfe auch ohne Zustimmung des Patienten verstanden werden. Und im Rapport über die Umfrage bei Ärzten fehlen, wie mir ein Arzt mitgeteilt und gezeigt hat, die wichtigen Fragen 5-7.

4 Auch der «Alternativentwurf» anerkennt die Möglichkeit der aktiven Sterbehilfe ohne Zustimmung des Patienten.

5 Im erwähnten Film wird eher der gegenteilige Eindruck erweckt.

6 Prof. für Moralphilosophie an der Universität Gent.

11. Kapitel

Die alte und die neue EXIT

Was ist geschehen?

Wesensverwandlung

Der Freidenker, Mai 1995

In der Generalversammlung der EXIT vom 11.4.1992 wurde die Mehrheit des Vorstandes der früheren EXIT in einem geschickt vorbereiteten Überrumpelungsputsch weggewählt. Diese Vorstandsmehrheit hatte sich entsprechend der Zweckbestimmung der Statuten immer engagiert für das freie Verfügungsrecht des Menschen über sein Leben und für ein unbedingtes Selbstbestimmungsrecht der Patienten eingesetzt. Nach dem staatsstreichartigen Putsch zeigte sich rasch, dass der Minderheit diese Zweckbestimmung der Statuten bzw. das freie Verfügungsrecht des Menschen über sein Leben und das unbedingte Selbstbestimmungsrecht des Patienten *ein Dorn im Auge war.* Der sachbezogene Konflikt zwischen der Vorstandsmehrheit und der Vorstandsminderheit über die EXIT-Politik[1], zu dem sich noch ein personeller Konflikt bezüglich des Geschäftsführers gesellte, war für die Vorstandsminderheit eine willkommene Gelegenheit, **einen radikalen Kurswechsel** vorzunehmen und das ihr nicht genehme, nach ihrer Ansicht zu weit gehende Selbstbestimmungsrecht aus den Statuten herauszunehmen.[2] Sie bekannte jedenfalls rasch Farbe und machte sich in Eile daran, eine bezügliche Statutenrevision vorzubereiten. Am 6. Februar 1993 wurde der neue Zweckbestimmungsartikel in einer *ausserordentlichen* GV verabschiedet (Texte des früheren und des neuen Zweckartikels siehe nachstehende Nr. 58). In der neuen Zweckbestimmung wurde der Einsatz für das freie Verfügungsrecht des Menschen über sein Leben – Herz und Mark der ursprünglichen EXIT – ersatzlos gestrichen. Und was den zweiten Kernsatz anbelangt, wurde zwar das Selbstbestimmungsrecht des Kranken anerkannt, aber durch die Klausel «soweit wie möglich»[3] im Effekt sofort wieder aufgehoben. Darüber, ob es möglich sei, entscheidet nämlich nicht der Patient, sondern es entscheiden *andere.*

Die faktische Streichung des Selbstbestimmungsrechtes des Kranken hat übrigens noch eine zusätzliche ausserordentlich weittragende Bedeutung. Bekanntlich war es ein besonderes Anliegen der früheren EXIT, eine unbedingte rechtliche, möglichst gesetzliche Anerkennung der Verbindlichkeit der Patientenverfügungen zu erreichen. Und sie hat dafür viel unternommen und schon einiges erreicht. Mit der Klausel «soweit wie möglich» verbarrikadiert sich die neue EXIT selber einen weiterreichenden Einsatz für dieses Ziel, da sie damit gegen die neuen Statuten verstossen würde. Auch das ist bisher offenbar kaum jemandem bewusst geworden.

Aber nicht genug damit:

Sofort nach dem Coup wurde die bisherige Freitodanleitung durch die neue EXIT zurückgezogen und durch eine solche ersetzt, die letztlich auf *Fremdbestimmung* ausgerichtet ist, weshalb bei der neuen EXIT Proteste eingingen, in denen u.a. nicht ganz zu Unrecht erklärt wurde, die neue Anleitung (Manual für schwerstkranke Freitodwillige) sei unbrauchbar (EXIT-Bulletin Nr. 43, S. 9).

Insgesamt ist die heutige EXIT von der früheren *radikal verschieden*, was die Öffentlichkeit merkwürdigerweise nie zur Kenntnis genommen hat.

Formaljuristisch bedenklich am Coup war u.a., dass er, der zweifellos letztlich der Statutenänderung dienen sollte, die grundsätzlicher gar nicht hätte sein können – sie betraf das eigentliche Sein der EXIT – nur von ca. 1% der Mitglieder[4] beschlossen wurde und dies ohne eine der Sache entsprechende Information der Mitglieder.

Im übrigen sei zum Thema «neue EXIT» hingewiesen auf GPI Nr. 1/1993 Nr. 7484, Nr. 2/1993, Nr. 7655 und 3/1993 Nr. 7824, ferner Aargauer Tagblatt vom 29. März 1994.

Vereinsrechtlich war das ganze Vorgehen m.E. auch anfechtbar, weil der Präsident, ohne vom Vorstand dazu ermächtigt worden zu sein (wenn eine solche Ermächtigung überhaupt legal gewesen wäre), die Versammlungsleitung, die die primäre Aufgabe eines Präsidenten ist, einer anderen Person übertragen hatte. Solches war auch nur möglich wegen der undemokratischen Überraschungsstrategie, die das Wesen eines solchen Coups ausmacht.

Mit den vorstehenden Ausführungen soll nicht etwa der Eindruck erweckt werden, EXIT habe abgedankt oder ausgedient. Vor allem ist erfreulich, dass sie nach wie vor Freitodhilfe leistet und damit das freie Verfügungsrecht des Menschen über sein Leben im Prinzip doch wenigstens faktisch zum Teil anerkennt. Für Leute, die sich an der Fremdbestimmung nicht sonderlich stören, ist das nach wie vor eine Hilfe. EXIT wirkt auch insofern positiv, als sie das neue Denken mit Bezug auf Tod und Sterben in erfreulicher Weise vertritt. Sie sensibilisiert die Politiker ferner trotz dem Gesagten für den Gedanken einer gewissen Selbstbestimmung. Aber sie verhält sich in dieser Beziehung genauso ambivalent wie die SAMW (bzw. die Ärztegesellschaften) mit ihren «Richtlinien», in denen sich die Herausgeberin einerseits deklarativ zum Selbstbestimmungsrecht des Patienten bekennt, es aber fast im gleichen Atemzug wieder verneint.

Die träge
Teilnahmslosigkeit
eines Volkes
endet immer
mit der
Missachtung
seiner Einrichtungen
und mit dem
Verlust
seiner Freiheit

Gottfried Keller

---

[1] Kontrovers war zwischen der Mehrheit und der Minderheit besonders die Sachfrage «Hospiz».

[2] Es würde schon interessieren, wer für diesen Kurswechsel konkret geradestehen will. Manfred Kuhn hat in der Nr. 41 des Bulletins bemerkt, eine Statutenrevision sei bereits in Vorbereitung (S. 4). Nach der gleichen Nummer hat Präsident Schär unter Hinweis auf die frühere Zweckbestimmung noch ausdrücklich erklärt, EXIT sehe keinen Grund, von ihren Zielsetzungen abzuweichen!

[3] Was bedeutet das konkret?

[4] Am 6.2.1993 dürften es noch weniger als 1% gewesen sein. Nach § 33 BGB (BRD) müssen bei einer Änderung des Zweckes des Vereins sogar alle Mitglieder zustimmen.

Der Zweckartikel der EXIT-Statuten bis 1993 (v o r der Kursänderung)

Art 2:

Die Vereinigung setzt sich ein für
- das freie Verfügungsrecht des Menschen über sein Leben
- das freie Selbstbestimmungsrecht des Kranken
- das Recht des Menschen auf einen humanen Tod
- Freitodhilfe für sterbewillige Schwerstkranke.

Der Zweckartikel der EXIT-Statuten n a c h dem Coup von 1992

Art 2:

EXIT anerkennt im Leben und im Sterben das Selbstbestimmungsrecht des Menschen, das soweit wie möglich zu beachten ist. Das einzelne Mitglied soll, vorausschauend, sterbeverzögernde Massnahmen einer technischen Medizin durch eine individuell abgefasste Patientenverfügung in Grenzen halten können. EXIT setzt sich dafür ein, dass diese Willenserklärung von Ärzten und Pflegepersonal befolgt wird. Bei infauster Prognose, unerträglichen Schmerzen oder unzumutbarer Behinderung soll – durch Abgabe einer entsprechenden Broschüre und allfällige Begleitung – Freitod ermöglicht werden.
Um ein natürliches Ableben in würdigem Rahmen zu erleichtern, unterstützt EXIT Einrichtung und Betrieb von speziellen Hospizen und kann sich mit Organisationen ähnlicher Zielsetzung verbinden.
EXIT pflegt Kontakte zu Organisationen mit ähnlicher Zielsetzung im In- und Ausland. EXIT ist Mitglied der «World Federation of Right to Die».

Ein weiterer Kniefall

Der Verzicht auf eine Freitodanleitung

Der Freidenker, Mai 1995

Nachdem die neue Führung der EXIT zu unserem grossen Bedauern mit der ominösen Statutenänderung vor den langjährigen Gegnern der früheren EXIT im zentralsten Punkte kapituliert hatte[1], hat sie in konsequenter Weiterführung des neuen Kurses gleich auch noch eiligst die frühere Freitodanleitung aus dem Verkehr gezogen, die für die Freitodgegner immer ein besonders schlimmes Ärgernis gewesen war. Sie ersetzte die frühere Freitodanleitung durch eine völlig neue Freitodbroschüre (Manual genannt), eine Instruktion der Mitglieder über die jetzt nur noch durch die EXIT selber mögliche Durchführung eines EXIT-Freitodes.

Die frühere Freitodbroschüre war eine wirkliche Freitodanleitung, die es dem Freitodwilligen ermöglichte, sich von seinem Leiden in voller Unabhängigkeit von anderen Menschen zu erlösen. Sie enthielt bloss nebenbei auch das Angebot der EXIT, dem Freitodwilligen bei seiner Selbsterlösung durch eigens ausgebildete Freitodhelfer beizustehen und ihn vor allem gegen ungebetene Verhinderer und Störer abzuschirmen und ihm so einen würdigen und freien Abschied von dieser Welt zu sichern.

Diese Unabhängigkeit gewährleistete die frühere Freitodbroschüre vor allem dadurch, dass sie darin die Medikamente – und zwar eine Auswahl – genau bezeichnete und beschrieb, die nach den in der Freitodanleitung enthaltenen Erklärungen der EXIT, soweit das bei der heutigen Praxis der Behörden möglich ist, einen relativ raschen, sicheren und schmerzlosen Tod verbürgen. Die Broschüre enthielt auch Anleitungen, wo sich der Freitodwillige trotz den Barrikaden, die die Behörden dauernd errichten, die Medikamente beschaffen kann. Selbstverständlich war darin auch die Dosierung angegeben, und sie enthielt auch alle anderen für die Durchführung nötigen Anleitungen und Instruktionen; unter anderem auch Ratschläge, wie sich der Suizident am besten von der Aussenwelt abschirme, um sein Vorhaben ungestört bis zum Erfolg durchführen zu können. Der Freitodwillige war also auf Grund der früheren Broschüre wirklich in der Lage, den Freitod relativ sicher und würdig *selber* durchzuführen, wenn er bereit war, die Risiken, die bei einem Alleingang immer bestehen, in Kauf zu nehmen, wofür sehr gute Gründe vorhanden sein können.

Völlig anders verhält es sich mit der neuen Freitodbroschüre. Die neue Broschüre will keine Freitodanleitung im üblichen Sinne des Wortes mehr sein (EXIT-Bulletin Nr. 48, S. 20, rechts), d.h. keine Instruktion für Freitodwillige, wie sie selber, d.h. unabhängig von anderen Personen oder Institutionen (in casu auch unabhängig von der EXIT), eine Selbsttötung (mit Medikamenten) sicher, rasch und schmerzlos durchführen können.

Ein Suizident, der einigermassen sicher sein will, dass sein Vorhaben nicht ein tragischer Misserfolg wird, weil er nicht das richtige Mittel anwendet oder falsch vorgeht, und der die nichtmedikamentösen grausamen und widerlichen Methoden ablehnt, ist nach der neuen Broschüre in mehrfacher Hinsicht *von der neuen EXIT* abhängig:

- Sie erklärt, sie habe mit den früher empfohlenen Mitteln schlechte Erfahrungen gemacht. Und wer will sie da noch anwenden[2]?
- Sie habe nun aber ein neues, hochwirksames Mittel, das sie als «unseren Stoff» bezeichnet.
- Sie will aber den Namen und die Substanz (Zusammensetzung) des neuen Mittels nicht bekanntgeben. Sie legt grössten Wert darauf, dass es *geheim* bleibt. Im konkreten Falle macht sie dem Arzt die nötigen Angaben zur Ausstellung des Rezeptes.
- Sie allein besitzt das Mittel und kann darüber verfügen. Es sei in keiner Apotheke erhältlich. Sie besitzt das Monopol an diesem Mittel, und es ist ihr wichtig, dass ein Funktionär der EXIT es am verabredeten Tage persönlich überbringt und dem Freitodhelfer übergibt. Offenbar soll dieser es nach der Übergabe sofort in Wasser auflösen und es dem Suizidenten zum Trinken geben. Es sieht so aus, als würde auch der Freitodwillige nicht erfahren, was er da schluckt (oder vielleicht zu einem Zeitpunkt, wo keine Gefahr mehr besteht, dass er das Geheimnis preisgibt).
- Die EXIT bestimmt in ihrer Broschüre auch die Voraussetzungen für die Zurverfügungstellung des Mittels:
  - die medizinischen Voraussetzungen, die rigoros sind: Infaust[3], unheilbar, unerträglich, unzumutbar, keine Aussicht auf Linderung;
  - sie verlangt, dass mindestens *ein* eingehendes Gespräch mit ihrem Sterbebegleiter vorangehen muss[4];
  - und dies in Anwesenheit der Angehörigen;
  - und dass die Angehörigen mit dem Freitod einverstanden sein müssen;
  - sie entscheidet auch nach freiem Ermessen darüber, ob die Voraussetzungen erfüllt seien, ob ein Freitod gerechtfertigt sei (der im EXIT-Bulletin Nr. 49 S. 13 abgedruckte Brief ist diesbezüglich aufschlussreich

und zeigt, dass es sich beim Entscheid der EXIT um einen wirklichen Gnadenakt handelt; vgl. auch Bulletin Nr. 37, S. 10, vierter Besuch);

- da die EXIT immer frei ist, ob sie Sterbehilfe leisten und deshalb ihr Mittel zur Verfügung stellen will, wäre ihre Ablehnung auch dann rechtmässig, wenn ein klarer Befund im Sinne ihrer eigenen Voraussetzungen vorläge.

Sicher gibt es Leute – und es wird sogar die Mehrheit sein –, die sich an der geschilderten Abhängigkeit von den Funktionären der EXIT und an der Geheimhaltung des Mittels wenig stossen. Die meisten Menschen sind, wie Kant sagt, froh, wenn andere das leidige Geschäft, die Dinge zu hinterfragen, für sie besorgen, und sie sind einfach froh, dass ihnen jemand diesen wichtigen Dienst tut. Wer aber das feierliche Reden vom Selbstbestimmungsrecht ernst nimmt – und für Individualisten ist es einer der obersten Werte –, kann über obige Fragen nicht einfach hinweggehen.

Man lebt nur einmal;
Wenn man es richtig macht,
genügt es.

Joe E. Lewis

---

[1] Mit Bezug auf die neue Freitodbroschüre sprach Herr Sigg sinngemäss selber von einer weitgehenden Kapitulation (EXIT-Bulletin Nr. 43, S. 10).

[2] Sie betont auch, dass die Anlegung eines Vorrates, wie das vorher eine weitverbreitete Übung war, nicht mehr möglich sei.

[3] Ich zweifle aber nicht, dass die entscheidenden EXIT-Instanzen in besonders pitoyablen Fällen ausnahmsweise auch nicht-terminalen Gesuchstellern das Mittel zur Verfügung stellen würden.

[4] Dies – und auch anderes – empfindet ein freier Mensch als Paternalismus, Behirtung und Bevormundung. Auch die Entscheidung darüber, ob ein Leiden unerträglich sei, ist unzulässiger Paternalismus. Mit Dr. Admiraal (HLHS 2/94 S. 4) bin ich der Ansicht, dass niemand das Recht hat, darüber für andere ein Urteil zu fällen.

Nachtrag zu Nr. 59

Die neue EXIT-Freitodbroschüre wirft verschiedene weitere Fragen auf:

1) Ist das neue Freitodmittel in der Pharmakopoe enthalten?

2) Welches ist die Rechtsgrundlage dafür, dass die EXIT das Mittel besitzen und zur Verfügung stellen darf?

3) Hat sie eine Spezialbewilligung?
Wie lautet das Dokument?
Wer hat es ausgestellt?
Auf welcher Rechtsgrundlage?

4) Kann man von einem Rezept sprechen, da es EXIT ist, die die Verschreibung vornimmt?

5) Gehört es nicht zum Wesen eines Rezeptes, dass es für die Apotheke bestimmt ist, während es hier für die EXIT bestimmt ist, die keine Apotheke ist? Wobei die EXIT noch betont, das Mittel sei in Apotheken nicht vorrätig «und durch diese auch nicht zu beschaffen» (S. 7 des Manuals)?

6) Wer stellt das Mittel her?

7) Auf Grund einer Spezialbewilligung?

8) Wer hat sie ausgestellt und wie lautet sie?

9) Woher bezieht die Herstellerfirma die Stoffe?

10) Wer bestimmt die Dosierung?

11) Darf es in diesem existenziellen Bereiche «Staatsgeheimnisse» oder Grauzonen oder rechtsfreie Räume geben? Ist es nicht im Gegenteil ein Gebot des Rechtsstaates und der Humanität und der Transparenz der Verwaltung, dass gerade hier alles offengelegt wird (vgl. die Nr. 52 dieser Sammlung, dortiger Artikel 33, Absatz 2)?

12) Welches ist «die zuständige Behörde», der die EXIT nach S. 7 der Broschüre «gerade stehen muss»? Das sollte den Mitgliedern gesagt werden.

Was sagt die EXIT zur vorstehenden Nr. 59 dieser Sammlung?

RA Dr. Manfred Kuhn, erster Vizepräsident der EXIT, schrieb dem Autor der vorliegenden Sammlung den nachstehenden Brief und erklärte sich damit einverstanden, dass er (zusammen mit einer Stellungnahme des Adressaten) in die vorliegende Sammlung aufgenommen werde.

Aus einem weiteren Schreiben von Herrn Dr. Kuhn vom 16.6. ergibt sich, dass die EXIT eine Änderung des Manuals und evtl. auch eine Statutenrevision erwägt. Das berechtigt zur Hoffnung, dass die EXIT ihre schicksalshaften Entscheidungen nach dem radikalen Kurswechsel von 1992/1993 neu überdenken, sich künftig wieder für das freie Verfügungsrecht des Menschen über sein Leben einsetzt und entsprechend ihren Mitgliedern neben ihrem eigenen wertvollen Freitodhilfeangebot auch eine Freitodanleitung verschaffen, und dass sie auch das freie Selbstbestimmungsrecht des Patienten wieder klarer und vorbehaltloser anerkennen wird.

Sehr geehrter Herr Kollege

Mit Interesse habe ich die letzte Ausgabe der Zeitschrift «freidenker» gelesen, die mir von befreundeter Seite zugestellt worden ist. Ihre Polemik gegen EXIT zeichnet sich durch Akribie und Kenntnis vieler Aspekte aus. Ich halte es mit Ernst Jünger, der anlässlich seines 100. Geburtstages sagte: «Ich danke auch meinen Gegnern – denn ohne Gegner kein Profil.»

Nun enthält jedoch Ihr Artikel fundamentale Irrtümer, die ich – zumal offenbar auch eine Buchpublikation im gleichen Sinne ins Haus steht – doch punktuell aufklären möchte wie folgt:

1. Das Mittel, welches in zwei Minuten zum Verlust des Bewusstseins und zu einem vollkommen schmerzlosen Freitod führt, ist durchaus bekannt. Es ist das Natrium Pentobarbital, das europäisch anerkannt ist und z.B. in der bundesdeutschen VO über Betäubungsmittel BtMVV bereits in § 2 Erwähnung gefunden hat (Strafgesetzbuch, dtv 1994, 29. Auflage, S. 235). Es wird selbstverständlich auch jedem Patienten mitgeteilt, der sich an EXIT wendet. Es ist in der Schweiz legal mit Rezept eines Arztes erhältlich, nicht etwa nur bei EXIT, und wurde mit Fug an Stelle der bisherigen, teils un-

tauglichen, teils nur langsam wirkenden, teils nicht mehr erhältlichen Mittel gesetzt, ein enormer Fortschritt gegenüber den früheren, sehr unbefriedigenden Zuständen.

2. *Wir könnten es nicht verantworten, dieses Mittel in der Art eines Selbstbedienungsladens auf Vorrat abzugeben. Die damit verbundenen Gefahren wären zu gross, selbst wenn auf dem Fläschchen vom Apotheker mit Ausrufezeichen geschrieben wird: dosis letalis! – Aus diesem Grunde kann es nur im Zeitpunkte des Freitodes selber gebracht und verabreicht werden.*

3. *Das bedeutet aber nicht, dass ein Mensch Freitod mit EXIT nicht allein begehen kann. Er hat durchaus das Recht, nach den Gesprächen mit den Sterbehelfern von EXIT für einige Zeit allein zu bleiben und auch allein diesen Planeten zu verlassen. Hinterher muss für die Sterbehelfer nur die Möglichkeit bestehen, wieder in den Raum zu gelangen und sich über den eingetretenen Tod Kenntnis zu verschaffen, die Polizei anzurufen etc. Wäre der Patient aber noch am Leben, hätte er sich also anders entschieden, würde ihm das Mittel wieder genommen, da es, wie schon bemerkt, auf keinen Fall auf Vorrat im Kühlschrank aufbewahrt werden dürfte. (Ein solcher konkreter Fall ist m.W. noch nie vorgekommen).*

4. *Gemäss Freitod-Manual ist das Einverständnis der engsten Verwandten und allenfalls Bezugspersonen nur wünschbar und nach Möglichkeit zu erlangen, aber keineswegs Voraussetzung für die Freitodhilfe bei EXIT. Eine andere Praxis wäre statutenwidrig und würde vom Vorstand sicherlich nicht geduldet. Jeder Patient könnte sich an das Präsidium wenden und nicht etwa nur an den Geschäftsführer. Die Gruppe der Freitodhelfer ist nicht ein «Staat im Staat» innerhalb von EXIT.*

5. *Neben der terminalen Krankheit als Voraussetzung ist auch die «unerträgliche Behinderung» im Manual aufgeführt, wobei wir sogar das Ausmass der Erträglichkeit subjektiv gelten lassen, d.h. die Behinderung muss für den Patienten unerträglich sein. Das zeigt auch die Praxis. Herr Prof. Geigy z.B. war im Rollstuhl und litt an Altersbeschwerden, hatte aber keineswegs eine terminale Krankheit, um einen bekannt gewordenen Fall zu erwähnen. Wir geben damit der Autonomie des Patienten weitgehend Raum. Es ist uns kein einziger konkreter Fall bekannt, wo ein EXIT-Mitglied sich darüber beklagt hätte, es werde ihm sein Selbstbestimmungsrecht beschnitten. Die Freitodhilfe durch EXIT ist nicht ein «Gnadenakt», sondern die Erfüllung einer vertraglichen, vereinsrechtlichen Pflicht. Die Angehörigen müssen mitnichten anwesend sein. Das Ermessen ist nicht frei, sondern pflichtgemäss und kontrollierbar, allenfalls durch Weiterzug an Präsidium*

oder gar Vorstand. Völlig unzulässig und rechtswidrig wäre eine Ableh-
nung trotz Erfüllung der Voraussetzungen. Eine solche ist denn auch nie
vorgekommen.

Ich verstehe ein Stück weit sehr wohl Ihre Besorgnis um die Autonomie des
Menschen, aber Sie malen Gefahren an die Wand, die in Tat und Wahrheit
weder gemäss Text von Statuten und Manual noch gemäss Praxis bestehen.
Bringen Sie mir einen einzigen konkreten Fall einer ungerechtfertigten Ab-
lehnung von Freitodhilfe, werde ich die Sache abklären, denn ich bin entge-
gen Ihrer Annahme durchaus ein Verfechter der Autonomie des Menschen.

Ihrem Buch blicke ich mit Interesse entgegen. Ich hoffe nur, dass drei aktuel-
le Hauptprobleme der Sterbehilfe darin auch angesprochen werden, nämlich
* - Sterbehilfe bei Minderjährigen (z.B. AIDS-Fälle)*
* - Sterbehilfe bei Altersdemenz (z.B. Alzheimer)*
* - Sterbehilfe bei Geisteskranken in luzidem Stadium.*

Und dann noch etwas: was soll geschehen in jenen Fällen, wo das Barbiturat
nicht mehr aufgenommen werden kann? Dies sind Probleme, die uns zwei-
fellos in Zukunft vermehrt beschäftigen werden.

In Ihrer Note 1 unterstellen Sie mir angesichts der Abberufung des früheren
Vorstandes eine Strategie, die ich gar nicht hatte. Von den Fragen der Patienten-
verfügung und der Sterbehilfe war damals nicht die Rede. Wir hatten diesen
Weitblick leider nicht. Durch Ihre Unterstellung fühle ich mich daher nicht
etwa belastet, sondern eher geehrt. Es sieht nun so aus, als ob die <u>dramatis</u>
<u>personae</u> wesentliche inhaltliche Anliegen gehabt hätten. Dabei erfolgte der
«Coup» ja, wie Sie genau wissen, aus ganz anderen, banaleren Gründen. Die
ganze spätere Debatte beschäftigte uns erst später, z.T. Jahre später.

Gegen die erst im Wurf befindliche Formulierung der Akademie der medizi-
nischen Wissenschaften (vgl. Nr. 41 der vorliegenden Sammlung) haben die
Professoren Schär und Allgöwer in aller Form Protest eingelegt. Die Diskus-
sion liegt seither auf Eis. In diesem Punkt sind wir uns gänzlich einig: das
letzte Wort hat <u>nicht</u> der Arzt.

Mit kollegialen Grüssen
Dr. Manfred Kuhn

Stellungnahme des Adressaten des vorstehenden Briefes

Zum vorstehenden Schreiben von RA Dr. Kuhn nehmen wir wie folgt Stellung und sind der Ansicht, dass die Leser, die sich ein Urteil über die Kontroverse zwischen Herrn RA Dr. Kuhn und dem Autor der vorliegenden Sammlung bilden wollen, unbedingt vorher das Manual selber gelesen haben sollten.

1. Die Behauptung von Herrn Kollege Kuhn, das Mittel sei bekannt, überrascht, denn das Manual ist von A bis Z darauf ausgerichtet, dass das Mittel geheim sei und bleiben soll.

Wenn Herr Dr. Kuhn erklärt, das Mittel sei «legal gegen Rezept erhältlich», so stellt sich sofort die Frage: «Bei wem?» Ist doch die EXIT keine Apotheke, und heisst es doch im Manual (S. 7) und auch im EXIT-Bulletin Nr. 42 (und hier gleich zweimal), es sei in den Apotheken nicht vorrätig und durch diese auch nicht zu beschaffen.

Wie Herr Prof. Schär in seinem Interview mit der Schweizer Illustrierten vom 10.4.95 bekanntgab, besitzt die EXIT einen grossen Vorrat an diesen Mitteln. Doch hat er selber den Eindruck, dass diese Dispensationsform irgendwie illegal sei, sonst hätte er nicht zu befürchten, dass die Behörden die Mittel beschlagnahmen könnten (S. 15f).

2. Herr Dr. Kuhn erklärt, EXIT könne es nicht verantworten, das Mittel auf Vorrat abzugeben, da sonst die Gefahren zu gross wären. Aber wie steht es denn mit den zahlreichen tödlichen Giften, die selbst in Haushalten herumliegen? Und was sagt denn EXIT zur Tatsache, dass man in der Schweiz relativ leicht an gefährlichste Waffen herankommen kann und dass jedenfalls solche in grossen Mengen vorhanden sind?

3. Die These, ein Mensch könne <u>mit</u> EXIT <u>allein</u> Freitod «begehen» (ein übrigens für EXIT merkwürdiges Wort), übersteigt meine Logik. Das Wort «mit» passt doch wohl nicht recht zu «allein».

Ich kann mir bei der heutigen EXIT-Regelung einen würdigen, freien, unabhängigen, sicheren, raschen und schmerzlosen Freitod nicht gut <u>ohne</u> EXIT vorstellen, wenn sie selber erklärt, die früheren Mittel seien gefährlich, «ihr» Mittel aber (sie bezeichnet es selber als «ihr» Mittel) in Apotheken nicht erhältlich ist. Also ist man eben doch voll von EXIT abhängig, es sei denn, man greife zu den brutalen Freitodmitteln.

4. *Im Manual heisst es unmissverständlich, die Bezugspersonen «sollen aus-drücklich auch EXIT gegenüber» mit dem Freitod einverstanden sein. Sie müssen ja auch beim Verhör anwesend sein (Manual S. 9, eine Bestim-mung, die mindestens im Falle Geigy nicht eingehalten wurde, was sehr wohl erklärlich ist, da ein Prof. Geigy vermutlich der Ansicht war, darüber, ob er diesen Planeten verlassen wolle, entscheide er und nicht sein Sohn). Die These Dr. Kuhns, das Einverständnis der engsten Verwandten und der Bezugspersonen sei nicht Voraussetzung einer Freitodhilfe der EXIT, ist also mit dem Tenor des Manuals ebenfalls nicht vereinbar.*

5. *Auch für meine These, EXIT entscheide darüber, ob das Leiden für den Freitodwilligen erträglich sei, stütze ich mich auf das Manual, wo es auf S. 3 heisst, der im Manual angebotene Dienst solle solchen dienen, die ein für sie unerträgliches Leiden erdulden müssten. Nun wird ja EXIT sicher selber nicht geltend machen, es genüge ihr, wenn der Freitodwillige ihr er-kläre, sein Leiden sei für ihn unerträglich. Das widerspräche dem ganzen EXIT-Konzept.*

12. Kapitel

Auf den Lorbeeren ausruhen

Sigmund Freud
1856-1939, Wiener Arzt und Psychologe, Begründer der Psychoanalyse.

Vergänglichkeit (1946)
... Der Vergänglichkeitswert ist ein Seltenheitswert in der Zeit. Die Beschränkung in der Möglichkeit des Genusses erhöht dessen Kostbarkeit.
Ich erklärte es für unverständlich, wie der Gedanke an die Vergänglichkeit des Schönen uns die Freude an demselben trüben sollte. Was die Schönheit der Natur betrifft, so kommt sie nach jeder Zerstörung durch den
Winter im nächsten Jahr wieder, und diese Wiederkehr darf im Verhältnis
zu unserer Lebensdauer als eine ewige bezeichnet werden. Die Schönheit
des menschlichen Körpers und Angesichts sehen wir innerhalb unseres
eigenen Lebens für immer schwinden, aber diese Kurzlebigkeit fügt zu
ihren Reizen einen neuen hinzu. Wenn es eine Blume gibt, welche nur
eine einzige Nacht blüht, so erscheint uns ihre Blüte darum nicht minder
prächtig. Wie die Schönheit und Vollkommenheit des Kunstwerks in der
intellektuellen Leistung durch deren zeitliche Beschränkung entwertet werden sollte, vermochte ich ebenso wenig einzusehen. Mag eine Zeit kommen, wenn die Bilder und Statuen, die wir heute bewundern, zerfallen
sind, oder ein Menschengeschlecht nach uns, welches die Werke unserer
Dichter und Denker nicht mehr versteht, oder selbst eine geologische Epo-
che, in der alles Lebende auf der Erde verstummt ist, der Wert all dieses
Schönen und Vollkommenen wird nur durch seine Bedeutung für unser
Empfindungsleben bestimmt, braucht dieses selbst nicht zu überdauern
und ist darum von der absoluten Zeitdauer unabhängig.

Aus: Gesammelte Werke Band 10, London 1946.

Wie ganz anders tönt es bei denen, die nur im Unvergänglichen einen Wert
sehen wollen, und vom «Gestank des Vergänglichen und Verweslichen» sprechen; wie befreiend wirkt es, mit Freud den Seltenheitswert des Vergänglichen bewusst zu machen und in diesem Wertgefühl zu leben.

Schlussreferat Dr. R. Kehl an der Jubiläums-Generalversammlung der EXIT vom 11. April 1992 in Bern

Meine Damen und Herren
Wie Sie wissen – und eben auch gehört haben –, hatte EXIT ursprünglich keinen leichten Stand. Einflussreiche Kreise waren ihr alles andere als wohl gesinnt. Sie suchten sie mit recht grobem Geschütz aus dem Wege zu räumen und erlaubten sich, uns nicht nur mit Selbstmörderverein zu titulieren, sondern sogar als Mörder abzustempeln. Sie erhoben Zivil- und Strafklagen gegen unseren damaligen Präsidenten und gegen die Stiftung der EXIT und provozierten Strafuntersuchungen gegen unsere Freitodhelfer.
Diese Strafuntersuchungen mussten natürlich samt und sonders eingestellt und die Zivilklagen abgewiesen werden.
Gehässige Attacken werden weiter gegen uns geritten. Die Desinformationen und die tendenziöse Behandlung einschlägiger Themen haben immer noch nicht aufgehört.
Aber die Einstellung im Volk hat sich im grossen und ganzen doch ziemlich grundlegend geändert. Die Gegner sind vorsichtiger geworden.
Ein wichtiger Markstein in der Geschichte von EXIT waren die beiden Gutachten, in denen die rechtliche Verbindlichkeit der Patientenverfügungen anerkannt worden ist. Dabei hat sich der Versuch, das Gutachten von Prof. Keller zu widerlegen, als Flop erwiesen, indem auch die Gegengutachter – sicher zur nicht geringen Enttäuschung unserer Gegner – die Verbindlichkeit ebenfalls bejahten.
Mit Bezug auf die Patientenverfügungen hat sich die Geschichte geradezu überschlagen: Die gleichen Leute, die die passive Sterbehilfe zuerst als kriminell, als vorsätzliche Tötung qualifiziert hatten, begannen plötzlich, selber Patientenverfügungen zu propagieren.
Heute pfeifen es die Spatzen von den Dächern, dass es das Verdienst der EXIT ist,
- jenen Menschen, namentlich auch Angehörigen, die unter einer sich verselbständigenden medizinischen Technik schwer gelitten haben und leiden, gewissermassen eine Sprache verschafft zu haben, mit der sie ihr Anliegen artikulieren konnten und endlich gehört wurden;
- das bezügliche Tabu gebrochen und es möglich gemacht zu haben, dass jene Leiden nicht mehr einfach in dumpfer Resignation als unabänderliches Schicksal betrachtet werden müssen;

- die Gesellschaft ermutigt zu haben, über die in Frage stehende Tragik laut nachzudenken;
- bewusst gemacht zu haben, dass es auch bei den medizinisch-technischen Fortschritten Grenzen gibt, deren Ueberschreitung ethisch und rechtlich nicht mehr hingenommen werden darf;
- auch dem schwerkranken Menschen seine Würde und Selbstbestimmung zurückgegeben zu haben[1];
- allgemein das Selbstbewusstsein des Patienten wieder hergestellt zu haben.

Ohne EXIT hätten andere Organisationen nicht begonnen, ihrerseits Patientenverfügungen zu entwerfen.

Ohne EXIT wäre auch die Aktion «Mein Wille geschehe» von Radio DRS nicht denkbar gewesen.

EXIT hat damit so oder so eine äusserst wichtige Aufgabe in der Gesellschaft erfüllt und deshalb Dank und nicht Anfeindung verdient.

Trotz alledem, meine Damen und Herren, kann keine Rede davon sein, dass EXIT auf ihren Lorbeeren ausruhen könnte, weil sie ihre Ziele erreicht hätte.

Es bleibt noch viel, noch sehr viel zu tun. Vom Ideal der Sicherstellung eines würdigen Sterbens sind wir noch weit entfernt.

A

Im folgenden sollen einige der noch anstehenden Aufgaben kurz skizziert werden:

Was die **passive Sterbehilfe** anbetrifft, haben wir eben festgestellt, dass sie heute dem Grundsatz nach mehr oder weniger anerkannt ist. Völlig daneben ist aber, wer glaubt, hier wenigstens sei «alles klar».

So gibt es nämlich schon rund um die Patientenverfügungen essentielle Unklarheiten:
- Wie Sie in unserem Bulletin gelesen haben, sind viele Modelle, die unter dem Titel «Patientenverfügungen» im Umlauf sind, in Wirklichkeit nur Patientenwünsche und damit zum vornherein ohne Verbindlichkeit.
- Und wo man es an sich juristisch mit Verfügungen zu tun hat, sind die Voraussetzungen des Verzichts auf lebensverlängernde Massnahmen so vage, lückenhaft oder unglücklich formuliert, dass sie aus diesem Grunde noch ungenügend oder sogar schlecht oder gar nicht taugen.
- Namentlich ist auch die Frage der Verbindlichkeit der Patientenverfügungen noch nicht vom Tisch. Zwar besteht hier ein gewisser Kon-

sens (z.T. mehr nolens als volens). Aber solange keine gesetzliche oder wenigstens justizmässige Grundlage besteht, ist kein Verlass auf diesen Konsens. Es ist m.E. ein Skandal, dass unsere Gesetzgeber hier versagen.

Und dann - immer noch im Bereiche der passiven Sterbehilfe - die heute noch viel häufigeren Fälle, in denen keine Patientenverfügungen des äusserungsunfähigen Patienten vorliegt, in denen sich aber die Frage einer passiven Sterbehilfe stellt: Hier tappen wir im Grunde - wenn wir ehrlich sein wollen - noch so recht wie in einem rechtsfreien Raum herum. Gewiss gibt es die Richtlinien. Aber diese können kein Gesetz ersetzen, und sie sind - selbst für die Aerzte - unverbindlich. Soweit Normen bestehen, bleiben sie auf der Verordnungsstufe und sind damit verfassungsrechtlich ungültig.

Im Grunde ist hier noch alles offen: Sogar die juristisch wichtige Frage, ob in diesem extrem existenziellen Bereiche eine Vertretung überhaupt möglich sei, ist noch gar nicht erst angeschnitten, obschon jedem Juristen geläufig ist, dass in höchstpersönlichen Bereichen eine Vertretung, gelinde gesagt, verpönt ist (vgl. Nr. 45b dieser Sammlung).

Dazu kommt noch folgende eher peinliche Feststellung: Im Grunde handelt es sich hier um eine Domäne der vormundschaftlichen Organe, die hier fast durchwegs mehr oder weniger stillschweigend einfach ignoriert wird - und dies in einem Rechtsstaat! Mindestens sollte man Begründungen und Erklärungen dazu erwarten können.

Soviel zum Hauptanliegen der EXIT (passive Sterbehilfe).

B

Aber auch in anderen Bereichen der Sterbehilfe im Sinne der Hilfe *zum* Sterben sind noch viele Fragen nicht oder ungenügend geklärt oder mehr oder weniger offen kontrovers.

1. Denken wir nur an den absolut zentralen Gedanken des Selbstbestimmungsrechtes des Menschen, seines Selbstverfügungsrechtes über sein Leben. Auch hier ist zwar einiges in Bewegung geraten. Die Front gegen dieses Recht bröckelt langsam ab. Das Unbehagen ist aber in vielen Kreisen noch nicht ausgeräumt; die Unsicherheit noch nicht behoben. Es ist, wie wenn im Untergrund noch eine Guerilla aktiv wäre. Wenn man nun bedenkt, dass es sich hier um die Grundlage der gesamten Sterbehilfe handelt, wird schon aus diesem Grunde niemand behaupten können, EXIT habe ausgedient[2].

2. Und dann – damit im Zusammenhang – das ganze Bündel von Fragen rund um den Freitod.

2.1. Sie wissen, dass hier schon die <u>Sprachregelung</u> hartnäckige Schwierigkeiten bereitet. Immer noch wird – wenn vom Freitod die Rede ist – von Selbstmord, von Mittäter oder Tatgehilfe, «begehen» und ganz undifferenziert von Gefährdung, «Rettung», von Überlebenschancen, von «sich ein Leid antun», etc. gesprochen. Schon hier könnte ein Fortschritt von EXIT abhängen (vgl. Nr. 32 dieser Sammlung).

2.2. Oder ich denke hier an die undifferenzierte Behandlung der sogenannten <u>Freitodprävention</u> (vgl. Nr. 37 dieser Sammlung).

2.3. Und erst recht an die oft so unmenschliche und gedankenlose Freitod-Intervention. Hier werden Menschen mit «schwachem» und «starkem» Paternalismus ohne gesetzliche Grundlage und unter Missachtung des Vormundschaftsrechtes einfach entmündigt bzw. wie entmündigte Menschen behandelt (vgl. Nr. 37 dieser Sammlung).

2.4. Völlig ungelöst ist das Problem des Freitods in den Pflegeheimen. Sicher auch kein einfaches Problem, aber man muss es angehen.

2.5. Oder die Frage: Darf dem Freitodwilligen <u>der Zugang zu würdigen Freitod-Methoden</u> ohne gesetzliche Grundlage und ohne offene Auseinandersetzung mit dem Problem wirklich systematisch verbarrikadiert werden (wie es leider heute geschieht)? Darf der Staat hier mit der linken Hand wieder wegnehmen, was er den Bürgern mit der rechten gegeben hat? (vgl. Nr. 53 dieser Sammlung).

2.6. Hier denke ich auch an den Wirrwarr und die Desinformation mit Bezug auf die Frage, ob es denn wirklich kein <u>rasch und sicher wirkendes Freitodmittel</u> gibt. Immer noch wird vom «Mythos der Nullkommaplötzlich-Todespille» gesprochen, obschon mir niemand weis machen wird, dass es sie nicht gibt. Sie könnte eine segensreiche Realität sein (vgl. Nr. 28 dieser Sammlung).

2.7. Und dann treibt die <u>ungerechtfertigte Verurteilung von Freitodanleitungen</u> bei uns immer noch ihr Unwesen, dies, obschon anderweitig solche Anleitungen im freien Buchhandel erhältlich, ja zu Bestsellern geworden sind! Während EXIT grösste Zurückhaltung übt und alle denkbaren Vorsichtsmassnahmen trifft[3].

C

Damit ist aber der Katalog der anstehenden Sterbehilfeprobleme noch bei weitem nicht erschöpft: Rund um die Sterbehilfe gibt es noch eine Menge anderer Probleme (vgl. Nr. 44 dieser Sammlung). Ich muss mich hier noch kürzer fassen und mich auf einige wenige Stichworte beschränken:

- Ich erinnere daran, dass selbst mit Bezug auf grundlegende **Begriffe** noch vieles im Argen liegt: Durcheinander, Unklarheit, Verwirrung,
- oder daran, dass das bezügliche **interdisziplinäre Gespräch** noch ganz und gar nicht befriedigend funktioniert,
- oder ich denke an den rechtlichen **Status des medizinischen Hilfspersonals,**
- oder an die **Rechtsstellung des Spitalarztes,**
- oder das heisse Thema der **Infanticide** bei Missgeburten,
- oder die vielen noch unerledigten Fragen rund um die Patientenrechte,
- und was mich als Juristen besonders mit Sorge erfüllt:

Auf dem Gebiete der Sterbehilfe stehe ich dauernd unter dem Eindruck, hier werde der **Rechtsstaat** von unseren Behörden und Politikern recht eigentlich ignoriert. Nirgends wäre indessen eine **gesetzliche Regelung** so dringend wie hier. Aber unsere gesetzgebenden Instanzen schieben die bezügliche Aufgabe mit allerlei unhaltbaren Ausflüchten vor sich hin, weil sie den Mut nicht haben, hier etwas Tapferes zu tun. <u>Ohne eine klare gesetzliche Regelung der Sterbehilfe werden Patienten u n d Aerzte noch in 100 Jahren ungenügend geschützt und vor allem verunsichert sein.</u>

Ich denke, meine Damen und Herren, schon dieser Katalog hat Ihnen gezeigt, wie verkehrt es wäre, zu glauben, EXIT könne nun auf ihren Lorbeeren ausruhen und sich auf das Ruhekissen zurücklehnen.
Aber diese Erkenntnis genügt nicht, meine Damen und Herren, wir sind auf Ihre Unterstützung, Ihr Engagement, Ihr Mittragen angewiesen.

Ich danke Ihnen.

---

1 Zur Zeit des Vortrages galten noch die ursprünglichen Statuten der EXIT.
2 Auf die tragische Tatsache, dass die neue EXIT diesbezüglich einen völlig anderen Kurs steuert, haben wir bereits hingewiesen. Hier wird der neue Verein «Mea Vita» an diese Stelle treten müssen.
3 Diese Ausführungen sind z.T. überholt. Vgl. Nr. 57 dieser Sammlung. Ich hoffe, dass die EXIT in dieser Beziehung nochmals über die Bücher gehen wird.

13. Kapitel

Verdrängen oder integrieren?

Wenn Tabus fallen

Bild: DGHS-Archiv

Eros und Tod werden immer ein Mysterium bleiben.
Aber sie dürfen keine verteufelten Tabus sein.

Tod, wo ist dein Stachel?

(Warum so viele den Tod verdrängen möchten)

Zur Hauptsache unter dem Titel «Himmel oder Hölle?» im «Senioren-Express» vom Februar 1994 publiziert. Mit einigen von der Zeitung aus Platzgründen weggelassenen Ergänzungen.

Es ist noch nicht lange her, da waren Sterben und Tod noch überwiegend von der überholten mittelalterlichen Höllenangst geprägt. Sobald klar war, dass der Tod unabwendbar geworden war, änderte sich damals der Status des betreffenden Menschen. Von diesem Moment an war er weniger ein Kranker, sondern vor allem ein Sterbender. Von diesem Moment an galt das Interesse mehr dem Schicksal der Seele, dem Seelenheil. Und Seelenheil bedeutete vor allem Bewahrung vor der Hölle. Der Sterbende wurde mit Beginn des Sterbens aus der übrigen Menschheit herausgehoben, und alle Gläubigen waren nun aufgeboten, für seine Seele zu beten. Die Kirche nahm sich seiner in besonderer Weise an, namentlich mit den Sterbesakramenten, wie z. B. der letzten Ölung. Mit dem Sterbevorgang drang gewissermassen im Sterbehaus in besonderer Weise das Jenseits in das Diesseits hinein.

Das Ringen um die Seele

Himmel und Hölle, Engel und Teufel rangen nun um die Seele des Sterbenden. Alle Gedanken drehten sich jetzt um die Rettung des Sterbenden vor der Hölle, Seele und Seelenheil waren jetzt Hauptsache.

Das Sterbehaus wurde von da an mit einer heiligen Scheu und mit einer Atmosphäre des Transzendenten umhüllt. Und sobald der Tod eingetreten war und das Totenglöcklein den Tod des betreffenden Mitgliedes der Gemeinde verkündet hatte, wurde der Status des Verstorbenen nochmals radikal verändert. Er war jetzt, wie schon bei den Römern, nicht mehr nur ein verstorbener Mensch, sondern eine res religiosa, die darum eine Zeitlang gewissermassen Mittelpunkt eines religiösen Geschehens und Zeremoniells wurde.

Im Haus herrschte noch mehr Totenstille; man flüsterte dort nur noch, und es duftete nach Kerzen und Blumen. Vor der Kirchentüre nahm die Kirche den Toten in Empfang und setzte ihn in der geweihten Erde bei, um dort der Auferstehung der Toten zu harren.

Todesangst war damals Höllenangst

Das Bestimmende an der bisherigen Einstellung zum Sterben und zum Tod war die Angst vor der Hölle, die alles beherrschte. Und diese Vorstellung hätte schlimmer gar nicht sein können. Eine Ewigkeit lang im Feuer brennen, in dauernder Verworfenheit und tiefstem, auch seelischem Unglück. Kein Wunder, dass alle Menschen eine panische Angst vor dem Tode hatten. Denn keiner war ja sicher, ob er nicht in der Hölle landen würde, war doch der Mensch nach der Lehre der Kirche und der Bibel von Natur aus ganz und gar nur Sünder, zu nichts Gutem fähig, verworfen, ja ein Kind des Zornes Gottes (z.B. Röm. 3/23 oder Eph. 2/3)
Eine einzige Todsünde genügte, um «in die Hölle zu kommen». Und was war nach kirchlicher Morallehre nicht Todsünde? Schon ein böser Gedanke, eine «böse» Begierde genügten, um in die Missgunst Gottes zu geraten. Darum heisst es in «Dies irae»: «Cum vix justus sit securus» = Dass selbst ein Gerechter vor der Hölle kaum sicher sein kann. Darum musste die Höllenangst jeden Menschen belasten. Deshalb war Todesangst immer auch Höllenangst, die schlimmste aller denkbaren Ängste. Die Angst vor der Hölle sass allen im Nacken, wenn es ans Sterben ging.

Das hat sich radikal geändert

Bekanntlich ist es heute nur noch eine immer kleiner werdende Minderheit, die von den traditionellen Lehren der Kirche über die Hölle angesprochen wird. Die Mehrheit kann mit jenen Lehren nichts mehr anfangen. Sie sind ihr keine Lebenshilfe mehr. An die Hölle glauben deshalb nur noch wenige. Damit ist gerade in bezug auf das Sterben und den Tod eine **radikale Änderung** eingetreten. Es ist kaum vorstellbar, von welchem Druck die westliche Menschheit damit befreit wurde.

Strafe Gottes

Auch die Kirche selber hat sich inzwischen von ihren bisherigen grobrealistischen Höllenvorstellungen, die sich übrigens z.B. mit denen des Mahayana-Buddhismus weitgehend decken, mehr oder weniger abgesetzt, auch wenn sie darauf hinweist, dass sie biblisch gut fundiert sind (vgl. Kath. Erwachsenenkatechismus der deutschen Bischofskonferenz, 1985 S. 422 ff).

Übrigens war der Tod nach christlicher Lehre auch eine Strafe Gottes («Der Tod ist der Sünde Sold», Römer 6/23). Und nach der Offenbarung war es ein Teil der christlichen Hoffnung, dass der Tod einmal von den Menschen überhaupt genommen würde («Der Tod wird nicht mehr sein», Offenbarung 21/4). Jenes schreckliche Umfeld von Sterben und Tod hat nun einer völlig anderen Denkweise, völlig veränderten Vorstellungen von einer ganz neuen Einstellung zum Tode Platz gemacht.

Gehört zum Leben

Der moderne Mensch sieht im Sterben und im Tod etwas ganz Natürliches. Sterben und Tod gehören zum Leben. Alles ist Werden und Vergehen, alles ist Wandlung. Alles ist in Bewegung. Alles ist vergänglich und muss einmal Neuem Platz machen. Aus dem Tod entsteht immer neues Leben. Alles ist im Fluss. Zu glauben, der Mensch sei von diesem Gesetz der Vergänglichkeit ausgenommen oder man sei unersetzlich, ist eine grosse Illusion der vergangenen 2000 Jahre. Das neue Denken ist ein Teil des Holismus, des neuen Gefühls und Wissens um die Einheit allen Seins und der Einheit mit dem ganzen Kosmos, mit allen anderen Lebewesen, allem anderen Sein, in dessen unendlichen gewaltigen Fluss wir mit dem Tode in immer neuer Gestalt zurückkehren.

Also überhaupt keine Todesangst mehr?

Sollen wir uns also über den Tod freuen? Oder ihm gegenüber wenigstens gleichgültig sein? Das wäre leider zu extrem. Sicher ist zwar der Tod nicht selten eine Erlösung, namentlich bei einer unheilbaren und mit entsetzlichen und immer schlimmeren und dauernden Leiden verbundenen körperlichen oder auch seelischen Erkrankung. Aber auch dann wird der betreffende Mensch den Tod nicht an sich als ein Gut empfinden. Es ist dann bloss das kleinere Übel.
Es kann auch Menschen geben, die aus irgendwelchen ungewöhnlichen Gründen eine Todessehnsucht empfinden, den Tod also doch irgendwie wie ein letztes Gut ansehen. Das sind aber Ausnahmen, und meist liegen dieser Todessehnsucht grosse Leiden am Leben oder psychische Ausnahmezustände zugrunde. Wieder anders liegen die Dinge, wenn ein hochbetagter Mensch lebensmüde, lebenssatt ist.

Doch ein Übel?

Trotzdem wissen wir alle, dass es die Todesangst nicht nur noch gibt, sondern dass sie die grosse Mehrheit der Menschen dauernd begleitet, auch wenn die Höllenangst im allgemeinen überwunden ist. Sterben und Tod werden wohl irgendwie fast immer als ein Übel, wenn nicht gar als das grosse Übel empfunden. Gründe für diese bleibende Todesangst gibt es noch genug, auch wenn die Höllenangst weggefallen ist. Sie sind aber nicht bei allen Menschen genau die gleichen.

1. So gibt es noch recht viele Menschen, die im Angesicht des nahen Todes doch wieder Zweifel bekommen, ob an den Lehren über die Hölle nicht doch etwas sein könnte, und so kann sogar auch die Höllenangst bei vielen wieder irgendwie aktiv werden.
2. Jedenfalls bleibt für alle jene, die an ein Weiterleben der Person nach dem Tod glauben, z.b. im Sinne der Reinkarnationslehre, die grosse Unsicherheit, was denn konkret nach dem Tode auf sie zukommen werde. Es gab auch immer wieder grosse Denker und Geister, die, auch wenn sie die kirchliche Lehre von Himmel und Hölle ablehnten, nicht glauben mochten, dass nach dem Tode alles aus sei. Sie hielten es für unakzeptabel, dass sie ein Leben lang an sich, an der Entwicklung ihrer Persönlichkeit gearbeitet haben sollten, wenn das alles im Nu für immer einfach ausgelöscht würde. Dem wäre immerhin entgegenzuhalten, dass wir die gleiche Paradoxie in der ganzen Natur feststellen. Oder ist es nicht auch paradox, dass uns z.B. eine einzigartig schöne Rose nur wenige Tage erfreuen und dann vergehen soll?

Gibt es denn wirklich kein Weiterleben nach dem Tode?

Eine gewisse Unsterblichkeit gibt es sicher. Die Atome, aus denen wir bestehen, werden vermutlich nie untergehen. Und sie sind nicht nur irgendwelche Atome. In ihnen ist unser Wesen, unser Leben, sind unsere Gedanken und Gefühle und unsere guten und bösen Werke irgendwie gespeichert, und sie gehen in dieser besonderen Gestalt wieder in den Fluss des Lebens zurück. Und bekanntlich leben grosse Geister, Dichter, Musiker auch noch in sehr konkreter Weise in ihren Werken weiter, und es ist wohl auch richtig, dass nur solche Werke in dieser besonderen, konkreten Weise weiter wirken. Aber darüber hinaus wirkt ja bekanntlich alles irgendwie weiter, was wir getan oder nicht getan, ja selbst, was wir gedacht und gefühlt haben. Auch in diesem Sinn sind wir alle unsterblich. Und diejenigen, die Nachkommen hatten, leben und wirken bekanntlich in deren Genen weiter.

3. Aber – und das ist wohl die grosse und auch bedrückendste Wahrheit über Sterben und Tod:

a) Todesangst haben wir schon aus biologischen Gründen samt und sonders[1], denn alle Lebewesen haben einen unbändigen und unausrottbaren Lebenswillen. Da ist das eine grosse Werk der Natur, die so das Leben erhält und verhindert, dass es ausstirbt. Wenn das Leben auf unserem Planeten verlöschen wird, dann ist das vermutlich bloss das Werk des homo «sapiens», nicht der Natur, die im Gegenteil die von uns betriebene Ausrottung des Lebens in wunderbarer Weise wenigstens hinausschiebt und vielleicht auch verhindert, indem sie, wie in der Arche Noah, einige Exemplare der Arten rettet.

b) Der Tod ist zwar kein Übel an sich, sondern ein natürliches und notwendiges Geschehen. Aber es wird trotzdem immer auch schon deshalb als Übel empfunden werden, weil es für den Menschen immer schwer sein wird, einfach niemand mehr zu sein. Und vor allem auch, weil er definitiv und für immer Abschied nehmen soll von dem Leben, von allem, was ihm lieb und wichtig war und was zu seinem Leben gehörte: Von nahestehenden vertrauten Menschen, vom blauen Himmel, von den Wolken, vom Sternenhimmel, vom Erleben majestätischer Bäume, von den Bergen, den Vögelchen, den wunderbaren Blumen, von Wald und Wiese, und von der ganzen Natur, mit der er gelebt hat und an der sich sein Herz immer wieder erfreuen konnte.

Aber dieses immer schwere Abschiednehmen kann in seiner Schwere mit der früheren Höllenangst in keiner Weise mehr verglichen werden. Es ist jener entsetzlichen Angst gegenüber zwar sicher auch keine Bagatelle, aber doch ein viel, viel kleineres Übel.

Und selbst dieses Übel lässt sich mit der modernen Einstellung, dass der Tod etwas Natürliches ist und zum Leben gehört, und dass wir mit dem Tod ins All heimkehren und dort weiter in irgend einer Form am Leben wieder teilnehmen werden, nur sehr beschränkt überwinden. Je tiefer wir dieses Alleinheitsbewusstsein erleben, desto mehr wirkt es sich aber als eine Art Erlösung auch von dieser bleibenden Todesangst aus.

[1]Homer, Odyssee: «Zwar ist jeglicher Tod dem armen Sterblichen furchtbar» (Odyssee, Gesang 12, Vers 241)

Der Tod als Freund oder der Tod als Feind?
(Die Wahrheit liegt, wie immer, in der Mitte)

Hans Baldung Grin, 1510

Der Tod als Schreckgespenst

Die meisten Menschen fühlen sich vom Alter und vom Tode bedroht, und darum wird der Tod auch fast durchwegs **verdrängt.**
Das hat der Künstler im nachstehenden Bild mit der schönen Dame dargestellt, die sich ängstlich im Spiegel daraufhin prüft, ob sie Anzeichen des Alters entdecke, wie sie die abseits stehende ältere Dame aufweist.

Der Tod als Freund

Von der erwähnten Todessehnsucht ist die **positive** Einstellung zum Tode zu unterscheiden. Die Literatur ist voll von Texten, in denen Dichter und grosse Geister mit befreiender Wirkung und eindringlich das Bekenntnis abgelegt haben, dass sie die Todesangst überwunden haben und den Tod als ein natürliches und zu bejahendes Geschehen anerkennen und bewerten, und dass sie sich mit dem Gedanken des Todes geradezu befreundet haben. Auch diese andere Haltung, die fast allen Philosophen eigen ist, ist eindrücklich in einem anderen Gemälde, dem von Nikolaus Manuel Deutsch «Mädchen vom Tod ergriffen» 1517, Kunstmuseum Basel, dargestellt. Der Tod greift dem Mädchen keck zwischen die Beine. Die hübsche Dame wehrt sich aber nicht, sie manifestiert im Gegenteil Zu - Neigung zum Tode. Er ist offenbar ihr Freund.

314

Abkürzungen

AJP	Aktuelle juristische Praxis, Dike-Verlag, Lachen/SZ
BBl	Bundesblatt (Schweiz)
Betrg	Betreuungsgesetz, siehe Nr. 10
BGB	Bürgerliches Gesetzbuch der BRD
BGE	Bundesgerichtsentscheide (Schweiz)
BMJ	(Deutscher) Bundesminister für Justiz
BRD	Bundesrepublik Deutschland
BV	(Schweizerische) Bundesverfassung
BVerfGE	(Deutsche) Bundesverfassungsgerichtsentscheide
EJPD	Eidgenössisches Justizdepartement
DGHS	Deutsche Gesellschaft für Humanes Sterben (Augsburg)
DIA-GM	Der informierte Arzt, Basel
DJZ	Deutsche Juristenzeitung
DJT	Deutscher Juristentag 1986 (Thema u.a. Recht auf den eigenen Tod) Sitzungsbericht M, Verlag CH. Beck, Berlin
FN	Fussnote
GPI	Gesundheitspolitische Informationen, Publikation der SGGP
HLHS	Humanes Leben / Humanes Sterben. Offizielles Organ der DGHS
Kongressbericht	Bericht über den 5. Europ. Kongress für Humanes Sterben, DGHS 1985
NR	Nationalrat
NZZ	Neue Zürcher Zeitung
OR	(Schweiz.) Obligationenrecht (Gesetz/Kodex)
Prot.	Protokoll der öffentlichen Anhörung von Fachleuten zum Thema Sterbehilfe im Rechtsausschuss des Deutschen Bundestages vom 15.5.1985
PV	Patientenverfügung
SAMW	Schweiz. Akademie der Medizinischen Wissenschaften
SAeZ	Schweizerische Ärztezeitung
SGGP	Schweizerische Gesellschaft für Gesundheitspolitik, Muri/BE
SJZ	Schweizerische Juristenzeitung (Schulthess-Polygraphischer Verlag, Zürich)
StellN	Schriftliche Stellungnahmen von Fachleuten zum Thema Sterbehilfe zuhanden des Rechtsausschusses des Deutschen Bundestages zur Anhörung vom 15.5.1985
WOD	Weltanschauung ohne Dogmen («Freie Religion», Karlsruhe)

Der Autor

Robert Kehl, geb. 1914, von Zürich und Oberegg, ist Dr. iur. und Rechtsanwalt und wohnt in Zürich. Er war 30 Jahre am Zürcher Obergericht als juristischer Mitarbeiter tätig, speziell als Referent in Ehesachen, davon rund zehn Jahre als nebenamtlicher Oberrichter in verschiedenen Kammern. Auf seinem Spezialgebiet des Eherechts war er während ca. 10 Jahren auch Lehrbeauftragter der Universität Zürich. Kehl war zudem Mitredaktor der «Blätter für zürcherische Rechtssprechung».

Der Verfasser sagt von sich selber, er habe das Pech, dass ihm eine Neigung angeboren sei, in Wespennester zu greifen und heisse Tabuthemen anzupacken. Er finde es unerträglich, dass es ausgerechnet in wichtigsten Lebensbereichen Grauzonen gebe, in denen grundsätzlichste Fragen ungeklärt bleiben und elementare Rechte ungenügend Beachtung finden sollen.

Publikationen von Robert Kehl:

- Zur Sterbehilfe: z.B. «Sterbehilfe – Ethische und juristische Grundlagen», Zytglogge-Verlag, 1989; «Die Selbsterlösung in der Sicht der religiösen und philosophischen Ethik», DiP-Verlag, 1990.
- Zur Jurisprudenz: z.B. «Die Unterhaltsansprüche der Ehegatten während der Ehe», Juris-Verlag, 2. Auflage 1981; «Scheidungsrenten», Verlag für Ehe- und Familienrecht, 1985.
- Zur Sexualethik: «Sexus und falsche Schuldgefühle», Origo-Verlag, 1985.
- Zur Religionsphilosophie: «Der grösste Betrogene aller Zeiten: Jesus oder Paulus?», ERP-Verlag, 4. Auflage 1990; «Die Schafe verfolgen die Wölfe», ERP-Verlag, 1981.

Die SGGP-Schriftenreihe (Auswahl)

Band 8:
Mehr Wettbewerb in der Krankenversicherung. Voraussetzungen einer wettbewerblichen Reform der schweizerischen Krankenversicherung. H. Hauser (Hg.). 1984.

Band 9:
Der Umgang mit Gesundheit und Krankheit/Que faisons-nous de notre santé? 1985.

Band 10:
Probleme mit der apparativen Medizin - zu teuer, unkoordiniert, unmenschlich? F. Gutzwiller, G. Kocher (Hg.). 1986.

Band 11:
Oekonomische Analyse der Nationalen Sparkonferenz im Gesundheitswesen (Ph. Schenker). 1986.

Band 12:
Schweiz - Gesellschaft - Gesundheit - Politik. Jubiläumsband 10 Jahre SGGP. F. Gutzwiller, G. Kocher (Hg.). 1987.

Band 13:
Alternativen wozu? Diagnose und Therapie im Spannungsfeld zwischen konventionellen, neueren und alternativen Methoden. U. Krieger (Hg.). 1987.

Band 14:
Unser Gesundheitswesen. J. Baumberger, G. Kocher (Hg.). 1989.

Band 15:
Modelle für die soziale Krankenversicherung. M. Künzi (Hg.). 1989.

Band 16:
Generika statt teure Originalmedikamente - Kosten sparen mit Nachahmerpräparaten? G. Kocher (Hg.). 1990.

Band 17:
Für ein reformfähiges Gesundheitswesen. H. Locher (Hg.). 1990.

Band 18:
Grundlagen der Wirtschaftlichkeitsprüfung von Arzneimitteln (A. Brandt). 1990.

Band 19:
Wirtschaftlichkeit und Lebensqualität durch Arzneimittel. A. Brandt (Hg). 1990.

Band 20:
Neue Entschädigungssysteme im Gesundheitswesen. M. Künzi, G. Kocher (Hg.). 1991.

Band 21:
Kosteneinsparung durch Datenaustausch - Nutzung von Einsparpotentialen durch Austausch von Daten über Patienten und Versicherte im schweizerischen Gesundheitswesen (F. Gerber). 1991.

Band 22:
Definitionen und Beschreibung der Gesundheit - ein medizinhistorischer Ueberblick (P. van Spijk). 1991.

Band 23:
Werbung und Tabakkonsum. Gutachten von R. E. Leu und D. Bernasconi. 1991.

Band 24:
Das Gesundheitssystem der Schweiz (B. Bernardi-Schenkluhn). 1992.

Band 25:
Second-Opinion-Programm im schweizerischen Gesundheitswesen (M. Schmid u.a.). 1992

Band 26:
Notfallpatient: Rettungswesen Schweiz. 1993.

An geeigneten Texten zur Herausgabe in der SGGP-Schriftenreihe sind wir immer interessiert. Bitte nehmen Sie unverbindlich Kontakt auf mit dem Zentralsekretariat der SGGP.

Verlag und Bezugsquelle:

Zentralsekretariat SGGP, Haldenweg 10 A, CH - 3074 Muri/Schweiz.

Tel. 031 - 952 66 55.   Fax: 031 - 952 68 00.

G P I
"Gesundheitspolitische Informationen"

♦ Dieses Fachorgan erscheint seit 1977 viermal jährlich im Umfang von je rund 45 Seiten (A4). Es behandelt Themen wie Gesundheitspolitik, Oekonomie des Gesundheitswesens, Patientenrechte, Medizinsoziologie, Krankenversicherung, Krankenhauswesen, ambulante Versorgung, Prävention, Pflege und Medikamente.

♦ Jede Ausgabe enthält über 140 Kurzbeiträge sowie einen Leitartikel, ein Interview und eine Bibliografie der Gesundheitspolitik. Bisher sind über 9'000 GPI-Artikel erschienen!

♦ Für die GPI systematisch ausgewertet werden die nationale und internationale Fachpresse, Tageszeitungen sowie die wissenschaftliche Literatur.

♦ Die GPI sind eine konzentrierte Informationsquelle, die zudem in der GPI-Datenbank (auf PC) erschlossen ist. Alle GPI-Artikel seit 1985 (rund 6'400) sind über rund 180 Schlagwörter zugänglich (Einzelheiten werden im Merkblatt "GPI-Datenbank" erläutert; bitte anfordern).

♦ Die GPI können nicht abonniert werden. Das Abonnement ist im Mitgliederbeitrag inbegriffen (Einzelmitglieder 60 Fr./Jahr).

Nähere Unterlagen und Probenummer bei:

Zentralsekretariat SGGP, Haldenweg 10 A, CH-3074 Muri.

Tel. 031 - 952 66 55. Fax 031 - 952 68 00.